广东省社会科学院青少年成长教育研究中心重点课题

苹果世代

APPLE GENERATION

“00后”儿童的媒介化生存
及其媒介素养教育研究

张海波　著

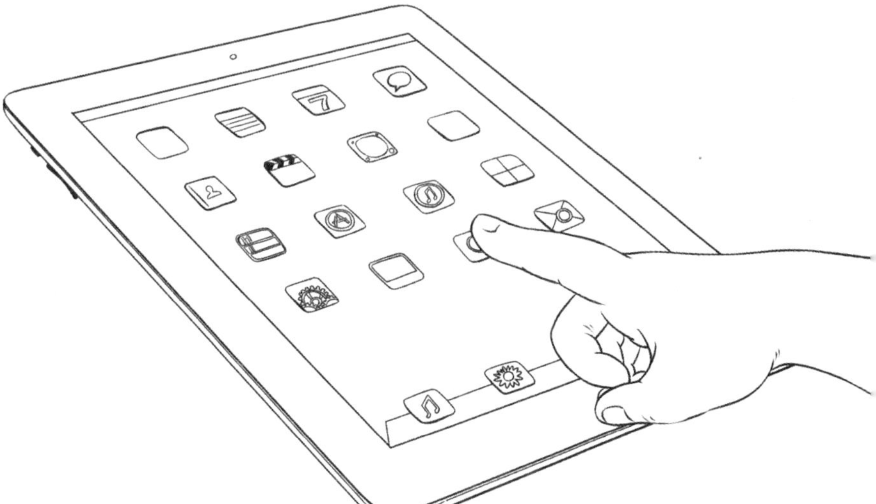

南方日報出版社
NANFANG DAILY PRESS
中国·广州

图书在版编目（CIP）数据

苹果世代 ："00后"儿童的媒介化生存及其媒介素养教育研究 / 张海波著. —广州 ：南方日报出版社，2013.10
ISBN 978-7-5491-0959-3

Ⅰ. ①苹… Ⅱ. ①张… Ⅲ. ①儿童教育－传播媒介－素质教育－研究－中国 Ⅳ. ①G61 ②G219.2

中国版本图书馆 CIP 数据核字(2013)第 217236 号

PINGGUO SHIDAI
苹果世代——"00后"儿童的媒介化生存及其媒介素养教育研究　张海波　著

出版发行：南方日报出版社
地　　址：广州市广州大道中 289 号
电　　话：(020) 83000502
经　　销：全国新华书店
印　　刷：广州市怡升印刷有限公司
开　　本：787 mm×1092 mm　1/16
印　　张：14.5
字　　数：260 千字
版　　次：2013 年 10 月第 1 版
印　　次：2013 年 10 月第 1 次印刷
定　　价：35.00 元

投稿热线：(020) 83000503　读者热线：(020) 83000502

网址：http://www.nfdailypress.com/

发现印装质量问题，影响阅读，请与承印厂联系调换

序

张海波关于中国儿童（青春期前的儿童）使用互联网和社交媒体的研究，对更好地理解新媒体如何促进全球社区新型社会互动模式的构建做出了重要贡献。

最近的一项研究表明[①]：仅在美国就有超过500万的Facebook用户年龄不超过10岁。据估计，其中4%的儿童年龄在6岁或6岁以下。随着美国青少年（8~18岁）日均媒体（这里的媒体包含所有媒介融合的媒体：边听广播边上网，同时还更新Facebook、用手机回复短信等）使用时长从1990年的7小时30分钟增加到2013年的10小时45分钟，用户群年龄变小的趋势仍将持续上升。家庭谈话正在减少，而媒体交流则迅猛增长。媒体轰炸已成为常态。那么，谁来提供价值观呢？另外，我们的个人身份认同参照体系也在不断变化，这都反映了这种社会转变。可以说，我们正在远离笛卡尔的哲学思想“我思故我在”，转向“我交流，故我存在”。这种典型的转变所带来的挑战之一，便是当传播技术在不断发展，我们在道德伦理方面却仍以信息革命之前的社会价值作为参照标准。我们需要反思这些问题，并能够拿出能适应这个新媒体社会的新型交流模式和便于人们言论自由的道德标准。

正如尼尔·波兹曼的著名论断：“儿童是我们发送给一个我们所看不见的时代的活生生的信息。”[②]我们有责任去探究媒介交流这一课题，并提出解决问题的长期方案。这个世界的发展起于现在，也基于现在。张海波的这本著作很好地诠释了这句话。我们谨对付出辛劳并取得成果的作者及其研究团队表示祝贺。

（乔迪·特伦特）

联合国文明联盟媒介与信息素养部主任

---

①与社交媒体一起成长，见http://milunesco.unaoc.org/wp-content/uploads/2013/08/Social-Media.jpg

②尼尔·波兹曼，《童年的消逝》（1982）

摘 要

进入新世纪的中国已成为世界第二大经济体，新闻传播行业正高速发展，电视、网络、手机和微博用户数量都是世界第一。以“苹果”为代表的智能手机和平板电脑，和以微博、微信为代表的社交媒体引发了新一轮的传播革命，诞生于这个时代的“00后”儿童深受其影响。他们从小就成为数字时代的原住民，是用手指触摸连接世界的屏幕一代、QQ一族，他们通过新媒介学习、娱乐、交往和表达。新媒介也影响和塑造着他们的学习和生活方式。“00后”儿童已经处于高度的媒介化生存之中。

与此同时，移动互联网和社交媒体的迅猛发展给社会的政治、经济和文化等各方面都带来巨大的冲击，从小对儿童进行媒介素养教育正成为全世界政府、学界关注的热点话题。媒介素养教育已成为全世界发达国家公民教育的重要组成部分，成为信息时代国民素质和国家竞争力的重要指标，是儿童在21世纪必备的能力之一。

相形之下，中国大陆地区对于儿童与媒介的研究和媒介素养教育的实践却处于严重滞后状态。目前关于儿童分年龄段的实证研究，特别是对中小学阶段的研究相对较少，着眼于移动互联网和QQ、微博、微信等新媒介工具对儿童影响的研究相对缺乏。因此，本次由广东省社会科学院青少年成长教育研究中心“青少年媒介素养教育”课题组进行的“广州市儿童（中小学生）媒介素养系列调研”，试图弥补目前学界研究的空白。

本次系列调研由七个子项目研究组成。作者在这七项调研结果的基础上进行分析总结，以《苹果世代：“00后”儿童的媒介化生存及其媒介素养教育研究》为题结集出版此书。

本书分为六个部分。第一章：研究概述，介绍国内外“媒介与儿童”的研究状况并进行述评，本次研究的理论假设及主要内容。第二章：系列调研中“小学生媒介接触、使用行为及素养状况”的问卷调查研究。第三章：系列调研中的小学生及其家长和老师的访谈研究。第四章：系列调研中的小学生传通行为的问卷调研及个案研究。

第五章：系列调研中的小学生媒介素养教育的策略研究。最后为总结部分，本次系列调研的主要结论、研究不足及展望。

相比其他关于“媒介与儿童”的调研，本次系列调研有以下特点：一是通过调研详细分析了广州市小学生的媒介接触、使用行为和素养状况，论述了“00后”儿童在新媒介环境下已处于高度的媒介化生存之中，并且首次提出了“苹果世代”的概念。同时将广州市中学生的媒介素养调研与小学生的相关数据进行了对比研究。二是特别关注智能手机、平板电脑、QQ、微博、微信等新媒介工具和应用对当代儿童的影响。提出儿童在新媒介环境下作为“传通者”的历史地位被突显出来，他们通过新媒介创建儿童自媒体和参与组建新社群，并且分析了由此对未来社会产生的重大影响。三是在根据儿童的媒介使用状况对“00后”儿童进行四种类型的分类研究，并从公民素养的角度对在中国实施儿童媒介素养教育提出了具体建议，将基于多媒体读写能力的理性表达和社会参与能力的培养，作为在当代中国实施儿童媒介素养教育的目标，并根据作者多年在广州的媒介素养教育实践提出了实施的具体路径和方法。

目 录 CONTENTS

第一章 研究概述

第一节 国外“媒介与儿童”的研究状况

今天，几乎所有人都感同身受，我们大踏步进入信息时代。日新月异的信息和通信技术的发展，让我们处于信息的海洋之中。而作为传播信息的工具——媒介：报纸、广播、电视、电脑、手机……也成为我们生活、工作中不可或缺的部分。

今天，我们越来越感受到传播学家麦克卢汉在20世纪中期的论述正成为我们当下的感受。媒介是人的延伸，衣服是肌肤的延伸，住房是体温调节机制的延伸，马镫、自行车、汽车是腿脚的延伸，媒介是人体和人脑的延伸，电子媒介就是我们中枢神经系统的延伸。通过媒介的延伸，我们每个人就像生活在电子时代的“信息采集人”。

无所不在的大众传媒为我们提供信息、提供知识、提供观念、提供娱乐、提供时尚和生活方式。媒介不仅是成年人工作、学习和生活不可缺少的工具，而且对儿童的成长和社会化过程起着巨大的作用。今天，媒介和学校是人们获取知识的两个最重要的来源，如果说人们在学校接受的是规范的知识教育，那么媒介则通过日常信息传播活动在一切领域对人们产生着潜移默化的影响。学校是对人们进行阶段性的教育，媒介则终生伴随着人们进行教育。媒介已经深深地影响和塑造着当代儿童，对其学习、娱乐、交往、表达和社会参与方式都产生了重大的影响，并塑造着他们的生活方式、学习方式、思维方式和价值观、世界观等方方面面。

因此，研究媒介对当代儿童的影响便成为社会学、教育学、传播学等各领域中都极为重要的课题。只有研究儿童接触了哪些媒介、用媒介做了什么，他们对媒介是抱有怎样的态度或价值观，媒介对儿童的心理发展、社会化进程起到了什么作用，才能在今天的媒介环境下，实施有针对性的教育，引导儿童趋利避害，学习掌握利用媒介发展自我、参与社会的能力。

回顾“媒介与儿童”研究的历史，我们看到，人们关注媒介对儿童的影响总是从对那个时代刚刚出现的“新媒介”的担忧开始的。

一、关于电影对儿童影响的研究

20世纪20年代，一种新媒体在爆炸性地增长，使人们有点措手不及。它不是我们现在熟悉的报纸、广播、电视和电脑，而是电影。早在1905年，美国就出现了“5分钱电影院”，票价仅仅5分，它播放一些闹剧短片，一下子吸引了上百万的观众。到了20世纪20年代，电影成了美国普通家庭最有乐趣的经常性娱乐项目。1922年这一年，全美国每周卖出4000万张电影票，其中1700万张是14岁以下的儿童所购；到了1932年，这个数字变成了9000万张。

那个年代的电影内容和今天的其实大同小异。虽然暴露镜头、性和血腥味少些，但是依然引起教育工作者的严重关切和不安。当时美国著名教育家埃德加·戴尔对这一时期1500部电影的内容进行了研究，他把电影内容分为10类，结果发现其中3类：爱情、犯罪和性，就占到总量的3/4。而这些内容，正是当时传统道德标准的大敌。

大人们也忧心忡忡，他们视电影为洪水猛兽，报纸、杂志、宗教社团等都开始抨击电影的种种“恶行”。这种情形，就与20世纪60年代人们对电视、90年代对网络和电子游戏的担忧一样。

当时一位学者这样概括人们的心情：“现在这代成年人并没有真正了解电影，它们是新鲜事物，它们对儿童充满着吸引力，它们表现了许多家长不赞成的思想和情景。如果家长们为这些观看引人注目的情节的孩子们的幸福考虑的话，就会想知道，电影对儿童的思想和行为产生了何种影响。”

为了回答公众及各方疑问，1928年美国电影调查委员会邀请了一大批心理学家、社会学家和教育学家，让他们来研究和评估电影对儿童的影响。一个私人慈善基金会——佩恩基金会，答应提供这笔调查的资金。这就是大众传播学研究史上具有里程碑意义的“佩恩基金会调查”研究。这项经典研究奠定了大众媒介对儿童影响研究的基础。

这项研究历时3年，由一些著名研究者执行了13个研究项目。其研究结果分为两大类：一类是电影内容的探讨，即电影到底向青少年表现了什么内容。另一类是关于电影对青少年的影响，包括对社会态度、情绪、道德、行为、健康等各方面。

研究指出，电影确实改变了青少年的社会态度、道德观念和行为（既有正面影响也有负面影响），对电影的批评和忧虑值得社会重视。这次研究还改变了当时大多数人对电影影响的片面认识。当时最盛行的一种传播效果学说叫“魔弹论”：即媒体的影响就像子弹一样，受到媒体影响的人像中弹倒地一样深受其害。这种理论把媒体的受众描述成一群由本能控制、没有理性的生活者，他们生活在大众社会中，彼此没什么联系，十分依赖大众传媒的信息。佩恩基金会研究提出了“影响不一”的问题，它认为“魔弹论”难以解释电影的影响，而且是把问题简单化了。他们的研究结论证明：观看同样的影片，不同的儿童会受到不同的影响，这些影响因儿童的年龄、性别、倾向、理解力、社会环境、个人经历以及父母影响的不同而不同。它提醒人们要研究对儿童的影响，不仅要考虑传播内容，还必须考虑儿童接受这些内容时的社会和个人环境，关注儿童为何会注意、如何理解以及记忆了何种信息，否则就不要简单地妄下结论。

佩恩基金会的研究引起了政府的高度重视，它为1930年《海斯法典》的出台提供了重要的理论支持，并使其做出了限制电影中暴力和性内容的数量的规定。

从佩恩基金会研究以来，学界关于“媒介与儿童”的研究主要集中在三个方面进行：媒介使用模型、媒介对儿童心理发展的影响以及媒介使用对儿童的社会认知、社会态度和社会行为的影响。

（1）儿童的媒介使用模型研究：主要是为了探讨儿童如何使用媒介，以及考察媒介对儿童的影响。比如，儿童在使用媒介时究竟是主动的还是被动的；儿童的年龄、性格、社会阶层、社会关系是如何影响儿童对媒介的接触；不同的国家、地区，不同文化背景下的儿童使用媒介的共性和异性；电视、网络对印刷媒体的影响等。

（2）媒介使用对儿童心理发展的影响：主要讨论在电视、网络等媒体介入儿童生活之后，儿童在认知、语言、智力、情绪等方面的发展与以前有何不同。

（3）媒介使用对儿童社会认知、社会态度和社会行为的影响：在这一方面，最典型的研究是美国1963年开展的“暴力与媒介”研究。研究提出，电视中所传递的内容影响了儿童对社会的认知。

二、关于电视对儿童影响的研究

20世纪五六十年代，电视对儿童的影响力日益明显，引起了家长、老师和立法者的警觉。调查显示，看电视减少了孩子们玩耍、分担家务和阅读的时间。政治家们说，电视造成了许多社会问题，于是开展了有关电视影响的研究。1958—1960年，美国著名传播学者施拉姆进行了一项电视对儿童影响的研究。根据对北美地区5991名学生、1958名家长和数百个教师的实证研究，施拉姆撰写了关于电视的6本著作和许多论文，其中1961年发表的《我国儿童生活中的电视》（*Television in The Lives of Our Children*）最为著名。

在研究中，施拉姆得出了许多结论，比如：儿童开始看电视的平均年龄是2岁，到3岁时就经常看电视了。3岁儿童平均每天要看45分钟电视，随年龄增长而渐增，直到12岁的孩子平均每天看电视达到3～4小时。青春期后，随着社会交往的日渐重要，看电视的时间逐渐减少。

3~16岁，孩子们花在电视上的时间要超过除了睡觉以外的其他任何活动。智商较高的孩子在小时候会更痴迷看电视，但长大以后看得较少，而智商不太高的孩子则显示出相反的模式。问题家庭的孩子以及那些与同龄人不和睦的孩子看电视更多，也许是将其作为一种逃避现实的方式。

施拉姆的研究结论表明，在某些条件下看某些电视节目是有害的。对处于同一条件下的其他孩子，或者当同一个孩子处于不同的条件下，这些节目也可能变得有益。对大多数孩子来说，大多数条件下大多数电视节目则无所谓好坏。

更为重要的是，施拉姆在研究中提出：儿童不是孤立、被动的个体，每一个儿童都出于某种自身存在的需要才看电视的，这种需要分三种：（1）娱乐需要。儿童常常需要超脱现实生活中的问题情境，在幻想世界中与电视人物共享快乐；（2）信息需要。在成长过程中，儿童需要大量的关于社会学习的信息，以确定自己在社会中的角色及其相应的行为；（3）社会实用需要。比如电视中儿童谈话的资料，会成为儿童生活中的一种交往资源。

施拉姆的研究说明，儿童之所以喜欢看电视，是因为电视对他们有用。这种用处可概括为两方面：一是满足儿童的情感需求，二是满足儿童的认知需求。由此，他提出儿童是电视的“使用者”，而不是被动的接受者的思想。

在他关于电视与儿童的研究中，施拉姆特别重视儿童媒介使用模型的研究，就儿童使用媒介提出了一系列问题，比如：儿童是何时和如何介入媒介的？儿童使用媒介的时间、频度如何？儿童的媒介偏好是什么？儿童为什么需要媒介？在不同年龄段，儿童是怎样认识媒介的？什么因素（性别、年龄、智商、家庭背景、个人兴趣或社会关系等）影响儿童对媒介的选择？儿童如何使用不同的媒介？儿童使用媒介做什么或媒介对儿童有什么用？

这些问题构成后来学界研究儿童媒介使用模型的重要路径。自此之后，关于电视对儿童的影响一直是学界研究的热点。研究者们继续关注：

（1）儿童在看电视时究竟是主动的还是被动的；（2）性别、年龄、智商、家庭背景、个人兴趣或社会关系等变量对儿童的影响，进而提出了宗教信仰等新的影响因素；（3）电视对儿童的心理、社会行为发展等产生了什么影响；（4）通过对不同国家、跨文化的研究来认识不同文化背景下，儿童使用媒介的异同；（5）研究电视对其他大众媒介的影响，20世纪90年代前主要研究收看电视与收听广播、阅读或玩电子游戏之间的比较，20世纪90年代后开始关注儿童使用电脑、互联网与看电视之间的比较。

三、关于网络对儿童影响的研究

20世纪90年代以后，电脑和互联网成为影响儿童越来越重要的新媒介。相比电影、广播、电视等电子媒介，电脑和互联网对儿童的影响更加深刻和全面，因此，关于这方面的研究也更加细致、深入。进入21世纪，美国和欧洲关于互联网对青少年的研究发展迅速。一大批研究机构及时追踪最新的技术和应用，定期发布相关研究报告。最著名的机构如美国皮尤互联网研究中心，由它发起的“皮尤互联网与美国生活项目”（Pew Internet & American Life Project）持续开展原创性研究，探讨互联网对儿童、家庭、社区、工作场所、学校、医疗保健和公民政治生活的影响。这其中有大量的关于网络对儿童各方面影响的报告。2006—2009年，由欧洲委员提供资金，来自欧洲21个国家约60名经过挑选的多学科研究人员，展开一个名为“欧盟儿童在线项目”的大型跨国调研。调研涉及欧洲儿童上网的机会与风险的各种调查与研究，并通过调研为各国政府制定关于儿童媒介权利和教育的各项法规政策提供科学依据。

概括起来，国外的有关研究的主题基本集中在以下五个方面：

（1）互联网在儿童与世界之间充当何种角色？儿童用互联网干了什么？

这类调研大多延用儿童媒介使用模型，以调查和统计为最主要的形式研究儿童的网络爱好、上网习惯、对网络的态度等。比如，美国研究者的调查表明：孩子们普遍认为互联网容易使用，而且更喜欢用它来进行娱乐、游戏、电邮、聊天和即时通讯；2/3的孩子认为互联网有助于学习；1/3的孩子生病在家时，能够用它来帮助自己的课程学习；孩子们还会在网上学习在学校不会直接接触到的知识。关于性别差异对网络行为的影响，研究发现，一般来说男孩和女孩接触网络的行动是对等的，电邮、搜索和即时通讯不管对男孩还是女孩来说，都是位列前三位的网络功能。男孩和女孩都上网参加竞赛、聊天和访问个人主页。但是，女孩更喜欢用网络来学习、做家庭作业、听音乐、购物，而男孩的兴趣则在科技、娱乐和游戏方面。

（2）互联网对儿童的生理、心理、思维方式、娱乐交往、生活方式和社会参与方式带来了什么影响？互联网给儿童的社会化进程带来了什么样的影响？

研究者认为，网络时代的来临，使儿童社会化的进程充满全新的不确定因素。美国一些学者认为，尽管很少有证据显示中等程度地使用互联网对儿童的同伴关系和家庭关系会有负面影响，但是最新的调查表明，互联网的重度使用与儿童孤独感和抑郁感的增加有相当的关系。玩有暴力内容的电脑游戏可能增加孩子的攻击性，降低他们对苦难的敏感程度，持续的网络使用使孩子难以把现实与虚拟世界相区分。新加坡学者经过调查分析，有了一些较为独到的发现：持续增长的网络使用行为与电视使用的减少显著相关，但能引起阅读报纸、收听广播以及与同伴的社会化交往行为的增加；网络使用的情况与体育锻炼的多少、家庭成员之间的互动情况无关。

关于互联网对于儿童生理特别是大脑的影响，美国著名神经学家盖瑞·斯默尔在《大脑革命——数字时代如何改变了人们的大脑和行为》一书中揭示，随着新技术带来的新动作、新任务产生的新思维方式，儿童的大脑将产生神经递质，形成新的树突和突触，这种进化性的变化将影响到今后几代人的大脑。

（3）如何保护儿童使其免遭网上不良信息的毒害，保证儿童的网络安全？出于对儿童网瘾、网恋等问题的担忧，关于儿童网络成瘾、虚拟交往风险和网上隐私保护等方面的研究成为社会热点。

儿童网络安全研究可分为现象研究和方法研究两大类。现象研究以定量分析为主，通过调查统计和样本分析，了解网络上潜在的对儿童的威胁，了解儿童及家长们对网络危险的认识程度和自身防范程度，世界各国的这类研究开展得非常深入，比如SAFT（Safety， Awareness， Facts and Tools）——一个旨在促进儿童与青少年网络安全使用的欧洲组织，针对青少年上网所可能遇到的危险与他们对危险的认知程度进行了多次调查研究。2003年1—3月，SAFT对挪威、瑞典、冰岛、丹麦、爱尔兰1万余名9～16岁的儿童及家长进行了问卷或电话调查，得出了一些颇有意义的调查结果，如：孩子总是声称比其父母对网络世界了解更多；大多数孩子知道不能给陌生人私人信息，但他们愿意给的私人信息比其父母允许的多；14%的孩子与网友见过面，但只有4%的父母知道此事；44%的孩子有意或无意地接触过色情网站；30%的孩子访问过含有暴力内容的网站，但只有15%的父母知道等等。同年10月，该组织发起的“未来网上的孩子——安全意识、现象和工具”研讨会在斯德哥尔摩举行，在两天的时间里，来自欧洲、亚洲、澳洲、美洲的政府官员、学者、专家、企业代表和儿童广泛讨论了未来网络上儿童可能面临的危险。此外，英国“不列颠儿童在线”（UK Children Go Online）的调查表明：大多数家长仍然低估了网络的危险。美国全国学校董事会基金会调查发现：67%的家长把自己的角色定位在孩子上网的引导者，24%的家长认为自己应成为孩子与网络之间的“watch dog”。

也有一部分现象研究以定性研究为主，从儿童的生理、心理特点出发，分析儿童为何易受网络的伤害。方法研究是在现象研究的基础上，研究如何让儿童规避这类危险，有学者提出家长应担负起守望者的责任，把网上的儿童置于自己的监控之下，帮助他们寻找合适的信息、躲开不良信息的骚扰；有的学者认为，在父母和社会都担负起一定守护职责的情况下，还应教会儿童如何自我防范，而且详细列举了各种可能出现的危险情况并给出了解决办法。

这些研究促使各国政府也出台了不少相关法律来保护儿童的网络安全。比如，美国政府针对这一问题，制订了三部法案：《儿童在线保护法案》（COPA）、《儿童在线隐私保护法案》（COPPA）和《儿童互联网保护法案》（CIPA）。德国、英国、新加坡、澳大利亚等国家也相继出台了旨在加强网络安全、保护儿童的法律法规。

（4）如何消灭互联网带来的儿童之间的“数字鸿沟”？

“数字鸿沟”（digital gap）的出现，涉及到经济差距、种族、性别、地区等因素。美国学者在1999年的研究中，经济和种族是两个最大的影响源：美国年收入超过7.5万美元的家庭中，有70%的孩子上网；而年收入低于4万美元的家庭中，只有35%的孩子上网。57%的白人儿童使用互联网，而非洲裔美国儿童上网的比例只有23%。此外，单亲家庭以及农村地区的儿童上网的几率也小于核心家庭与城市地区儿童。关于性别因素，同一篇调查报告中给出数据：男孩和女孩使用网络的情况相差无几。研究者进而认为，美国的各级学校在缩小因经济、种族等原因而形成的“数字鸿沟”方面应该发挥更大的作用。近年来，随着国家的重视和政策的推动，特别是教育信息折扣（Education-Rate）政策（指美国政府对学校和图书馆的全体服务计划，主要内容为政府向中小学学校和公共图书馆提供电信和网络方面服务的折扣资助）的制订与实施以来，美国国内儿童之间的“数字鸿沟”正在日趋缩小。经济收入和种族之间的比较研究也发现，得出的两组数据已无太明显的差距，这些成果的取得是相当令人鼓舞的。关于全球性儿童数字鸿沟，也有不少学者进行了研究。关于缩小世界范围内的“数字鸿沟”，研究者们通常认为这是一个系统工程，包含着经济的振兴、教育的发展以及发达国家的帮助，绝非一夕之功。

（5）作为一项崭新的信息技术，互联网如何，并且在什么程度上影响儿童的学习进程与知识结构的发展?

互联网改变了传统的教育模式，这是不争的事实。然而，如何更有效地使用互联网、互联网如何改变教育模式和知识结构，仍然是研究者与政策制定者探索的课题。美国学者认为，网络以它娱乐、教育、互动的无限能力而必将成为未来教学的基础。网络时代因为信息的无限丰富和良莠不齐，自主探究的能力显得空前的重要，因此学生将逐渐从被动的接受者转为主动的探索者、阐释者、创造者。而学校的教学模式也须从传统的技能训练模式转为成年人式的研究、创造模式。将网络设备接入教室只是万里长征的第一步，教育方法永远比教育设备重要得多。针对网络时代教育的全新特点，2000年国际教育技术协会（International Society for Technology in Education）公布了美国国家教育技术标准（National Educational Technology Standards），这一标准分教师标准和学生标准两大类，较为全面地规定了所有教师的教育技术标准和绩效指标以及从学前到12年级的技术应用于教学的国家标准，显示了美国政府与公众对技术改变教育和改进学生学习潜力的空前重视。同年12月，美国教育部教育技术办公室在原国家教育技术规划（1996）的基础上，提出一个发展教育技术的重要理念——E-Learning：使每一个孩子触手可及世界一流的教育。这一规划提出五大目标：①所有在教室、学校、社区、家中都有接触和使用信息技术的机会；②所有教师都能有效地应用技术来帮助学生达到更高的学术标准；③所有学生都具备技术和信息素养技能；④开展有关研究和评估工作，以进一步完善下一代技术在教学中的应用；⑤利用数字化教学内容，通过网络应用变革教和学。这一规划对教师与学生的信息素养提出了明确的要求。有学者预言：未来的学习将是超越时空并以学生为中心的独立性合作学习，即“自组系统”（Self-organising System），而教师只起到助手的作用，学习的过程就是重新构建知识体系的过程，这种重构将导致现有知识结构的巨大变动，对未来的方方面面产生深远的影响。除了美国，日本、欧洲各国的政府也出台了各种网络推进学校政策，并取得了一定进展。

四、关于智能手机和社交媒体对儿童影响的研究

进入21世纪以来，媒介科技的发展又取得一次新的飞跃，以Twitter和Facebook为代表的社交媒体和以智能手机、平板电脑为代表的超级信息终端的出现，使儿童使用新媒介、新技术的门槛大大降低，各种基于这些新媒介工具的新应用层出不穷。有关这方面的研究是目前媒介与儿童影响研究的最新热点。

2009年2月，全球移动通信系统协会(GSMA)联手日本NTTDoCoMo公司移动通信社会影响研究院（MSRI）发布了关于少年儿童使用移动电话的研究报告，这是基于日本、韩国、中国、印度和墨西哥五个国家的少年儿童进行的调查得出的第一份研究报告。此次研究对象针对从9岁到18岁的青少年，抽样6000人对他们及其家长进行调查，调查内容包括手机使用情况、对待手机的态度以及感觉。

研究显示，年龄是少年儿童手机拥有率的重要指标（年龄每增加一岁，手机拥有率增加4%）。而另外一个影响他们使用手机的关键因素，是他们所在的朋友圈子的手机使用率，这种现象在研究进行的五个国家均有发现。该研究报告指出，性别、父母年龄、父母收入情况、家庭拥有电视游戏机和电脑的情况，均成为五个研究国家影响少年儿童手机拥有率的因素。

与一般认为的手机会因分散孩子注意力而不受欢迎相反，研究发现，手机的使用对孩子进行其他活动所用的时间并无影响。此次研究对少年儿童使用手机的态度和可能产生的影响也进行了调查。调查发现，比起男孩，更多女孩把手机视为日常生活的重要工具，而使用手机收发邮件或短信比较频繁的孩子，会对新媒体（例如互联网），有更高的信任感，而对传统媒体（包括电视和报纸）的信任度有轻微的下降。

关于社交媒体可能影响儿童的网络安全问题也引起了社会的广泛关注。在美国，联邦贸易委员表示，当前旨在保护上网儿童的法律已经远远落后于先进技术。从大公司到不出名的应用服务公司再到四处游移的数据搜集公司，这些实体搜集儿童的个人信息、照片，甚至他们所在的位置。

不少专家表示，从许多方面来说，互联网的社交环境正在使做现代美国家长比以往任何时候都更加复杂。美国有研究显示，儿童每天至少在社交和娱乐媒体上花4个小时的时间，注意力分散，并且不与外界以及其他孩子接触。由于儿童往往疏于保护自己的隐私，因此家长们越来越担心孩子的“电子指纹”会阻碍他们的人生道路。美国的不少家长、教育工作者和心理健康专家正在表达的不仅是对商业侵犯隐私或是

Facebook主宰美国人生活的担忧，他们还表达了对数字文化习俗本身的担忧。他们呼吁："家长们必须进行自我教育，学习如何在网上保护自己的孩子。"

还有政府组织学者对社交媒体可能影响儿童的社会、政治参与表示关注和担忧。2011年8月，在英国出现的暴力骚乱中，许多青少年利用手机、互联网，特别是Facebook等社交媒体传播信息，煽动、组织犯罪活动，在社交媒体的推波助澜下，骚乱被极度放大并快速演变和传播。为此，英国首相戴维·卡梅伦在骚乱后曾表示，英国政府正研究今后发生骚乱时关闭微博客、社交网站和"黑莓信使"服务，以阻止骚乱者利用这些社交网络工具串联。同一年，美国旧金山也出现青少年通过社交网络集结闹事的情况。当得知有人要在地铁站台上组织抗议警方的活动后，美国旧金山市内的地铁系统也短暂关闭了其线路内的手机信号发射台，以阻止示威者利用手机传递集会信息。

这些事件，都引起了各国政府和社会组织加大对社交媒体对青少年社会参与和政治参与行为及态度的研究。近年来，韩国、新加坡等国家的政府和学界也非常关注青少年通过社交媒体进行政治参与的相关研究。

第二节　我国"媒介与儿童"的研究状况

改革开放以来，我国内地学界关于"媒介与儿童"的研究大致可分为三个阶段：

第一个阶段是从20世纪80年代初至90年代初。当时我国正处于电视在家庭的快速普及期，那时从日本、美国引进的动漫片，以及日本及港台的电视剧、流行音乐成为中国内地家庭业余生活的主要内容之一。生于20世纪70年代的儿童对此记忆犹新，《铁臂阿童木》《聪明的一休》《蓝精灵》等日本动漫，《排球女将》《血疑》《姿三四郎》《霍元甲》《射雕英雄传》《渴望》等电视剧，曾引得万人空巷，邓丽君、谭咏麟、"四大天王"等港台歌星都深深影响了一代人。

因此，当时的研究主要以"儿童与电视"为关注焦点，全国相关的论述有50多篇，讨论问题主要包括以下一些方面：①关于儿童电视内容方面的研究；②关于儿童电视使用模式的研究，如电视拥有率、电视观看时间和频度，电视内容偏好、观看电视时的同时性活动、电视使用的动机、对电视的认知特点、儿童使用电视的社会性特点、家长的参与与控制等；③电视对儿童影响的研究，包括对儿童身体健康、心理发展以及社会态度和行为的影响。

第二个阶段是20世纪90年代到21世纪初，从儿童与电视的研究，扩大到包括录音带、印刷媒体以及电脑、网络等新媒介技术的研究。比较系统和全面的研究来自国家社会科学基金及其他科学研究项目的资助。

1996年，中国社会科学院以卜卫为首的课题组的“大众传播对青少年的影响”项目获准国家社会科学基金立项。2002年1月，项目成果以《大众媒介对儿童的影响》为名由新华出版社出版。该书是国内首次比较系统地关于“媒介与儿童”的本土化研究。1999年，张令振出版专著《儿童与电视》。

第三个阶段是进入21世纪至今。“大众媒介对儿童影响的研究”开始在传播学界广泛开展，特别是关于互联网对儿童的影响全方位展开。同时，以《超级女声》《快乐大本营》等为代表的电视节目对流行文化的引爆，以及日韩动漫、电子游戏等对儿童的影响也日益深入，相关研究也不断深化。

2000年，中国社会科学院新闻所媒介与青少年发展研究中心在对我国五大城市（北京、上海、广州、成都、长沙）的儿童进行了“青少年互联网使用状况及影响”的调查。该项调查围绕我国儿童互联网使用者的用户特征、儿童对计算机与互联网的态度、互联网使用与儿童的学习活动、互联网使用与儿童的体育活动和睡眠、互联网使用与儿童的人际交流、互联网使用与儿童的大众媒介接触以及互联网对儿童教育所施加的影响等等，进行了广泛而深入的调查与数据分析，这些宝贵的数据在某种程度上为今后我国儿童与互联网的研究起到了一定的奠基作用。

2000年以来，关于“儿童与互联网”方方面面的调查和研究进入全面发展的时期。除了各地的研究者对不同年龄层次的青少年进行的各种研究外，全国性关注的“青少年与新媒介”的研究也日益常态化，各种相关课题百花齐放。

近年来，中国互联网络信息中心每年发布《中国青少年上网行为调查报告》，中国少先队事业发展中心每年发布《中国未成年人互联网/社交网络运用状况调查报告》，对我国未成年人互联网运用的基本状况、网络热点关注情况、未成年人网络社交、微博使用情况等进行了调查和分析。

中国传媒大学、复旦大学、华南师范大学、浙江大学等高校的新闻传播专业和教育技术专业，都有学者开始通过课题、专著等形式较为系统地开展“媒介与儿童的影响”、“儿童媒介素养教育”的相关研究。

与此同时，有关媒介素养教育的实践也在北京、上海、杭州、广州、中山等地陆续开展起来。“媒介与儿童”的研究与“媒介素养教育”的研究与实践进入了相对快速发展的轨道。

但需要指出的是，在中国，“媒介与儿童”的研究虽然已经经历了20多年的发展，关于“儿童媒介素养”的研究也日益深入，但仔细梳理后，我们不难发现，定性研究较多，定量研究较少；理论研究较多，实证研究较少，基于教学实践之后的理论研究更少；对大学生群体的研究较多，对中小学生群体的研究较少。

第三节　国内外相关研究述评

回顾自20世纪20年代至今的“媒介与儿童”的相关研究，我们可以梳理出以下一些基本脉络：

（1）从研究对象看，每个时代的研究者基本聚焦在当时出现的新主流媒介及其应用上。从最早的电子媒介——电影开始，经历了从广播、电视、电脑和互联网到智能手机和社交媒体，其间还特别关注漫画、流行音乐、电子游戏、广告等对儿童的影响。

（2）从研究内容看，基于实证的研究主要集中在媒介对儿童产生影响的效果研究，从研究结果看，大体经历了从“强效果”到“弱效果”和“效果不一”的结论。比较有代表性的理论包括“魔弹论”和“使用与满足理论”，还有“个体差异理论”、“培养和学习理论”等。

（3）与社会学实证研究相比，人文学者一直在强调大众媒介可能对人产生的控制和消极作用，或者说是提示人们注意人对大众媒介的反作用。比较有代表性的是波兹曼的“三部曲”：《童年的消逝》《娱乐至死》和《技术垄断》，还有凯文·凯利的《失控》等书。

正是这些理论研究和思考，也促使媒介科技的发明者不断完善和研发创造出越来越人性化、越来越智能与方便的新媒介。凯文·凯利的《科技想要什么》和《技术元素》都表达了人们对媒介趋利避害以及对新媒介发展的乐观和积极的态度。

（4）随着新媒介的发展，从电影到电视、电脑、智能手机，新媒介不但是儿童日常使用的科技工具，而且成为儿童生存和成长不可或缺的资源和环境。因此，媒介与儿童的影响研究，也成为研究儿童生存与成长环境、儿童能力构建、儿童社会化的重要议题和核心内容之一。在这方面，尼葛洛庞帝和麦克卢汉都有许多精辟的论述和预言。另外，奠基于英尼斯、发端于麦克卢汉、建立于波兹曼等学者的媒介环境学派，专注于媒介对人与社会的影响，对此有许多宝贵的理论贡献。

（5）随着新媒介发展的人性化、智能化，媒介与儿童的关系发生了革命性的变化，从报纸、广播、电影的被动接受者，到电视、互联网的主动使用者，特别是到了智能手机和社交媒体的出现，儿童成为主动的传播与沟通者。与此同时，也出现了关于自媒体、公民新闻等概念。

（6）随着新媒介的发展，媒介除了对人们的生活方式产生了重大影响，还已经全面影响和改造着政治、经济、文化、教育等各领域，因此，研究学者开始关注新媒介对儿童的社会参与、代际更替和未来社会构建等方面产生的重大影响。这方面较有代表性的理论观点包括哈贝马斯的交往理论、利文斯通的“公民参与之梯”理论和唐·泰普斯科特的N世代研究等。

第四节　本次研究的理论假设和研究内容

一、本次研究的参考理论和基本假设

确立研究的理论假设的目的是通过借鉴已有的理论研究成果，初步描述研究的基本观点，以此为基准分析、推断和论证相关的研究结论，使研究过程更科学、规范和严谨。因为本研究在相关领域具有探索性质，因此借鉴了大量国外有关“媒体与儿童”的研究和“媒介素养教育”的相关理论。这些理论和论述包括（有关理论及论述的详细内容将结合本研究在各章节中介绍）：

1. 个体差异理论

个体差异理论最早由阿尔伯特·哈德利·坎特里尔在“火星人入侵地球”广播剧研究中提出，他认为，不同类型的人对于同一媒介内容有着不同的反应。这些不同主要体现在批判能力的差异、个性上的差异、个体媒介接触时的情境差异以及个体所处的社会历史环境的差异。

2. 使用与满足理论

使用与满足理论始于20世纪40年代，是对受众心理和行为进行微观研究的一个成

果。使用与满足理论把媒介使用者看作是有着特定“需求”的个人，把他们的媒介接触活动看作是基于特定需求来“使用”媒介，从而使这些需求得到“满足”的过程。

3. 公民学习的“参与之梯”理论

索尼娅·利文斯通、莱斯利·哈登编著的《儿童上网之机会与风险》（李淼译，中国社会科学出版社）提出：儿童上网包括了娱乐、学习、参与、创造、展示、沟通和社交的活动。对新用户一般会经历四个阶段：从初级用户到中等用户，再成广泛用户，最后至全能者。

4. 德国比勒菲尔德媒介素养模型

该模型由德国媒介教育家迪特·巴克于20世纪90年代中期提出。根据该模型，一个人的媒介素养包括以下的能力：媒体批判能力、媒介知识、媒体使用能力和媒介创作能力。

5. 代际关系理论

代际关系理论肇始于20世纪40年代西方学界，是社会学界公认的经典理论，来自于美国人类学家玛格丽特·米德关于“代沟”问题的研究。她认为在急速的社会变迁的巨大推动之下，新的文化传承模式以及“代沟”问题的出现具有历史必然性。具体来说，原先处于被教化者地位的晚辈之所以能够“反客为主”，充当教化者的角色，是因为古往今来从来没有任何一代能像他们一样经历如此巨大而急速的变化，也没有任何一代能像他们这样了解、经历和吸收在他们眼前发生的如此迅猛的社会变革。

6. 交往行为理论

在《交往行动理论》(1981年) 中，哈贝马斯认为，要化解科学技术统治而造成的现代社会危机，就必须要重返“公共领域”，弘扬“交往理性”，实现“交往理性”的合理化。而交往行为理论的核心范畴，就是交往行为，即一种主体之间通过符号协调的互动，它以语言为媒介，通过对话，达到人与人之间的相互理解与一致。

7. 尼葛洛庞帝关于数字化生存的论述

1995年，尼葛洛庞帝出版了《数字化生存》。他在书中提出，信息技术的革命将把受制于键盘和显示器的计算机解放出来，使之成为我们能够与之交谈，与之一道旅行，能够抚摸甚至能够穿戴的对象。这些发展将变革我们的学习方式、工作方式、娱乐方式——一句话，我们的生活方式。

8. 马歇尔·麦克卢汉的相关论述

“媒介即信息”：媒介对信息、知识、内容有强烈的反作用，它是积极的、能动的，对信息有重大的影响，它决定着信息的清晰度和结构方式。

“媒介是人的延伸”：媒介是人体器官能力的延伸和扩展，文字印刷媒介是视觉能力的延伸，广播是听觉能力的延伸，电视是视觉、听觉和触觉的延伸。同时媒介又反过来对于人的感知有强烈的影响，不同的媒介对不同的感官起作用。书面媒介影响视觉，使人的感知成线状结构；视听媒介影响触觉，使人的感知成三维结构。

9. “自媒体”和“公民新闻”

据美国新闻学会的相关定义，“自媒体”是普通大众经由数字科技强化，与全球知识体系相连之后，一种开始理解普通大众如何提供与分享他们本身的事实、新闻的途径，是私人化、平民化、普泛化、自主化的传播者，以现代化、电子化的手段，向不特定的大多数或者特定的单个人传递规范性及非规范性信息的新媒体的总称。“公民新闻”是指公民通过大众媒介和个人摄录、通讯工具（诸如移动电话、数码相机、数码摄像机、计算机网络等）为广大受众选择、撰写、分析和传播新闻信息的行为和现象。

基于以上理论，我们确定了本次调研的基本假设：

（1）媒介对当代儿童的影响越来越大，可以说当代儿童从一出生开始，就处于“媒介化生存”之中，他们是新媒介时代的“原住民”。媒介像空气和水一样，成为当代儿童成长必不可少的资源、工具和环境。媒介正塑造和改变着当代儿童。

（2）在移动互联网、智能手机和社交媒体为代表的新媒介环境下，儿童不但是媒介的受众，更是主动的使用者和积极的传播者、沟通者和创造者。

（3）当代儿童使用媒体的需求是多方面的，在娱乐、学习、参与、创造、展示、沟通与社交等需求方面，不同媒介和不同应用，在不同年龄段和不同性别、不同区域的儿童身上表现得不均衡。

（4）根据儿童对媒介认知和使用的行为、媒介素养状况、应用电脑和手机以及网络等媒介的实际水平，将他们分成四种类型：①初识者：很少使用新媒介（如电脑、网络和手机），他们会偶尔将电脑和网络用于进行交流和娱乐，新媒介的其他功能他们还不了解，主要用于阅读和娱乐。②普通使用者：他们主要将新媒介用于获取信息和进行学习，其次是娱乐和交流，还未完全掌握新媒介的其他功能。③小专家：新媒介对他们而言不仅仅是一种工具，而且已经构成他们日常生活中不可分割的一部分。相比同龄人，他们拥有更多的新媒介知识，倾向于个人解决媒介问题。④小网虫：他们对新媒介有较深的依赖，且缺乏自控能力。他们拥有较多的新媒介知识，但对日常学习的促进作用不明显。他们容易沉溺于虚拟的媒介世界，容易与现实世界脱离。

（5）在今天“人人皆可为记者”的微博时代，儿童从小基于新媒介的“传通”行为，已经深刻地改变着他们的交往与表达方式。借助新媒介，当代儿童正创建“自媒体”、组建新社群，这将对其长大后进行媒介参与、社会与政治参与产生重大影响。

二、本次研究的对象和范围

正是根据以上理论和当代中国城市新媒介环境特点及儿童的媒介应用状况，本次我们广东省社会科学院青少年成长教育研究中心“青少年媒介素养教育研究”课题组（以下简称课题组）进行的“儿童媒介素养”系列调研，将研究对象锁定在以中小学生为主体的儿童身上。

“儿童”的现代含义比较复杂。《现代汉语词典》第六版给出的定义是：较幼小的未成年人（年纪比“少年”小）。联合国《儿童权利公约》中的关于“儿童”年龄的规定是0～18岁，中国的《未成年人保护法》等法律关于“未成年人”年龄的规定是0～18岁。

综合以上定义，考虑到教育关键期和一个人性格、品德和世界观的形成规律，我们把6～18岁，处于中小学阶段的学生作为儿童媒介素养调研的核心人群。

在本书中，我们又把研究的重点放到了小学阶段，因为我们做调研的2012年正好是绝大多数2000年出生的孩子上小学六年级，并将毕业进入初中。从研究时间来看，2012年对当代小学生进行调研正好是对21世纪后出生的这一代人——所谓的“00后”进行媒介研究的最佳时机。

在本书中，我们还将“00后”的小学生与他们的前辈“90后”的中学生群体的调研进行对比，以便更全面地把握“00后”这一世代儿童的媒介化生存和成长特征，并以中学生群体为参照，预测“00后”儿童未来成长的可能路径。

本次研究选取的范围集中在一个在全国很有代表性的城市——广州市。广州毗邻港澳，得改革开放之先，同时又是全国报业市场化发轫之地，本地出版传媒业、通讯IT产业发达。

为了保证在广州调研的全面性和科学性，我们的问卷发放通过广州的少先队组织系统，选取的学校保证了广州市内各区的均衡；少先队组织系统地发放，保证了问卷发送、填写、回收的有效性。

三、本次研究的主要内容

本次研究确定了五方面的重点研究内容：

（1）研究“00后”儿童的媒介接触、使用行为和素养状况。他们接触了哪些媒介、用媒介做了什么，他们对媒介的态度和价值观如何？我们分别通过了问卷调研（见本书第二章）和访谈研究（见本书第三章）两部分完成。

（2）研究小学生的家长、老师对儿童新媒介接触、使用行为及媒介素养教育的态度和影响。（见本书第三章）

（3）基于我们的问卷调研和个案实证研究，作者在本书中提出的儿童成为“传通者”的概念，并对新媒介环境下儿童传通行为的特征及其影响进行论述。（见本书第四章）

（4）研究了“00后”儿童的“媒介化生存”状况，从代际研究的角度，提出“苹果世代”的概念，并通与对中学生的对比研究，揭示了“苹果世代”的特征，并预测其媒介化成长的可能性。（见本书第五章）

（5）研究了微博时代下的中国，作为公民素养的儿童媒介素养教育的理论依据、策略及方法。作者从当今国际儿童媒介素养的能力和赋权学说出发，并引用哈贝马斯的“交往理性”概念，提出将基于多媒体读写能力的理性表达和社会参与能力的构建，作为当今中国儿童媒介素养教育的目标，并结合中国的教育体制设计了实施方法与路径。（见本书第五章）

为了完成此次研究，课题组从2011年11月至2012年12月，一共进行了七项系列研究，包括：

（1）广州市小学生媒介接触、使用行为和素养状况的问卷调研（见第二章和附录一）。

（2）广州市中学生媒介素养调研报告（见附录六）。

（3）广州市小学生媒介接触、使用行为和素养状况的访谈研究（见第三章和附录二）。

（4）广州市小学生媒介素养教育的家长和老师访谈研究（见第三章和附录三、四）。

（5）广州市小学生传通行为的问卷调研（见第四章和附录五）。

（6）广州市小学生传通行为的个案研究（见第四章）。

（7）小学生媒介素养教育的策略研究（见第五章）。

第二章　小学生媒介接触、使用行为及素养状况的问卷调查研究

第一节　研究概述

一、相关概念的界定

关于媒介和媒介素养的概念目前在学界说法不一。在本次研究中，作者综合学界论述以及当代“00后”儿童实际接触的主要媒介考虑，进行了界定。

（一）媒介、媒体、传媒（Media）

英文中Media是Medium的复数形式。它的意思是“一种中介物、工具或机构，它是一种用来承载或传递效果或信息的物质和渠道。”但Media译为中文时，目前学界常使用三个概念：媒介、媒体、传媒。

“媒介”是“使双方（人或物）发生关系的人或事物”，它是以语言、音效、图像等符号来承载和传输信息的物质实体。通俗地讲，就是传递信息的工具。

“媒体”一般意义上相当于“媒介组织”的概念，是指依托书籍、报刊、广播、电视、网络等媒介，把信息进行传播和运营，并拥有所有权和经营管理权的机构，如报社、出版社、电台、网站等。或定义为“专门从事大众传播活动以满足社会需要的社会单位和机构”。另外，我们还把“媒介工具”及其应用约定俗成地称为“媒体”，比如新媒体、社交媒体等。

“传媒”单从词义上和“媒介”是相同的，即传播媒介。但在普通大众的头脑中，“传媒”主要是指新闻媒介，即报纸、杂志、广播、电视和网络五大媒介。对书籍、电影等一般不纳入其范畴。

根据媒介的定义和目前小学生实际经常使用的媒介，本次调研我们选取的媒介包括：课外书（教材没有列入本次调研的媒介范围）、报纸、杂志、广播、电视、电影（含视频）、电脑、手机、网络、平板电脑（iPad等）等。

（二）媒介素养（Media literacy）

“媒介素养”一词学界一般认为最早是由英国学者和丹麦教育工作者在20世纪30年代提出。1933年，英国文化研究学者利维斯和汤普森出版了文化批评论著《文化与环境：培养批判的意识》，首次倡导媒介素养教育。同一时期，丹麦的一些教育工作者开始倡导并尝试在中小学开设媒介素养教育的课程或讲座，以培养学生对正在普及的电影、广播等视听媒介的欣赏和判断能力。

但经过80多年的发展，目前学者对于媒介素养的称谓、定义以及内涵描述等仍没有统一的说法，他们从不同的角度出发，见仁见智。本次研究中，我们参考了比较有代表性的两种理论。

学者鲁宾将媒介素养分为三个层面，即“知识模式”、“理解模式”和“能力模式”。知识模式的观点认为，媒介素养就是关于媒介如何对社会产生功能的知识体系，其侧重点是信息如何传输。而理解模式的观点则声称，所谓媒介素养就是理解媒介信息在制造、生产和传递过程中受到来自文化、经济、政治和技术等诸多力量的强制作用，侧重的是对于信息的判断和理解能力。就能力模式而言，是指公民所具有的获取、分析、评价和传输各种形式信息的能力，侧重的是对于信息的认知过程。

德国媒介教育家巴克将哈贝马斯的“交流素质”概念引入教育学中。他认为，从根本上讲，每个人都是一个成熟的信息接受者，每一个人都具有交流素质，都是一个积极的媒体使用者（只要给他技术器材），每个人都有能力通过媒体表达自己的想法，但这种媒介素养必须进行不断的训练和学习。为了将“媒介素养”这个理论概念作为在教育学中可操作的教育目标，巴克进而将媒介素养分为四个基本组成部分，这四个基本部分又有其各自的组成部分。

巴克认为，媒介素养应该包括媒介的批判能力、媒介知识、媒介的使用能力和媒介的创作能力四个基本组成部分。

1. 媒介的批判能力

批判本来的意义是“区分”，批判的目标是将现有的知识和经验结合起来，以便不断地对已经发生和正在发生的事情进行反思。巴克认为，批判能力是媒介素质的首要组成部分，“因为媒介素养教育的责任就是要培养一个人的思考能力，人应该能够就社会发展对人类生活和媒体世界所带来的变化进行思考，因此，批判能力是所有其他能力的基础。”媒介批判能力包括三种不同的能力：

（1）分析能力：分析能力是指对社会发展和媒体发展的现状和后果进行分析、判断和了解的能力。

（2）自我反思能力：对自我媒介行为的所思和适当调整的能力。一个人不仅要学会分析媒介内容，而且要能够将分析的知识用于规范自己的媒体行为。具有媒介批判思想的人不仅能够分析媒介的利弊，并能够通过调整自己的行为方式，形成健康的媒介使用行为。

（3）媒介道德意识：一个普通媒介使用者也应本着对社会负责的原则，对媒介进行分析、批判和反思。这些媒介道德问题涉及媒体对色情、暴力内容的渲染，对青少年媒体内容的规范等等。

2. 媒介知识

媒介知识就是关于媒介和媒介系统的知识。媒介知识包括两种知识：

（1）媒介常识：这是有关媒介的基本知识。所涉及到的问题包括：媒介是什么？大众媒体是什么？记者如何工作？电视上有多少套电视节目？电视节目分多少板块？人们如何选择自己想使用的媒体内容等等。

（2）媒介操作知识：这个能力指正确操作媒介工具的知识。比如：一个人懂得如何打开电脑，如何利用媒介开始工作，在媒介出现问题时懂得如何解决，知道如何安装、使用某些软件，如何使用互联网等等。

3. 媒介的使用能力

媒介的使用能力就是指运用媒介、操作媒介的能力。这一能力也可分成两种能力：

（1）单方面接受媒介的使用能力：就是单方面地解读、接受媒体信息，使用媒介的能力。比如，可以看懂、读懂、听懂媒体内容，并使其成为自己修养、自己所受教育的一部分。比如：读书、看电视、看电影和视频等。

（2）与媒介互动的使用能力：就是在使用媒介中与媒介互动的能力。这个能力指使用者能够提供自己的信息，可以将自己的信息作为媒介内容的有机组成部分。比如：打电话或者发短信参与电视节目、参加网上讨论。新媒体大多是互动性媒体。

4. 媒介的创作能力

媒介创作能力是指媒介使用者对媒介内容进行技术处理或者内容修改的能力。媒介的创作能力也分成两种不同的创作形式：

（1）对媒介内容的革新能力：这些能力是指根据已设定的媒介运作程序中、或者在媒介系统中对媒体内容的革新。比如：开发软件。

（2）创造性革新媒介的能力：这一种能力与美学有关，这一能力完全可以越过媒介交流系统之外，可以创作新的媒体形式。

结合鲁宾的“三种模式”说和巴克的媒介素养说，考虑到问卷填写的简便性和易理解性，本次调研中我们对小学媒介素养方面调研设计分为三部分：媒介的认知能力、使用能力、批判能力和创作能力。对问卷中不好设计和需要进一步深入研究的部分，我们在个人访谈环节中进行了补充，力求获得对当代儿童媒介素养状况较为全面的了解。

二、研究设计方法及过程

（一）研究方法综述

按研究的不同目标，本次调研分别采用量化研究法与质性研究法进行，主体调研对象为广州地区的6～12岁的在读小学生。本报告的主要研究结果分为两大部分：第一部分的结果是采用量化研究法（Quantitative Method），通过问卷的派发及回收而得到的数据分析结果；第二部分是采用质性研究法（Qualitative Method），通过访谈得到的数据分析结果（详见第三章）。在本章研究中，将采用量化研究法对问卷调查中的有效数据进行分析。

1. 量化研究法

根据前期的试调研情况及广州各区域家庭的实际经济状况及媒介的使用状况，本次问卷调查以广州市少年宫和广州主要城区小学中的学生为研究母体，再按照区域分布选定受访学校。对学校发放问卷要求兼顾男女比例、年级分布。依靠学校或少年宫老师抽取其中一节课，在课堂上派发并让学生完成问卷，由老师提供必要的协助及指导，派发时间为2012年3月上、中旬，并在3月下旬进行了回收。

在本次研究中，我们向选定的广州市区内的38间学校各派发100份问卷，同时通过市少工委向各区少工委分别派发100份问卷。共派发问卷5000份，回收3700份问卷，其中有395份是无效问卷。因此，在本次研究中，研究者共回收有效调查问卷3305份，并以此作为分析的基础。

2. 质性研究法

在研究中，我们希望了解到广州地区的父母、老师在教育孩子过程中对媒介及其对孩子影响的看法及介入程度，同时了解孩子在实际生活与学习过程中，媒介的影响以及他们的态度，为了得到更具体及全面的资料，我们采用了“聚焦小组”（focus group）和“一对一”的个人深度访谈相结合的方式来收集资料。

受访成员都是由学校及少年宫老师邀请参与的，他们全是来自广州市小学在读学生及其家长和老师，一共进行了59次访谈，共有55名儿童、55名家长和55名老师参与其中。其中，进行了50次以1名老师、1名家长、1名学生组成的混合型小组访谈，进行了3次分别有3名学生、3名家长、3名老师组成的同类型小组访谈，并进行了6次分别针对2名学生、2名家长、2名老师的一对一深度个人访谈。

在小组内，我们按照“聚焦小组”的指引进行访谈，并以开放式的问题来发问，让受访者可自由回答及表达。每个小组时间为10～30分钟，并在参加者同意下进行了录音。（访谈结果分析见第三章）

（二）研究流程

本研究共经历了六个阶段。

第一阶段：调研前的准备阶段。我们采取了量化研究与质性研究两种研究方法。为完成问卷的设计，研究者对政府相关部门领导、教育专家、学校校长及老师、学生家长、在读小学学生进行个人访谈，在访谈的基础上确定了问卷草样，随后利用问卷草样，在广州市少年宫进行了样本量为100份的小规模测试，并将小规模测试的结果用于对问卷的指导及修改，最终在分析了测试结果后确定了正式问卷。

第二阶段：采取了量化研究法，在广州市内各区选定的小学发放标准问卷，目的是对广州地区小学生的媒介接触、使用行为和素养状况等进行基本的了解。

第三阶段：研究者对问卷调查数据进行了分年龄段（小学一年级和二年级为一个年龄段，三年级和四年级为一个年龄段，五年级和六年级为一个年龄段）、分性别的分析，同时参考了中学生的媒介素养调研相关资料，与小学生的媒介素养状况进行了对比。

第四阶段：采用质性研究，对部分曾经填写过问卷的小学生进行了深度访谈，并对他们的主要相关人——父母及老师进行了访谈。

第五阶段：对访谈资料进行分析和解释。

第六阶段：撰写调研报告。

（三）问卷设计

本次调研中，课题组在2011年底至2012年初制作出调研问卷的草样。

形成调研问卷草样后，在广州市少年宫内派发了100份问卷草样并回收。通过草样的发放及回收我们想了解以下问题：①问卷的问题设置是否妥当？②受访者是否有足够的能力、认知度去完成问卷？③问卷设计的长度、深度、广度是否妥当？④研究者的设想与学生的实际情况是否吻合？⑤某些问题是否存在歧义？

在回收草样后，课题组组织了4次论证会，分别是：①以课题组顾问为核心的专家研讨会；②以广州市少年宫的老师以及部分小学的老师为核心的老师研讨会；③以广州市少年宫学员家长及部分在读小学生家长为核心的家长研讨会；④以广州市少年宫学员及部分在读小学生为核心的学生研讨会。

通过研讨会的举行，对调研问卷的草案进行了3次修改。经过修改，整份问卷的科学性、作答的流畅性得到大大的提高。

问卷主要分成受访者基本信息、受访者家庭基本信息及媒介接触情况、媒介使用状况、网络使用状况、移动终端使用状况、媒介素养状况6大板块，实际题目量为51道题，各板块主要内容如下：

表 2–1　问卷内容概要

板块	题目	问题序号
受访者基本信息	性别	1
	在读年级	2
受访者家庭基本信息及媒介接触情况	父母受教育程度	3～4
	父母的职业	5～6
	家庭中媒介的覆盖情况	7～9
媒介使用状况	媒介使用情况	10～14
网络使用状况	网络产品使用情况	15
	网络使用习惯	16～19
	网络媒介认知度	20～25
	儿童网络游戏	26～31
移动终端使用状况	手机使用情况	32～36
	平板电脑使用情况	37～40
媒介素养状况	媒介信任状况	41～42
	媒介辨识状况	43～47
	媒介参与状况	48～49
	媒介素养教育状况	50～51

（四）采样过程

本次调研的问卷，主要是通过广州市少先队组织体系，在广州市38所学校及12个区（县级市）少先队工作委员会，共50个渠道派发。课题组在广州各区（市）中分别挑选了具有代表性的学校，共发放了5000份问卷，其中3305份问卷为有效问卷。问卷派发名单及发放计划如下：

表 2-2　问卷派发名单及发放计划

序号	区域	参与单位	问卷派发数量（份）
1	白云区	少先队白云区工作委员会	100
2		桂花岗小学	100
3		景泰小学	100
4		明日之星艺术小学	100
5		时代朝天小学	100
6		谢家庄小学	100
7	荔湾区	少先队荔湾区工作委员会	100
8		蒋光鼐纪念小学	100
9		广雅小学	100
10		鹤洞小学	100
11		坑口小学	100
12		西关外国语学校	100
13	天河区	少先队天河区工作委员会	100
14		华南理工大学附属小学	100
15		华阳小学	100
16		龙口西小学	100
17		沙河小学	100
18		天府路小学	100
19		羊城花园小学	100
20		员村小学	100
21	越秀区	少先队越秀区工作委员会	100
22		东山培正小学	100
23		东山区华侨外国语小学	100
24		八一希望小学	100
25		海珠中路小学	100
26		珠光路小学	100
27	海珠区	少先队海珠区工作委员会	100
28		昌岗中路小学	100
29		晓港湾小学	100
30	番禺区	少先队番禺区工作委员会	100
31		祈福新邨小学	100
32		市桥东城小学	100
33		钟村镇锦绣小学	100
34		番禺执信中学附属小学	100
35	花都区	少先队花都区工作委员会	100
36		新华第四小学	100
37	黄埔区	少先队黄埔区工作委员会	100
38		荔园小学	100
39	从化区	少先队从化区工作委员会	100
40		流溪小学	100
41	萝岗区	少先队萝岗区工作委员会	100
42		九龙第一小学	100
43		开发区第一小学	100
44		刘村小学	100
45		萝峰小学	100
46		香雪小学	100
47		新庄小学	100

（续表）

序号	区域	参与单位	问卷派发数量（份）
48	南沙区	少先队南沙区工作委员会	100
49	增城区	少先队增城区工作委员会	100
50		荔江小学	100

（五）数据分析方法

1. 数据清理及录入

研究中，共发放5000份问卷，回收3700份问卷。其中，3305份问卷为有效问卷，有395份问卷因为有空白答题或填写错误而视为无效问卷，不予纳入统计。对3305份问卷进行电脑录入，形成了数据库。

在录入的过程中，由课题组成员负责数据的录入，并组织相关专家通过抽样的方式对数据进行质检，确保数据的录入真实和有效。

2. 数据分析

数据录入后，由相关技术人员用电脑软件，分别对数据整体情况、分年龄段、分性别、分区域进行分析，同时对部分重点题目进行组合性分析，将其数据进行对比，为报告的撰写提供原始素材。

三、受访者的社会人口特征

（一）受访者的性别

儿童研究部分，从受访者的性别来看，男的占39.61%，女的占60.39%。

（二）受访者的年龄

从儿童研究部分来看，受访者的年龄介乎6~12岁。根据儿童小学阶段的心智发展，我们按年龄将他们分为三组：低年龄段（即小学一、二年级），占12.15%；中年龄段（即小学三、四年级），占35.15%；高年龄段（即小学五、六年级），占52.70%。

表 2–3　受访者在读年级分布

年级	百分比
一年级	0.72%
二年级	11.43%
三年级	15.49%
四年级	19.66%
五年级	32.34%
六年级	20.36%
总数	100%

（三）受访者父母的受教育程度

主要将受访者父母的受教育程度按学历分为：高中或以下、大学（含大专及本科）、硕士（研究生）或以上，其相关数据如下：

表 2-4　受访者父母的受教育程度

学历	父亲	母亲
高中或以下	46.98%	52.42%
大学（含大专及本科）	44.13%	41.83%
硕士（研究生）或以上	8.89%	5.75%
总数	100%	100%

（四）受访者父母的职业

本次调研主要将职业分为：①党政机关/社会团体/事业单位工作人员；②企业高层管理人员；③企业普通职员；④科教文卫的专业人员；⑤自由职业者；⑥私营企业主、个体商户；⑦无业、失业、待业；⑧农民；⑨其他。其相关数据如下：

表 2-5　受访者父母职业

职业	父亲	母亲
党政机关/社会团体/事业单位工作人员	16.64%	11.15%
企业高层管理人员	10.95%	5.85%
企业普通职员	15.80%	20.56%
科教文卫的专业人员	2.69%	4.88%
自由职业者	12.15%	13.36%
私营企业主、个体商户	12.49%	9.93%
无业、失业、待业	1.98%	9.45%
农民	1.59%	1.58%
其他	25.71%	23.24%
总数	100%	100%

第二节　媒介接触状况研究

媒介的接触状况，主要分成受访者个人媒介接触情况、家庭媒介环境以及学校媒介环境。由于受访者主要处于小学阶段，大部分的个人媒介接触都会与其家庭媒介环境息息相关，所以在本章节的研究中，我们主要关注于受访者媒介接触行为密切的家庭媒介环境，在这里，以电脑、手机、平板电脑等移动终端为核心的新媒介是我们关注的重点。

首先我们要看看广州小学生家庭中各种媒介的普及率。表2-6显示，在广州小学生家庭中，普及率最高的媒介是电视机（98.94%），其次是手机（98.19%），接着是电脑（94.35%），剩下的依次是报纸和杂志（67.56%）、收音机（67.06%）、平板电脑（45.90%）、游戏机（39.38%）。

从上述数据可以看出电视机、手机、电脑。这三个媒介几乎已经成为每个家庭必备的电子媒介终端，这也是目前小学生在家庭中接触最多的三大电子媒介。另外数据显示（见表2-7受访者家庭报刊订阅率），32.44%的小学生家庭没有订阅任何的报纸或杂志。

表 2-6　受访者家庭媒介普及率

排名	产品类型	普及率
1	电视机	98.94%
2	手机	98.19%
3	电脑（台式电脑及手提电脑）	94.35%
4	报纸和杂志	67.56%
5	收音机	67.06%
6	平板电脑（iPad等）	45.90%
7	游戏机（含PSP、NDS、Wii等）	39.38%

表 2-7　受访者家庭报刊订阅率

订阅数量	所占百分比
没有订阅任何报纸（杂志）	32.44%
订阅了1份报纸（杂志）	32.52%
订阅了2份报纸（杂志）	19.06%
订阅了3份或以上的报纸（杂志）	15.98%

表 2-8　受访者家庭电子产品拥有率

产品类型	2台以上	2台	1台	0台
手机	74.25%	17.04%	6.90%	1.81%
电脑（台式电脑及手提电脑）	18.89%	29.79%	45.67%	5.65%
电视机	10.24%	28.70%	60.00%	1.06%
平板电脑（iPad等）	6.20%	8.92%	30.78%	54.10%
游戏机（含PSP、NDS、Wii等）	5.99%	7.30%	26.09%	60.62%
收音机	5.85%	13.23%	47.98%	32.94%
DVD机	5.51%	16.12%	62.40%	15.97%

第三节　媒介使用行为研究

一、媒介的使用时间

本部分重点分析小学生每天使用各种媒介的时间有多长。

首先我们要看看，参与本次调研的小学生日常使用的媒介主要有哪些。经过试调研分析及访谈了解，我们基本确认了广州小学生主要接触和使用的媒介为课外书、报纸、杂志、广播、电视、电影、手机、网络、平板电脑。根据使用时长来排序，小学生使用最频繁的五种媒介分别是：①课外书；②电视；③网络；④报纸；⑤手机。

表 2-9　受访者每天使用媒介频次排名

排名	媒介类型	百分比
1	课外书	98.03%
2	电视	96.10%
3	网络	85.99%
4	报纸	78.48%
5	手机	76.97%

另外，从使用时间来划分，从表2-10可以看出，小学生对报纸、手机、杂志、广播这四种媒介的使用，主要是使用碎片时间（每天使用时间在30分钟内）。和中学生及成年人不同，由于其阅读习惯和知识结构尚在成长阶段，小学生对报纸和杂志的阅读，主要是回家后随便看看，或者利用课余时间翻看学校的书报栏上的报刊、听一下校园广播。因此大部分学生每天使用这几种媒介都属于短时间使用。

同时，表2-11的数据显示，电视、课外书、网络这三种媒介，占据了小学生每天会长时间（30分钟以上）使用的媒介的前三位。

表2-10　受访者每天使用30分钟内的媒介排名

排名	媒介类型	百分比
1	报纸	64.96%
2	手机	55.38%
3	杂志	50.75%
4	广播	40.93%
5	课外书	38.50%
6	电视	35.89%
7	其他	34.02%
8	网络	32.13%
9	电影	25.35%
10	平板电脑	21.95%

表2-11　受访者每天使用30分钟以上的媒介排名

排名	媒介类型	百分比
1	电视	60.21%
2	课外书	59.53%
3	网络	53.86%
4	电影	49.51%
5	其他	39.01%
6	杂志	22.80%
7	手机	21.59%
8	平板电脑	20.11%

（续表）

排名	媒介类型	百分比
9	报纸	13.52%
10	广播	12.94%

2–12　受访者每天使用媒介的时间状况

媒介类型	从不	30分钟以内	30分钟～1小时	1～2小时	2小时以上
课外书	1.97%	38.50%	38.53%	12.65%	8.35%
报纸	21.52%	64.96%	9.96%	2.40%	1.16%
杂志	26.45%	50.75%	16.67%	4.20%	1.93%
广播	46.13%	40.93%	8.73%	2.59%	1.62%
电视	3.90%	35.89%	35.02%	15.80%	9.39%
电影	25.14%	25.35%	20.42%	19.48%	9.61%
手机	23.12%	55.36%	13.60%	3.88%	4.04%
网络	14.01%	32.13%	30.02%	14.58%	9.26%
平板电脑	57.94%	21.95%	10.39%	5.25%	4.47%
其他	26.97%	34.02%	18.47%	10.54%	10.00%

表2–13显示，在媒介的使用中，男生和女生的使用习惯有所不同。女生对传统媒介，尤其是报纸的使用会更多。25.14%的男生表示自己从不看报纸，而表示自己从不看报纸的女生只有18.73%。而男生在网络的使用时长上，要远比女生高。12.25%的男生每天会使用2个小时以上的网络，而每天上网时间在两小时以上的女生只有6.07%。

表2–14显示，低年级（1～2年级）的学生，在媒介的使用时长上，明显要比中、高年级短，尤其是比高年级（5～6年级）的学生要短得多。其中低年级的学生每天对课外书、报纸、杂志、广播、电视这几种媒介的使用时间，更是远比高年级的学生要短。

表 2–13　受访者每天使用媒介的情况（男女对比数据）

媒介类型	从不		30分钟内		30分钟～1小时		1～2小时		2小时以上	
	女	男	女	男	女	男	女	男	女	男
课外书	1.81%	2.19%	35.13%	42.60%	40.26%	36.45%	13.44%	11.67%	9.36%	7.09%
报纸	18.73%	25.14%	68.67%	60.20%	9.52%	10.57%	2.37%	2.43%	0.71%	1.66%
杂志	24.80%	28.76%	52.53%	48.74%	17.26%	16.25%	4.11%	3.93%	1.30%	2.32%
广播	47.75%	45.58%	43.27%	39.49%	7.07%	9.86%	1.31%	3.17%	0.60%	1.90%
电视	4.08%	3.40%	38.25%	33.29%	34.82%	35.74%	14.88%	16.69%	7.97%	10.88%
电影	26.31%	23.95%	27.87%	22.38%	21.63%	19.26%	16.69%	22.61%	7.23%	11.80%
手机	22.94%	23.26%	58.42%	52.88%	13.48%	13.94%	2.68%	4.64%	2.48%	5.28%
网络	15.54%	12.22%	34.97%	28.92%	30.49%	29.90%	12.93%	16.71%	6.07%	12.25%
平板电脑	60.41%	57.21%	23.65%	20.12%	9.76%	10.72%	3.97%	5.84%	2.21%	6.11%

表 2–14　受访者每天使用媒介的情况（分年龄段对比数据）

时长	年级	课外书	报纸	杂志	广播	电视	电影	手机	网络	平板电脑
从不	1～2年级	4.70%	37.02%	40.98%	59.45%	6.27%	32.39%	27.55%	24.95%	61.84%
	3～4年级	1.49%	24.74%	30.85%	45.36%	3.58%	30.12%	27.19%	17.16%	60.95%
	5～6年级	0.81%	12.39%	17.33%	41.59%	2.83%	19.46%	18.22%	7.19%	56.86%
30分钟内	1～2年级	47.80%	54.54%	47.13%	31.98%	45.99%	28.87%	56.51%	38.07%	20.76%
	3～4年级	44.99%	63.28%	51.48%	43.98%	39.64%	25.15%	56.74%	35.50%	21.02%
	5～6年级	29.26%	72.44%	53.04%	43.68%	28.51%	24.48%	55.84%	27.95%	22.96%
30分钟～1小时	1～2年级	31.49%	6.91%	8.14%	6.13%	29.12%	18.46%	11.54%	18.91%	10.41%
	3～4年级	35.37%	9.18%	13.82%	8.04%	34.40%	19.47%	11.70%	29.97%	10.12%
	5～6年级	44.56%	11.34%	21.80%	10.18%	38.39%	21.57%	15.36%	35.52%	9.44%
1～2小时	1～2年级	10.77%	0.51%	1.47%	1.98%	11.60%	12.32%	1.39%	12.10%	3.98%
	3～4年级	9.69%	2.19%	2.36%	2.01%	13.64%	18.13%	1.57%	10.46%	4.35%
	5～6年级	15.82%	2.83%	6.22%	2.46%	19.47%	22.88%	5.80%	17.89%	5.78%
2小时以上	1～2年级	5.24%	1.02%	2.28%	0.46%	7.02%	7.96%	3.01%	5.97%	3.01%
	3～4年级	8.46%	0.61%	1.49%	0.61%	8.74%	7.13%	2.80%	6.91%	3.56%
	5～6年级	9.55%	1.00%	1.61%	2.09%	10.80%	11.61%	4.78%	11.45%	4.96%

二、媒介的使用用途

根据使用与满足理论，媒介的使用者会根据自己的需要主动选择使用的媒介与媒介内容。本章节主要分析小学生面对不同情况时对不同媒介的选择，了解他们的使用习惯。同时，重点分析他们对网络媒介，以及移动终端的使用用途。

1. 情绪变化

如表2–15、表2–16所显示，面对各种不同的情况，无论心情如何，课外书、网络、电视都是小学生主要选择使用的媒介。尤其是面对各种情绪的变化，如开心、不开心、感到无聊、想摆脱压力、感到孤独时，小学生主要会选择使用课外书、电视及网络（由本次调研可知，目前小学上网的主要工具是电脑）这三种媒介来调整自己的心情。

2. 获取资讯

数据可见，电视、报纸、广播这传统的三大媒体是小学生获取新闻的主要渠道；而课外书、网络和报纸是他们了解新知识的前三位媒介。随着校园文化的建设以及家用汽车的逐步普及，校园广播和汽车广播已经成为小学生获得新闻消息的重要来源。

3. 娱乐功能

数据显示，当小学生希望通过媒介进行娱乐的时候，首选的是网络，其次是以

iPad为代表的平板电脑，再次是电视。可见平板电脑超越电视成为了小学生最常用的娱乐工具。

4. 解决问题

分析结果表明，当小学生需要了解怎样解决自己问题的时候，他们对媒介的主要选择依次是网络、课外书和手机。移动上网和智能手机的普及，使小学生可以用手机通过打电话、发短信和上网的方式寻求答案。而网络超过课外书成为小学生排名第一的“课外老师”。

5. 性别不同导致的使用习惯上的差异

如表2-17所示，在小学阶段，男生和女生在不同媒介的使用习惯上，会有一定的差异，但这种差异不会非常明显。主要体现在：（1）女生对纸质媒介的依赖程度会相对较高；（2）男生在需要娱乐的时候会更倾向于选择网络。

6. 年龄不同导致的使用习惯上的差异

如表2-18所示，不同年龄段的小学生在媒介的使用习惯上，会有一定的差异，同时也展现出几种发展趋势：（1）低年龄段的学生会更依赖纸质媒介，尤其是课外书；（2）随着年龄的增长，高年龄段的小学生的媒介涉猎广度会增大；（3）随着年龄的增长，尤其到了小学高年龄段（5～6年级），他们对互联网的使用程度及信赖度会明显高于中低年龄段的学生。

表 2-15 面对不同情况，受访者对不同媒介的选择

面对的情况	课外书	报纸	杂志	广播	电视	电影	网络	手机	平板电脑
开心的时候	34.28%	2.18%	3.12%	0.79%	17.57%	7.60%	21.33%	4.66%	8.47%
不开心的时候	30.37%	9.38%	7.05%	6.23%	19.03%	5.15%	10.38%	6.54%	5.87%
感到无聊的时候	25.06%	9.65%	7.35%	3.60%	19.24%	5.45%	15.28%	7.32%	7.05%
希望摆脱压力的时候	22.76%	6.20%	6.11%	5.60%	18.57%	10.14%	15.91%	6.93%	7.78%
感到孤独的时候	22.82%	6.05%	6.11%	5.05%	20.48%	8.50%	15.01%	10.59%	5.39%
希望了解新闻的时候	3.03%	37.44%	2.48%	9.62%	38.44%	0.85%	4.72%	1.51%	1.91%
希望了解新知识的时候	55.85%	9.59%	5.24%	3.27%	6.30%	1.03%	14.64%	1.27%	2.81%
需要娱乐的时候	7.45%	2.57%	7.75%	2.24%	13.86%	8.96%	33.58%	9.29%	14.30%
需要了解怎样解决自己的问题的时候	26.38%	6.17%	5.15%	3.42%	3.63%	2.36%	41.33%	7.38%	4.18%

表 2-16　面对不同情况，受访者主要选择的媒介排名

（排名内容依据表2-15的相关数据）

面对的情况	第一名	第二名	第三名
开心的时候	课外书	网络	电视
不开心的时候	课外书	电视	网络
感到无聊的时候	课外书	电视	网络
希望摆脱压力的时候	课外书	电视	网络
感到孤独的时候	课外书	电视	网络
希望了解新闻的时候	电视	报纸	广播
希望了解新知识的时候	课外书	网络	报纸
需要娱乐的时候	网络	平板电脑	电视
需要了解怎样解决自己的问题的时候	网络	课外书	手机

表 2-17　面对不同情况，受访者对不同媒介的选择（分性别数据）

媒介类型	性别	希望摆脱压力的时候	感到孤独的时候	希望了解新闻的时候	希望了解新知识的时候	需要娱乐的时候	需要了解怎样解决自己的问题的时候
课外书	女	25.31%	24.22%	3.22%	57.67%	7.95%	27.18%
	男	19.77%	20.38%	2.69%	54.23%	6.69%	25.31%
报纸	女	6.39%	6.14%	40.50%	9.81%	2.82%	5.44%
	男	5.77%	6.00%	32.62%	9.31%	2.23%	7.31%
杂志	女	6.04%	6.64%	2.26%	5.49%	9.76%	4.78%
	男	6.23%	5.23%	2.85%	4.85%	4.38%	5.77%
广播	女	5.84%	5.33%	10.02%	3.22%	2.01%	3.67%
	男	5.23%	4.54%	9.08%	3.23%	2.62%	2.92%
电视	女	18.42%	19.78%	36.59%	5.84%	15.10%	3.47%
	男	18.77%	21.92%	41.38%	6.92%	12.08%	3.92%
电影	女	10.47%	8.20%	0.86%	0.81%	8.81%	2.32%
	男	9.69%	8.85%	0.85%	1.31%	9.15%	2.46%
网络	女	13.49%	14.14%	4.18%	13.89%	30.70%	41.46%
	男	18.85%	16.54%	5.46%	14.77%	38.39%	40.85%
手机	女	6.79%	10.57%	1.26%	1.21%	9.61%	7.50%
	男	7.23%	10.54%	1.92%	1.38%	8.92%	7.23%
平板电脑	女	7.25%	4.98%	1.11%	2.06%	13.24%	4.18%
	男	8.46%	6.00%	3.15%	4.00%	15.54%	4.23%

表 2-18　面对不同情况，受访者对不同媒介的选择（分年龄段数据）

媒介类型	年级	希望摆脱压力的时候	感到孤独的时候	希望了解新闻的时候	希望了解新知识的时候	需要娱乐的时候	需要了解怎样解决自己的问题的时候
课外书	1～2年级	29.15%	19.95%	5.63%	56.78%	7.16%	41.69%
	3～4年级	25.69%	22.54%	3.41%	58.23%	7.95%	29.63%
	5～6年级	20.15%	23.12%	2.23%	55.12%	7.20%	21.70%

（续表）

媒介类型	年级	希望摆脱压力的时候	感到孤独的时候	希望了解新闻的时候	希望了解新知识的时候	需要娱乐的时候	需要了解怎样解决自己的问题的时候
报纸	1～2年级	7.16%	5.63%	30.95%	6.91%	2.05%	3.32%
	3～4年级	6.56%	6.91%	33.30%	9.00%	2.80%	6.29%
	5～6年级	5.60%	5.60%	39.87%	10.68%	2.51%	6.68%
杂志	1～2年级	4.86%	7.93%	1.79%	2.81%	5.88%	1.53%
	3～4年级	4.98%	6.38%	3.23%	6.12%	7.43%	5.68%
	5～6年级	7.08%	5.54%	2.11%	5.20%	8.28%	5.65%
广播	1～2年级	3.84%	3.84%	12.02%	5.88%	2.30%	2.56%
	3～4年级	6.82%	6.03%	11.28%	3.15%	2.27%	3.67%
	5～6年级	5.20%	4.63%	8.05%	2.68%	2.11%	3.48%
电视	1～2年级	22.51%	30.43%	41.43%	7.93%	18.16%	4.09%
	3～4年级	19.41%	20.37%	40.12%	5.77%	12.33%	3.85%
	5～6年级	17.13%	18.85%	38.49%	6.28%	13.93%	3.43%
电影	1～2年级	6.39%	7.16%	0.77%	1.28%	9.21%	1.79%
	3～4年级	8.74%	7.69%	0.61%	1.22%	9.62%	2.88%
	5～6年级	11.94%	9.31%	1.03%	0.80%	8.51%	1.94%
网络	1～2年级	9.97%	10.74%	4.09%	14.32%	27.62%	34.53%
	3～4年级	13.46%	13.99%	4.90%	13.02%	33.91%	36.55%
	5～6年级	18.28%	16.68%	4.74%	14.85%	35.07%	45.18%
手机	1～2年级	8.70%	7.93%	2.30%	0.51%	10.23%	5.37%
	3～4年级	6.91%	10.58%	1.49%	0.87%	10.40%	8.22%
	5～6年级	6.57%	11.19%	1.20%	1.71%	8.34%	7.31%
平板电脑	1～2年级	7.42%	6.39%	1.02%	3.58%	17.39%	5.12%
	3～4年级	7.43%	5.51%	1.66%	2.62%	13.29%	3.23%
	5～6年级	8.05%	5.08%	2.28%	2.68%	14.05%	4.63%

三、媒介通讯功能的分析

通过媒介与他人通讯、沟通是媒介的重要功能。

表2-19表明，广州地区小学生最常用的通讯工具，排名前三位是QQ、手机及固定电话。其中，通过表2-21的数据更可看出，有高达83.55%的5～6年级学生，选择QQ为主要通讯交流工具。从上述数据可以看出，随着互联网及电脑的大范围普及，QQ已经成为小学生最重要的通讯交流工具。

从性别角度分析，表2-20表明，女生在手机短信的使用上明显多于男生。而男生通过网络游戏与同伴交流沟通则明显多于女生。

从不同年龄段分析，表2-21表明，当小学生处于低年龄段（1～2年级）的时候，对电子邮件、微博这两个网络通讯工具的使用较少，相比之下，高年级的小学生会更多地使用这两种工具进行交流。

表 2-19　受访者最常用的通讯交流方式排名

排名	媒介类型	百分比
1	QQ	74.64%
2	手机	56.27%
3	固定电话	37.86%
4	手机短信	36.29%
5	儿童网游中的通信功能	28.69%
6	微博	19.13%
7	电子邮件	12.80%
8	其他	3.18%

表 2-20　受访者最常用的通讯交流方式（分性别数据）

媒介类型	性别	百分比
QQ	女	75.09%
	男	73.62%
手机短信	女	40.26%
	男	30.23%
儿童网游中的通讯功能	女	22.90%
	男	37.31%
电子邮件	女	13.54%
	男	11.77%
微博	女	20.28%
	男	17.38%
手机	女	58.98%
	男	52.15%
固定电话	女	40.51%
	男	34.00%
其他	女	2.97%
	男	3.54%

表 2-21　受访者最常用的通讯交流方式（分年龄段数据）

媒介类型	年级	百分比
QQ	1～2年级	54.48%
	3～4年级	67.57%
	5～6年级	83.55%
手机短信	1～2年级	34.53%
	3～4年级	34.27%
	5～6年级	38.04%
儿童网游中的通讯功能	1～2年级	29.67%
	3～4年级	36.54%
	5～6年级	23.53%
电子邮件	1～2年级	6.65%
	3～4年级	10.75%
	5～6年级	15.53%
微博	1～2年级	11.76%
	3～4年级	12.76%
	5～6年级	24.84%

（续表）

媒介类型	年级	百分比
手机短信	1～2年级	56.78%
	3～4年级	52.80%
	5～6年级	58.31%
固定电话	1～2年级	42.20%
	3～4年级	34.62%
	5～6年级	39.06%
其他	1～2年级	4.35%
	3～4年级	3.41%
	5～6年级	2.80%

四、网络媒介的使用习惯分析

以下部分我们力求对广州地区小学生的网络使用习惯进行全方位调研。

（一）网络产品使用分析

表2-22显示，85.48%的孩子每天都会使用QQ，81.18%的孩子每天都会上网看视频，76.63%的孩子每天都会玩儿童网游，46.97%的孩子每天都会使用腾讯微博，41.47%的孩子每天都会使用新浪微博，81.04%的孩子每天都会使用QQ空间，38.31%的孩子每天都会进行“网购”……不难看出，现在小学生虽然年纪较小，但他们对网络产品的接触时间长度、涉猎广度、使用深度都已令成年人刮目相看。

此外，同时通过表2-23与表2-25的数据对比可以发现，虽然说学生涉猎的网络产品或功能非常多，每天会使用到的产品也很广，但在他们会每天长时间使用的网络产品中，观看视频、玩儿童网络游戏、使用QQ、收听或下载音乐、使用QQ空间，这五种使用行为占据了前五位。由此可见，小学生每天长时间用网络来看视频、玩游戏、用QQ和听音乐。

表 2-22　受访者每天使用网络产品的时长

使用工具和行为		从不	30分钟内	30分钟～1小时	1～2小时	2小时以上
上网浏览新闻		40.73%	46.24%	9.86%	1.36%	1.81%
上网查找资料		7.16%	61.00%	25.86%	4.23%	1.75%
观看视频		18.82%	28.93%	29.00%	14.62%	8.63%
儿童网络游戏（儿童网络社区）		23.37%	31.40%	25.37%	11.40%	8.46%
聊天交流	QQ	14.52%	40.46%	23.88%	10.04%	11.10%
	飞信	75.14%	12.40%	5.40%	3.62%	3.44%
	MSN	74.36%	12.19%	5.71%	3.63%	4.11%
微博	腾讯微博	53.03%	30.42%	9.31%	3.20%	4.04%
	新浪微博	58.53%	23.42%	9.83%	4.20%	4.02%
	搜狐微博	73.50%	13.30%	6.43%	3.44%	3.33%

（续表）

使用工具和行为		从不	30分钟内	30分钟～1小时	1～2小时	2小时以上
博客	QQ空间	18.96%	48.71%	20.47%	5.88%	5.98%
	新浪博客	66.88%	16.76%	7.84%	4.61%	3.91%
	班级博客	60.51%	23.31%	8.78%	3.79%	3.61%
	其他	54.86%	23.47%	10.10%	5.89%	5.68%
收听或下载音乐		21.11%	46.41%	18.48%	7.13%	6.87%
电子邮箱		50.68%	36.16%	6.72%	3.14%	3.30%
社交网站（如人人网、开心网等）		65.83%	21.01%	7.48%	2.94%	2.74%
网络购物（如淘宝网、当当网等）		61.69%	23.73%	7.98%	3.62%	2.98%
百科（如百度百科、维基百科等）		24.47%	45.54%	21.11%	4.31%	4.57%
其他		37.59%	19.40%	15.98%	13.59%	13.44%

表 2-23　受访者每天会用到的网络产品（功能）排名

排名	使用的网络产品/功能	百分比
1	百度/谷歌（查找资料）	92.84%
2	QQ	85.48%
3	观看视频	81.18%
4	QQ空间	81.04%
5	收听或下载音乐	78.89%
6	儿童网络游戏	76.63%
7	百科	75.53%
8	上网浏览新闻	59.27%
9	电子邮箱	51.52%
10	腾讯微博	46.97%
11	新浪微博	41.44%
12	班级博客	39.49%
13	网络购物	38.31%
14	社交网站	34.17%
15	新浪博客	33.12%
16	搜狐微博	26.50%
17	MSN	25.64%
18	飞信	24.86%

表 2-24　受访者每天会短时间使用（30分钟内）的网络产品（功能）排名

排名	使用的网络产品/功能	百分比
1	百度/谷歌（查找资料）	61.00%
2	QQ空间	48.71%
3	收听或下载音乐	46.41%
4	上网浏览新闻	46.21%
5	百科	45.54%
6	QQ	40.64%
7	电子邮箱	36.16%
8	儿童网络游戏	31.40%

（续表）

排名	使用的网络产品/功能	百分比
9	腾讯微博	30.42%
10	观看视频	28.93%
11	网络购物	23.73%
12	新浪微博	23.42%
13	班级博客	23.31%
14	社交网站	21.01%
15	新浪博客	16.76%
16	搜狐微博	13.30%
17	飞信	12.40%
18	MSN	12.19%

表 2-25　受访者每天会长时间使用（30分钟以上）的网络产品（功能）排名

排名	使用的网络产品/功能	百分比
1	观看视频	52.25%
2	儿童网络游戏	45.23%
3	QQ	45.02%
4	收听或下载音乐	32.48%
5	QQ空间	32.33%
6	上网查找资料	31.84%
7	百科	29.99%
8	新浪微博	18.05%
9	腾讯微博	16.55%
10	新浪博客	16.36%
11	班级博客	16.18%
12	网络购物	14.58%
13	MSN	13.45%
14	搜狐微博	13.20%
15	电子邮箱	13.16%
16	社交网站	13.16%
17	上网浏览新闻	13.03%
18	飞信	12.46%

（二）小学生网络游戏使用状况分析

玩电子游戏一直是儿童网络应用的重要内容，也是一直以来引起大人们担忧的问题。本部分将对其进行全面分析。

1. 小学生网络游戏接触情况分析

如表2-26所示，广州地区的小学生对儿童网络游戏的接触率非常高，只有5.84%的学生表示自己从来没有接触过。将小学生分性别分析，男生对儿童网络游戏的使用程度以及钟爱程度，明显比女生高，其中表示非常喜欢儿童网络游戏的男生比女生高出了近16%。

2. 小学生对网络游戏的认知程度分析

表2-27的数据显示，大部分的小学生都知道要控制好游戏的时间，不能沉迷于儿童网络游戏；通过数据的对比更可以发现，高年级的小学生比低年级的小学生更明白要控制游戏时间这个观念。不过通过观察和访谈可知，由于小学生的自控力还较差，因此虽然他们都明白要控制玩游戏的时间，但在实际生活中往往控制不住自己。

对于玩游戏，小学生不但认为好玩，还认为可以开发智力。

关于父母对孩子玩游戏的态度，从调查中我们看出，小学高年级的学生明显感觉到了与父母的分歧。20.19%的高年级学生认为，父母对游戏有误解。

3. 小学生对网络游戏获知渠道的分析

表2-28显示，小学生获取儿童网络游戏信息最主要的渠道是朋友、同学的介绍，其次是互联网的信息，第三是电视。其中，高年级的小学生会更倾向于朋友、同学的介绍以及互联网上的相关信息。

4. 小学生对网络游戏产品的选择倾向分析

通过表2-29、表2-30、表2-31、表2-32、表2-33、表2-34的数据呈现及对比分析可以看出，广州地区小学生对儿童网络游戏的选择，随年龄段及性别不同有一定的差异。《洛克王国》、网页小游戏和《赛尔号》是广州小学生最喜欢的三种游戏。其中男生最喜欢玩《洛克王国》，女生最喜欢网页小游戏。

无论男生、女生、哪个年龄段的小学生，在众多儿童网络游戏中，腾讯的《洛克王国》都是他们主要的选择之一。究其原因，除了其娱乐性以外，很重要的一个原因是腾讯QQ的普及，使得《洛克王国》的推广更为容易。表2-35显示，周末是小学生玩游戏的“高峰时间”，有63.30%的小学生表示只在周末玩网游。

5. 小学生的网络游戏费用支付分析

通过表2-36可以看出，虽然有59.62%的小学生表示自己不会向儿童网络游戏支付任何费用，但还是有40.38%的孩子每月会用自己的零用钱去支付游戏的相关费用，如购买点卡、道具卡等。其中有13.14%的孩子表示，每月用于游戏支付的费用在10元以上。

表 2-26　受访者对儿童网络游戏的使用情况

选项	数据源	百分比
从来没有接触过	全性别	5.84%
	女生	7.00%
	男生	4.38%
非常喜欢	全性别	35.62%
	女生	28.69%
	男生	44.32%
无所谓	全性别	48.79%
	女生	51.63%
	男生	45.23%
不喜欢	全性别	9.75%
	女生	12.68%
	男生	6.07%

表 2-27　受访者对儿童网络游戏的认知及感受

选项	数据源	百分比
好玩而已	全年龄段	24.42%
	1～2年级	30.43%
	3～4年级	24.56%
	5～6年级	21.55%
可以开发智力	全年龄段	31.27%
	1～2年级	28.13%
	3～4年级	36.63%
	5～6年级	28.68%
没啥感觉，但父母对游戏有误解	全年龄段	16.13%
	1～2年级	14.32%
	3～4年级	11.89%
	5～6年级	20.19%
要控制游戏时间	全年龄段	58.78%
	1～2年级	50.38%
	3～4年级	56.91%
	5～6年级	64.21%

表 2-28　受访者获知儿童网络游戏信息的主要渠道

选项	数据源	百分比
朋友、同学介绍	全年龄段、全性别	71.70%
	女生	71.87%
	男生	71.46%
	1～2年级	64.45%
	3～4年级	70.28%
	5～6年级	76.21%
报纸、杂志	全年龄段、全性别	31.69%
	女生	35.58%
	男生	26.71%
	1～2年级	26.34%
	3～4年级	31.12%
	5～6年级	34.54%

（续表）

选项	数据源	百分比
互联网	全年龄段、全性别	44.70%
	女生	41.97%
	男生	48.10%
	1～2年级	37.34%
	3～4年级	37.50%
	5～6年级	53.68%
电视	全年龄段、全性别	40.68%
	女生	40.26%
	男生	41.28%
	1～2年级	44.76%
	3～4年级	40.82%
	5～6年级	38.57%
户外广告	全年龄段、全性别	9.72%
	女生	10.07%
	男生	9.26%
	1～2年级	14.58%
	3～4年级	9.88%
	5～6年级	7.31%
购物商场的专卖店	全年龄段、全性别	8.05%
	女生	7.95%
	男生	8.19%
	1～2年级	6.91%
	3～4年级	11.10%
	5～6年级	6.27%
学校旁边的小商店	全年龄段、全性别	4.06%
	女生	3.47%
	男生	4.79%
	1～2年级	8.44%
	3～4年级	4.90%
	5～6年级	1.33%
街上派发的宣传品	全年龄段、全性别	5.21%
	女生	5.18%
	男生	5.28%
	1～2年级	7.67%
	3～4年级	5.68%
	5～6年级	3.69%
其他	全年龄段、全性别	4.48%
	女生	3.98%
	男生	5.11%
	1～2年级	4.60%
	3～4年级	5.59%
	5～6年级	3.60%

表 2–29　受访者最喜欢玩的儿童网络游戏（全年龄段、全性别）

排名	产品	百分比
1	《洛克王国》	37.05%

（续表）

排名	产品	百分比
2	网页小游戏	36.08%
3	《赛尔号》	27.51%
4	《奥比岛》	19.40%
5	《摩尔庄园》	19.07%
6	其他	17.74%
7	从来不玩	15.56%
8	《弹弹堂》	15.47%
9	《奥拉星》	12.38%
10	《小花仙》	12.35%
11	《卡布西游》	5.51%
12	《龙斗士》	4.48%
13	《库库马力》	4.21%
14	《火影世界》	2.51%

表 2-30　受访者最喜欢玩的儿童网络游戏（女生）

排名	产品	百分比
1	网页小游戏	37.75%
2	《洛克王国》	31.86%
3	《奥比岛》	24.91%
4	《摩尔庄园》	22.70%
5	从来不玩	18.72%
6	《小花仙》	18.57%
7	《赛尔号》	17.06%
8	其他	13.69%
9	《弹弹堂》	13.44%
10	《奥拉星》	9.66%
11	《卡布西游》	3.47%
12	《龙斗士》	2.67%
13	《库库马力》	1.41%
14	《火影世界》	1.36%

表 2-31　受访者最喜欢玩的儿童网络游戏（男生）

排名	产品	百分比
1	《洛克王国》	44.85%
2	《赛尔号》	43.23%
3	网页小游戏	33.69%
4	其他	23.85%
5	《弹弹堂》	18.31%
6	《奥拉星》	16.31%
7	《摩尔庄园》	13.54%
8	《奥比岛》	11.00%
9	从来不玩	10.69%
10	《卡布西游》	8.54%
11	《库库马力》	8.46%

（续表）

排名	产品	百分比
12	《龙斗士》	7.23%
13	《火影世界》	4.31%
14	《小花仙》	2.85%

表 2–32　受访者最喜欢玩的儿童网络游戏（1～2年级学生）

排名	产品	百分比
1	《洛克王国》	35.04%
2	网页小游戏	34.27%
3	《赛尔号》	27.62%
4	从来不玩	20.97%
5	《摩尔庄园》	18.16%
6	《弹弹堂》	14.58%
7	《奥比岛》	12.53%
8	《小花仙》	12.28%
9	其他	11.76%
10	《奥拉星》	9.46%
11	《卡布西游》	4.60%
12	《库库马力》	4.60%
13	《龙斗士》	3.84%
14	《火影世界》	1.79%

表 2–33　受访者最喜欢玩的儿童网络游戏（3～4年级学生）

排名	产品	百分比
1	《洛克王国》	46.15%
2	网页小游戏	33.92%
3	《赛尔号》	31.21%
4	《奥比岛》	22.20%
5	《摩尔庄园》	22.12%
6	《小花仙》	16.78%
7	其他	15.65%
8	《弹弹堂》	14.77%
9	《奥拉星》	14.51%
10	从来不玩	9.79%
11	《卡布西游》	6.12%
12	《龙斗士》	5.42%
13	《库库马力》	4.28%
14	《火影世界》	2.71%

表 2–34　受访者最喜欢玩的儿童网络游戏（5～6年级学生）

排名	产品	百分比
1	网页小游戏	38.09%
2	《洛克王国》	31.52%
3	《赛尔号》	25.07%
4	其他	20.45%
5	《奥比岛》	19.07%

（续表）

排名	产品	百分比
6	从来不玩	17.93%
7	《摩尔庄园》	17.36%
8	《弹弹堂》	15.99%
9	《奥拉星》	11.71%
10	《小花仙》	9.59%
11	《卡布西游》	5.20%
12	《库库马力》	4.00%
13	《龙斗士》	3.88%
14	《火影世界》	2.57%

表 2–35　受访者玩儿童网络游戏的主要时间排名

排序	选项	百分比
1	只在周末玩	63.30%
2	不定时	16.69%
3	每周2～3次	11.71%
4	从来不玩	6.00%
5	每天	2.30%

表 2–36　受访者每月用于支付儿童网络游戏的费用区间排名

排序	选项	百分比
1	0元	59.62%
2	1～5元	16.72%
3	5～10元	10.52%
4	20元以上	7.31%
5	10~20元	5.83%

五、移动终端的使用状况分析

（一）手机的使用现状分析

1. 广州小学生手机自有率

调查显示，广州地区49.76%的小学生拥有自己的手机，其中5～6年级的高年龄段小学生的手机自有率更是高达58.88%。

2. 手机使用习惯分析

表2–37显示，除了打电话和发短信，小学生使用手机主要是以娱乐功能为主，听音乐和玩游戏分别占据了主要功能的第二和第三位。

通过表2–38和表2–39的女生与男生数据的对比可以看出，男生和女生的使用习惯上有一定的差距。女生会更多地将手机作为沟通的工具，尤其喜欢用来发短信，而男生则更喜欢拿手机来玩游戏及上网。

通过表2-40、表2-41、表2-42的数据对比可以看到，年龄段较小的小学生会更多地把手机当作是一种娱乐工具，游戏功能占据了非常重要的地位。而随着年龄的增长，小学生对手机的交流沟通功能及上网功能的使用则越来越频繁。

3. 对是否有必要配备手机的认可度

表2-44的数据显示，22.03%的小学生觉得需要配备一部自己的手机，认为不但可以及时联系父母和朋友，还可以上网、玩游戏。

当然，这种需求在低年龄段的小学生中相对较低，只有17.14%。而5～6年级的小学生则有26.15%认为需要配备手机，明显比低年级的学生要高。

表 2-37 受访者最常用到的手机功能（全性别、全年龄段）

排序	功能	百分比
1	打电话	69.16%
2	听音乐	54.63%
3	玩游戏	38.83%
4	发短信	37.59%
5	上网	32.69%
6	看电子书	14.74%
7	看电影、电视剧、卡通片	13.23%
8	其他	3.09%

表 2-38 受访者最常用到的手机功能（女生）

排序	功能	百分比
1	打电话	72.02%
2	听音乐	57.73%
3	发短信	41.42%
4	玩游戏	33.32%
5	上网	30.90%
6	看电子书	14.75%
7	看电影、电视剧、卡通片	12.18%
8	其他	3.47%

表 2-39 受访者最常用到的手机功能（男生）

排序	项目	百分比
1	打电话	64.92%
2	听音乐	50.00%
3	玩游戏	47.00%
4	上网	35.15%
5	发短信	31.92%
6	看电影、电视剧、卡通片	14.85%
7	看电子书	14.77%
8	其他	2.54%

表 2-40 受访者最常用到的手机功能（1～2年级）

排序	项目	百分比
1	打电话	70.84%
2	玩游戏	50.90%
3	听音乐	47.06%
4	发短信	33.76%
5	上网	19.95%
6	看电影、电视剧、卡通片	15.35%
7	看电子书	10.74%
8	其他	2.56%

表 2-41 受访者最常用到的手机功能（3～4年级）

排序	项目	百分比
1	打电话	67.05%
2	听音乐	50.61%
3	玩游戏	41.96%
4	发短信	37.50%
5	上网	27.88%
6	看电影、电视剧、卡通片	14.86%
7	看电子书	14.69%
8	其他	3.23%

表 2-42 受访者最常用到的手机功能（5～6年级）

排序	项目	百分比
1	打电话	70.25%
2	听音乐	58.77%
3	上网	38.72%
4	发短信	38.49%
5	玩游戏	34.27%
6	看电子书	15.48%
7	看电影、电视剧、卡通片	11.82%
8	其他	3.08%

表 2-43 受访者最喜爱的手机游戏排名

排名	手机游戏
1	《水果忍者》
2	《愤怒的小鸟》
3	《极品飞车》
5	《捕鱼达人》
6	《植物大战僵尸》
7	《会说话的汤姆猫》
8	《斗地主》
9	《天龙八部》
10	《鳄鱼洗澡》
11	《俄罗斯方块》

（续表）

排名	手机游戏
12	棋类相关
13	《泡泡龙》
14	《都市大厦》
15	《跑跑卡丁车》

表 2-44　受访者认为是否有必要配备手机数据

选项	数据源	百分比
很有必要	全性别、全年龄段	22.03%
	女生	20.94%
	男生	23.49%
	1～2年级	17.14%
	3～4年级	19.84%
	5～6年级	26.15%
无所谓	全性别、全年龄段	44.56%
	女生	44.54%
	男生	44.74%
	1～2年级	37.59%
	3～4年级	39.69%
	5～6年级	50.38%
没必要	全性别、全年龄段	33.41%
	女生	34.52%
	男生	31.77%
	1～2年级	45.27%
	3～4年级	40.47%
	5～6年级	23.47%

（二）小学生平板电脑的使用现状分析

数据显示，广州地区有65.51%的小学生表示接触过iPad或者类似的平板电脑设备，从表2-45的分析可以获知，小学生使用平板电脑最主要的三个用途依次是：玩游戏、听音乐和看视频（电影、电视剧、卡通片等）。

从受访者性别对比分析看，男生会更喜欢拿平板电脑来玩游戏，而女生会更喜欢用平板电脑来看书、读报。

从不同年龄段的对比分析看，低年龄段的小学生更喜欢拿平板电脑来玩游戏，高年龄段的小学生则会更喜欢用平板电脑来玩虚拟乐器、上网和阅读。

表 2-45　受访者使用平板电脑的主要用途排名（总数据）

排名	选项	百分比
1	玩游戏	46.82%
2	听音乐	35.08%
3	看电影、电视剧、卡通片	34.59%

（续表）

排名	选项	百分比
4	上网	26.94%
5	学习	24.82%
6	看书、报、杂志	22.03%
7	我没用过	21.82%
8	玩虚拟乐器	21.31%
9	其他	2.75%

表 2–46　受访者使用平板电脑做的事情

选项	数据源	百分比
玩游戏	全性别、全年龄段	46.82%
	女生	42.38%
	男生	52.36%
	1～2年级	51.15%
	3～4年级	46.85%
	5～6年级	44.80%
看书、报、杂志	全性别、全年龄段	22.03%
	女生	24.01%
	男生	19.41%
	1～2年级	16.88%
	3～4年级	22.29%
	5～6年级	24.32%
玩虚拟乐器	全性别、全年龄段	21.31%
	女生	22.75%
	男生	19.48%
	1～2年级	12.28%
	3～4年级	20.19%
	5～6年级	26.55%
上网	全性别、全年龄段	26.94%
	女生	26.77%
	男生	26.98%
	1～2年级	16.62%
	3～4年级	22.81%
	5～6年级	34.96%
看电影、电视剧、卡通片	全性别、全年龄段	34.59%
	女生	33.87%
	男生	35.54%
	1～2年级	33.25%
	3～4年级	34.97%
	5～6年级	34.96%

（续表）

选项	数据源	百分比
听音乐	全性别、全年龄段	35.08%
	女生	36.54%
	男生	33.16%
	1～2年级	27.37%
	3～4年级	31.47%
	5～6年级	41.39%
学习	全性别、全年龄段	24.82%
	女生	27.48%
	男生	21.43%
	1～2年级	23.02%
	3～4年级	28.67%
	5～6年级	22.59%
我没用过	全性别、全年龄段	21.82%
	女生	22.65%
	男生	20.81%
	1～2年级	22.25%
	3～4年级	22.12%
	5～6年级	21.42%
其他	全性别、全年龄段	2.75%
	女生	2.37%
	男生	3.26%
	1～2年级	4.60%
	3～4年级	2.88%
	5～6年级	1.78%

第四节　媒介素养状况研究

一、媒介的认知能力

本章节主要是要分析受访者对媒介的认知能力，主要由两部分组成：①受访者对媒介的认知能力；②受访者对网络媒介的认知能力。

（一）受访者对媒介的认知能力

调查数据表明，小学生对媒介的态度整体是半信半疑（50.64%），有37.09%的小学生表示基本相信或完全相信媒介的内容，只有12.27%的小学生表示对媒介的内容不信任。

小学生对不同媒介的信任度有何不同呢？不同性别、不同年龄段的小学生又有何不同的看法呢？

为此，研究者对受访者进行了专门的分析。如表2-48和表2-49所示，小学生最信任的媒介排名前五名分别是：①课外书；②报纸；③电视；④网络；⑤杂志。从此排名以及上文的数据对比可以看出，在小学生心目中，传统媒介尤其是纸质媒介，仍然是他们最信赖的媒介。而这种信赖的程度，无论是男生还是女生，低年龄段还是高年龄段的小学生，都基本相同。

有趣的是，从受访者性别对比分析看，男生会觉得动漫、卡通比杂志更值得信赖，同样，相比中高年龄段的小学生，低年龄段的小学生也认为动漫、卡通比杂志更值得信赖。

值得注意的是，广播在小学生中的信任度排名在动漫、卡通之后，对手机的信任度则更低。

表 2–47　受访者对媒介的态度

态度	百分比
半信半疑	50.64%
基本相信	29.21%
完全相信	7.88%
基本不信	6.45%
完全不信	5.82%

表 2–48　受访者最信任的媒介排名（全年龄段、全性别）

排序	媒介类型	百分比
1	课外书	70.49%
2	报纸	57.35%
3	电视	39.38%
4	网络	27.94%
5	杂志	19.55%
6	动漫、卡通	17.89%
7	广播	15.19%
8	手机	9.65%
9	电影	9.26%

表 2–49　受访者最信任的媒介排名（女生）

排序	媒介类型	百分比
1	课外书	74.53%
2	报纸	60.29%
3	电视	38.90%
4	网络	25.82%
5	杂志	21.09%
6	广播	15.30%
7	动漫、卡通	15.15%
8	手机	9.36%
9	电影	7.05%

表 2-50　受访者最信任的媒介排名（男生）

排序	媒介类型	百分比
1	课外书	64.08%
2	报纸	52.85%
3	电视	40.08%
4	网络	31.08%
5	动漫、卡通	22.00%
6	杂志	17.23%
7	广播	15.00%
8	电影	12.62%
9	手机	10.15%

表 2-51　受访者最信任的媒介排名（1～2年级）

排序	媒介类型	百分比
1	课外书	74.94%
2	报纸	52.94%
3	电视	38.11%
4	网络	21.48%
5	动漫、卡通	19.18%
6	广播	18.16%
7	杂志	16.37%
8	手机	9.21%
9	电影	8.70%

表 2-52　受访者最信任的媒介排名（3～4年级）

排序	媒介类型	百分比
1	课外书	72.64%
2	报纸	57.08%
3	电视	37.33%
4	网络	25.09%
5	杂志	19.67%
6	动漫、卡通	19.41%
7	广播	16.43%
8	手机	8.13%
9	电影	8.04%

表 2-53　受访者最信任的媒介排名（5～6年级）

排序	媒介类型	百分比
1	课外书	67.96%
2	报纸	58.48%
3	电视	40.95%
4	网络	31.13%
5	杂志	20.16%
6	动漫、卡通	16.73%
7	广播	13.82%
8	手机	10.68%
9	电影	10.28%

（二）受访者对网络媒介的认知能力

表2-54显示，当受访者被问及“你觉得上网方面老师比你懂得多吗”的时候，大部分小学生都会认为老师懂得比自己多，说明老师在小学生心目中的权威性还是比较高的。

从受访者性别对比分析看，在上网方面，女生对老师的信任度会比男生高，而选择“自己懂得比老师多”的男生比女生要多。同时，对比低年龄段和高年龄段小学生，关于上网知识方面，老师的权威性随着他们年龄的增长而递减，特别是高年级的小学生，只有不到一半（44.95%）认为老师懂得比自己多。

表2-55则显示了小学生对家长上网知识的认可度。与老师相比，小学生普遍对家长上网知识的认可程度比较低。只有44.07%的学生认为爸爸妈妈懂得比自己多。尤其是男生及高年级的小学生，他们更普遍认为“自己懂得比爸爸妈妈多”。高年级的小学生有一半以上（56.03%）认为“我懂得比爸爸妈妈多”。

从以上两组数据可以看出，小学生自认为对网络媒介的认知度比较高，特别是随着年龄的增长，他们对网络的“认知自信度”越来越高。

表 2-54　受访者认为老师的上网知识和自己的上网知识多寡的比较

选项	数据源	百分比
老师懂得比我多	全性别、全年龄段	55.27%
	女生	58.48%
	男生	51.07%
	1～2年级	63.94%
	3～4年级	63.20%
	5～6年级	44.95%
我懂得比老师多	全性别、全年龄段	10.81%
	女生	8.96%
	男生	13.18%
	1～2年级	7.16%
	3～4年级	7.34%
	5～6年级	15.26%
不知道	全性别、全年龄段	33.66%
	女生	32.46%
	男生	35.24%
	1～2年级	28.64%
	3～4年级	29.37%
	5～6年级	39.34%

表 2-55　受访者认为父母的上网知识和自己的上网知识多寡的比较

选项	数据源	百分比
爸爸妈妈懂得比我多	全性别、全年龄段	44.07%
	女生	48.67%
	男生	38.24%
	1～2年级	63.94%
	3～4年级	50.96%
	5～6年级	29.30%
我懂得比爸爸妈妈多	全性别、全年龄段	42.34%
	女生	38.35%
	男生	47.36%
	1～2年级	23.79%
	3～4年级	36.01%
	5～6年级	56.03%
不知道	全性别、全年龄段	13.23%
	女生	12.83%
	男生	13.74%
	1～2年级	11.51%
	3～4年级	12.33%
	5～6年级	14.72%

二、媒介的批判能力

媒介的批判能力是媒介素养中的一个重要内容，主要包括分析判断能力、自我反省能力以及保持媒体道德。在实际调研中我们发现，这三个的能力是密不可分的，难以单独抽取出来进行分析和描述，而是要看受访者对各种媒介信息的判断及反应。

（一）对网络信息真假的批判能力

当受访者被问及自己能否判断网络信息的真假与好坏的时候，有43.83%的学生表示自己能判断信息的真假与好坏；从受访者性别角度对比分析看，男生对自己网络判断能力的自信度明显比女生高，其中有49.24%的男生表示自己能判断，而女生只有39.55%。同时，高年级的学生对信息判断能力的自信心也是明显高于低年级的学生。

表 2-56　受访者能否自己判断网络信息的真假与好坏

选项	数据源	百分比
能	全性别、全年龄段	43.83%
	女生	39.55%
	男生	49.24%
	1～2年级	26.26%
	3～4年级	32.78%
	5～6年级	60.78%

（续表）

选项	数据源	百分比
不能	全性别、全年龄段	15.98%
	女生	16.66%
	男生	14.55%
	1～2年级	25.53%
	3～4年级	20.39%
	5～6年级	7.66%
需要请教家长和老师	全性别、全年龄段	40.19%
	女生	43.79%
	男生	36.21%
	1～2年级	48.21%
	3～4年级	46.83%
	5～6年级	31.56%

（二）对不良信息的批判能力

小学生对媒介信息的批判能力的一个重要体现是，当其面对不良信息，如色情、暴力等内容时的反应。通过表2–57可以看出，大部分小学生在面对不良信息的时候，会选择马上换其他内容，不继续看。其中通过数据的对比可以看到，高年级的学生选择换其他内容的比例明显比低年级的学生要高。初低年级的学生在面对这些不良信息的时候，会更多地选择和父母倾诉，或者表示不知所措。这也说明了受访者对不良信息的批判能力会随着年龄的增长而增强。值得注意的是，高年级的小学生在遇到不良信息的，明显不愿意“请求家长和自己一起看，并希望他们指导”。

考虑到受访者填写问卷时有迎合大人的倾向的可能性，他们在填写问卷时的态度和他们在实际生活中的表现可能存在一定的差距。

表 2–57　受访者面对电视、网络上的不良信息的反应

选项	数据源	百分比
马上换其他内容，不继续看	全性别、全年龄段	84.87%
	女生	85.71%
	男生	83.75%
	1～2年级	69.82%
	3～4年级	82.08%
	5～6年级	94.16%
无所谓，继续看	全性别、全年龄段	3.87%
	女生	2.97%
	男生	4.96%
	1～2年级	8.44%
	3～4年级	4.81%
	5～6年级	0.97%

（续表）

选项	数据源	百分比
请求家长和自己一起看，并希望他们指导	全性别、全年龄段	9.87%
	女生	10.57%
	男生	9.05%
	1～2年级	19.95%
	3～4年级	11.45%
	5～6年级	3.82%
不知所措	全性别、全年龄段	5.66%
	女生	5.69%
	男生	5.66%
	1～2年级	7.93%
	3～4年级	6.99%
	5～6年级	3.58%

（三）对广告的批判能力

为详细了解孩子面对广告信息时的判别情况，我们分别问了受访者面对广告时的选择、是否相信广告以及是否会因为广告明星而产生购买欲三道问题。

从表2-58数据可见，大部分的受访者当看到电视出现广告的时候，会选择更换其他频道、做其他事情，但仍有19.55%的受访者表示会认真观看广告。

同时，表2-59显示了受访者对广告真实性的判断情况，可见只有极少数的小学生认为广告是真实的，大部分都认为广告并不真实，或认为只有部分是真实的。

表2-60的数据告诉我们，大部分的受访者不会因为喜欢该广告明星而去购买其代言的产品。

从上述三组数据可见，在广州地区的大部分小学生在面对广告的内容及信息时，有相对理性的态度。

同样，考虑到受访者填写问卷时有迎合大人的可能性，他们在填写问卷时的态度和他们在实际生活中的表现可能有一定的差距。

表 2-58　受访者面对电视广告时候的反应

选项	数据源	百分比
专心看广告	全性别、全年龄段	19.55%
	女生	18.33%
	男生	21.08%
	1～2年级	21.43%
	3～4年级	22.01%
	5～6年级	16.65%

（续表）

选项	数据源	百分比
转换一个没有广告的频道	全性别、全年龄段	39.26%
	女生	37.39%
	男生	41.70%
	1～2年级	42.65%
	3～4年级	41.55%
	5～6年级	35.77%
不换台，但离开去做别的事情	全性别、全年龄段	25.09%
	女生	26.87%
	男生	22.73%
	1～2年级	19.36%
	3～4年级	22.92%
	5～6年级	29.26%
边看广告，边做别的事情	全性别、全年龄段	16.10%
	女生	17.41%
	男生	14.49%
	1～2年级	16.56%
	3～4年级	13.52%
	5～6年级	18.32%

表 2-59　受访者对广告真实程度的判断

选项	数据源	百分比
不真实	全性别、全年龄段	20.74%
	女生	20.58%
	男生	21.06%
	1～2年级	22.32%
	3～4年级	22.14%
	5～6年级	18.88%
一部分是真实的	全性别、全年龄段	66.49%
	女生	66.50%
	男生	66.23%
	1～2年级	56.02%
	3～4年级	63.50%
	5～6年级	73.86%
真实的	全性别、全年龄段	2.98%
	女生	2.55%
	男生	3.66%
	1～2年级	5.35%
	3～4年级	3.10%
	5～6年级	1.81%

（续表）

选项	数据源	百分比
不知道	全性别、全年龄段	9.79%
	女生	10.37%
	男生	9.05%
	1～2年级	16.31%
	3～4年级	11.26%
	5～6年级	5.45%

表 2-60　受访者是否有因为喜欢某明星做的产品广告而去购买产品的统计

选项	数据源	百分比
经常	全性别、全年龄段	1.88%
	女生	1.35%
	男生	3.35%
	1～2年级	2.43%
	3～4年级	2.43%
	5～6年级	1.14%
偶尔	全性别、全年龄段	22.90%
	女生	19.18%
	男生	26.61%
	1～2年级	26.66%
	3～4年级	22.55%
	5～6年级	20.66%
从来没有	全性别、全年龄段	75.22%
	女生	79.47%
	男生	70.04%
	1～2年级	70.91%
	3～4年级	75.02%
	5～6年级	78.20%

三、媒介的参与能力

本章节将主要检测受访者的媒介参与能力。媒介参与能力主要从以下两个方面反映：①受访者曾经参加过的媒介活动；②受访者希望通过媒介达成的目标。

（一）受访者曾经参加过的媒介活动

为了测定受访者的媒介参与能力，其中一个重要的参考依据是受访者曾经参加过哪些媒介活动。从表2-61可以看出，受访者最常参加的媒介活动排名如下：①写微博、博客；②点歌祝福；③网上购物。

写微博、博客已经成为小学生最重要的媒介参与活动，有34.38%的小学生表示自己写过微博或博客。还有19.43%的小学生参与过网上购物，17.98%的小学生在网上发过帖。在写微博或博客、网上购物和网上发帖方面，5~6年级的小学生明显比1~4年级的小学生积极。而通过表2-62的数据对比可以发现，高年级的学生（51.38%）比低年级的学生（17.14%）更愿意参加写微博、博客这项媒介活动。

表 2-61　受访者曾经参加过的媒介活动

排序	选项	百分比
1	写微博、博客	34.38%
2	点歌祝福	23.27%
3	网上购物	19.43%
4	网上发帖	17.98%
5	投稿	15.86%
6	做小记者	15.25%
7	短信竞猜	5.84%
8	其他	5.02%
9	拨打热线电话	3.84%

表 2-62　受访者参加过的媒介活动

选项	数据源	百分比
投稿	全性别、全年龄段	15.86%
	女生	16.96%
	男生	14.38%
	1～2年级	7.67%
	3～4年级	15.47%
	5～6年级	20.03%
拨打热线电话	全性别、全年龄段	3.84%
	女生	3.07%
	男生	4.77%
	1～2年级	3.58%
	3～4年级	4.02%
	5～6年级	3.86%
点歌祝福	全性别、全年龄段	23.27%
	女生	25.42%
	男生	20.52%
	1～2年级	18.41%
	3～4年级	24.30%
	5～6年级	24.83%
短信竞猜	全性别、全年龄段	5.84%
	女生	5.13%
	男生	6.59%
	1～2年级	4.35%
	3～4年级	6.38%
	5～6年级	6.11%
网上发帖	全性别、全年龄段	17.98%
	女生	18.12%
	男生	17.81%
	1～2年级	10.49%
	3～4年级	15.03%
	5～6年级	23.87%

（续表）

选项	数据源	百分比
写微博、博客	全性别、全年龄段	34.38%
	女生	36.89%
	男生	31.09%
	1～2年级	17.14%
	3～4年级	22.99%
	5～6年级	51.38%
网上购物	全性别、全年龄段	19.43%
	女生	20.13%
	男生	18.56%
	1～2年级	14.32%
	3～4年级	18.53%
	5～6年级	22.53%
做小记者	全性别、全年龄段	15.25%
	女生	17.16%
	男生	12.90%
	1～2年级	11.00%
	3～4年级	15.38%
	5～6年级	17.23%
其他	全性别、全年龄段	5.02%
	女生	4.63%
	男生	5.55%
	1～2年级	5.37%
	3～4年级	6.03%
	5～6年级	4.11%
没有参加过任何一项	全性别、全年龄段	37.05%
	女生	34.47%
	男生	40.28%
	1～2年级	54.48%
	3～4年级	43.44%
	5～6年级	23.75%

（二）受访者希望通过媒介达成的目标

表2-63的数据表明，受访者最希望达成的目标前三位分别是：①了解同学、朋友的最新情况；②发表自己的想法；③在网上认识新的朋友。这说明了与人交往是目前小学生使用媒介的最重要的目的。

从受访者性别对比分析看，男生比女生更热衷于希望通过媒介而成为游戏高手，其女生只有11.52%，而男生则高达29.21%。同时，高年级的小学生，会更愿意通过媒介去发表自己的想法，而低年级的小学生在这方面的意愿会偏低。

表 2-63　受访者希望通过媒介达到的目标

排序	选项	百分比
1	了解同学、朋友的最新情况	42.92%

（续表）

排序	选项	百分比
2	发表自己的想法	35.11%
3	在网上认识新的朋友	29.87%
4	获得最新的资讯	25.12%
5	投稿、发表文章	24.82%
6	做小记者	24.64%
7	成为游戏高手	19.31%
8	网上购物	13.20%
9	不想达成任何目标	12.95%
10	其他	2.15%

表 2-64 受访者希望通过媒介达成的目标（分性别、分年龄段）

选项	数据源	百分比
投稿，发表文章	全性别、全年龄段	24.82%
	女生	28.03%
	男生	20.77%
	1～2年级	17.14%
	3～4年级	23.86%
	5～6年级	29.16%
在网上认识新朋友	全性别、全年龄段	29.87%
	女生	26.27%
	男生	34.20%
	1～2年级	25.83%
	3～4年级	32.87%
	5～6年级	29.49%
获得最新的资讯	全性别、全年龄段	25.12%
	女生	25.92%
	男生	24.09%
	1～2年级	23.27%
	3～4年级	22.12%
	5～6年级	28.38%
了解同学朋友的最新情况	全性别、全年龄段	42.92%
	女生	45.19%
	男生	39.87%
	1～2年级	36.06%
	3～4年级	42.13%
	5～6年级	46.78%
做小记者	全性别、全年龄段	24.64%
	女生	28.43%
	男生	19.85%
	1～2年级	25.58%
	3～4年级	26.05%
	5～6年级	23.16%

（续表）

选项	数据源	百分比
发表自己的想法	全性别、全年龄段	35.11%
	女生	37.95%
	男生	31.52%
	1～2年级	28.90%
	3～4年级	32.69%
	5～6年级	40.01%
网上购物	全性别、全年龄段	13.20%
	女生	14.49%
	男生	11.61%
	1～2年级	7.16%
	3～4年级	13.29%
	5～6年级	15.94%
成为游戏高手	全性别、全年龄段	19.31%
	女生	11.52%
	男生	29.21%
	1～2年级	20.97%
	3～4年级	20.54%
	5～6年级	17.58%
其他	全性别、全年龄段	2.15%
	女生	2.11%
	男生	2.21%
	1～2年级	1.28%
	3～4年级	2.19%
	5～6年级	2.55%
不想达成任何目标	全性别、全年龄段	12.95%
	女生	12.08%
	男生	14.10%
	1～2年级	19.44%
	3～4年级	12.33%
	5～6年级	10.28%

第三章　小学生及其家长和老师的访谈研究

第一节　小学生访谈研究

一、研究概述

（一）访谈目的

为更加全面、深入地了解小学生的媒介接触、使用行为及媒介素养现状，我们于2012年上半年组织了对小学生的访谈研究，其目的有两个：

（1）要对采用定量方法所得出的结论进行确认；

（2）要将媒介使用行为和素养状况放在小学生的日常生活、学习中来考察。

访谈研究可以丰富定量研究所无法达到的一些成果，使小学生媒介使用行为的研究更加生动、具体和全面，有助于了解受访者的真实想法，进一步验证定量分析的结果是否合理。

某些通过定量方法较难准确反映，或者反映有所欠缺的媒介素养部分，比如媒介的批判能力、对媒介的看法、媒介的创作能力等等，可以通过访谈重点加以调查。因此，在访谈过程中，研究者更多地关注小学生对媒介、媒介产品、媒介发展的看法，并特别询问了受访者的家庭和学校环境。

（二）访谈问卷设计

访谈注重让受访者讲述自己的媒介使用经历、媒介使用需求以及兴趣。为了最大限度地给予受访者自由讲述的空间，在进行访谈时，虽然采用了传统的访谈问卷，有明显的主要问题与次要问题之分，但除了引子、开场白、结语以及“电脑与网络的使用”话题外，其他话题可根据与受访者实际交流的情况来取舍。

小学生访谈问卷主要涉及以下四大问题（问卷内容详见附录二）：

（1）媒介的知识：媒介的各种基本知识、如何学习媒介知识等。

（2）媒介的使用能力：媒介个人拥有量、使用频率、使用地点、个人兴趣、喜好内容等。

（3）媒介的创作能力：比如写邮件、写博客、制做电子相册等。

（4）媒介的批判能力：小学生对媒介产品、媒介发展、媒介本身的看法。

在组织访谈与分析访谈内容的过程中，本研究遵循了“就中心问题进行访谈”的原则，也就是不断地交互采用“归纳”与“演绎”的方法，既可以从复杂的实际数据中找到基本的问题，也可以从中心问题演绎出基本的事实。

（三）访谈过程

1. 访谈前的准备工作

本次访谈所有的受访者都由广州市各小学相关老师根据课题组的访谈要求来推选，然作课题组再甄选符合要求的访谈对象。在访谈前，我们一般会与受访者协商以下问题：

（1）向受访者介绍研究项目，说明访谈的目的与意义。

（2）向受访者说明，访谈遵守自愿原则，若有不愿回答的问题，可以沉默或者不予回答。

（3）向受访者保证，访谈是匿名的。

（4）向受访者说明，访谈过程会进行录音。是否正常录音是采访有效与否的基本依据。

2. 访谈时间与地点

本次访谈是在2012年4～5月进行，基本在受访者所在的学校里面进行。

大部分访谈过程用录音笔进行了录音。本次访谈最长采访录音持续60分钟左右，最短采访录音持续25分钟左右。受访者普遍一开始比较紧张，大部分情况下访谈都进行得较为顺利。

3. 访谈内容的记录

所有访谈都根据录音进行了誊录。但由于时间与研究精力有限，我们无法对所有访谈记录逐一进行详细分析，只从55名受访学生中挑选了最具代表性的受访者加以分析。

二、小学生访谈结果和四类使用者概述

在第二章中，我们根据调查数据分析了广州地区小学生的媒介接触、使用行为

及素养现状。结合访谈，根据小学生对电脑、网络、手机等新媒介的认知和使用的行为，媒介素养状况，应用电脑、网络和手机等新媒介的实际水平，我们将他们分成了四种不同的媒介使用者类型：初识者、普通使用者、小专家以及小网虫。为了更好地理解这四种媒介使用者的典型行为，我们从各类型使用者当中挑选了一到两名具有典型特征表现的小学生进行个人采访，受访者一般离该类型中心的距离较近。因为受访者是未成年人，为保护其隐私，本访谈中的对象在文中均采用化名。

在访谈中，我们首先从典型受访者的年龄、性别、个人爱好、家庭和学校环境入手，了解他们的媒介接触状况。我们发现，在四类媒介使用者中，初识者主要集中在小学一、二年级，普通使用者主要集中在三、四、五年级，小专家和小网虫主要集中在五、六年级。家庭的经济状况直接影响新媒介的拥有率，父母和老师对新媒介的态度和对孩子的教育方式直接影响儿童媒介的接触和使用行为。城市中心学校和郊区学校，公办学校和民办学校，老城区学校和新城区的学校，其学生的媒介接触和使用行为均表现出一定的差异。在城市中心的学校和经济条件较好的家庭，由于新媒介拥有量多，且受父母和老师的教育引导，小学低年级的初识者可随年龄的增长逐渐成长为普通使用者。但是在条件较差的家庭和城郊或农村的小学生，这一进程则相对迟缓，甚至停滞不前。小专家更多地出现在经济条件较好、父母教育引导得法的家庭和城市中心区域的学校中。小网虫主要集中出现在两种类型的小学生中，一种是家庭条件优越，但父母因工作忙较少进行亲子教育，而由家中的老人或保姆照顾的学生；一种是城市郊区外来工子弟较集中的学校学生。

在访谈中，我们重点了解儿童在新媒介方面的使用行为。我们发现，从行为目的看，目前小学生的新媒介使用行为集中在基于电脑、智能手机和平板电脑上的四大行为：娱乐、交流、学习和表达。在新媒介上的娱乐行为主要包括看视频、玩游戏、听音乐等；交往行为主要包括用QQ、微博、微信等工具和同学、朋友聊天，通过QQ群和网络游戏交朋友；学习行为主要包括上网搜索资料、浏览信息等；表达行为主要包括通过QQ空间、微博等记录生活、发表看法等。我们发现四类媒介使用者在这四方面行为的使用时间和程度上都有着明显差异。随着年龄的增长，普通使用者比初学者在娱乐、交往、学习和表达各方面的媒介使用时间长度和深度都明显增长。但在接下来的发展中，中高年级的小学生开始出现分化，小专家在学习和表达方面的能力显著增强，小网虫则主要将时间和精力用于娱乐和交往。我们还在调研和访谈中明显感到，无论从使用时间还是使用程度，小学生中的男孩子在新媒介使用行为的各方面都较同年龄的女孩子活跃。

结合儿童在新媒介方面的使用行为，我们还在访谈中考察了儿童在新媒介方面的基本素养，主要包括三个方面：一是新媒介的使用能力；二是新媒介的学习和创造能力；三是新媒介的批判能力。我们发现，随着年龄的增长和学习的深入，儿童在前两方面的能力增长是逐渐提升的。但是由于目前相关教育的缺失，儿童在新媒介的批判能力方面，并没有明显的必然增长。特别是由于家长和老师的忽视或不恰当地压制，助长了部分儿童对新媒介的依赖，小网虫有低年龄化的趋势。

通过访谈，我们还发现了四种类型使用者所表现出来的自身能力的差异，主要集中体现在自控力、判断力、专注力和交往力四方面。自控力是指儿童在使用媒介时的时间管理和情绪管理的能力；判断力主要指儿童对网上信息内容真假、善恶的辨识能力；专注力是指儿童从事某一活动时的注意力集中程度和排除干扰的能力；交往力是指儿童在线下与同伴、家长或老师互动的人际沟通能力。儿童随年龄增长和受教育程度加深，这四种能力应是相应提升的，但是因环境影响和个人差异，到了小学高年级，我们可以看到儿童在这四方面的表现有明显差异。过分依赖网络、过度使用新媒介的小网虫，在自控力和人际交往能力方面，都会出现令人担忧的问题。新媒介的易用、好玩、海量信息，也给当代儿童的自控力和判断力提出了更高的要求。我们用图表的形式将以上分析进行了初步描述（见表3-1）。需要说明的是，由于儿童所处环境的不同，年龄和性别的差异，我们以上的分析和描述仅具有一般代表性。

表3-1　四类媒介使用者的基本描述

评价指标＼类型	初识者	普通使用者	小专家	小网虫
年龄段	6-7岁	8-10岁	10-12岁	10-12岁
新媒介使用行为	使用时间长短和程度高度			
娱乐	★	★★	★★	★★★★
交流	★	★★	★★★★	★★★★
表达	★	★★	★★★★	★
学习	★	★★	★★★★	★
媒介素养	能力高低			
媒介使用能力	★	★★	★★★★	★★★★
媒介学习和创造能力	★	★★	★★★★	★★★
媒介批判能力	★	★★	★★★★	★
儿童自身能力	能力高低			
自控力	★	★★	★★★★	★

（续表）

类型 评价指标	初识者	普通使用者	小专家	小网虫
判断力	★	★★	★★★★	★★
专注力	★	★★	★★★★	★★★★
交往力	★	★★	★★★★	★

注：★的多少用来表示时间的长短或程度、能力的高低。

三、“初识者”印象

（一）“初识者”的基本特点

初学者大都是小学二年级及以下的儿童，他们在使用媒介上有以下特点：

（1）在新媒介的使用时间上，他们很少或比较少使用电脑、网络、手机等。一般一周只有半小时至一小时的使用时间。

（2）在新媒介的使用行为上，他们上网的主要目的是娱乐，如看视频（动画片等）、玩游戏；也会与朋友进行交流，但是因为打字水平有限，使用频率不高。除此之外，也有学生在老师、家长引导下通过电脑使用学习软件、上学习网站进行学习等。

（3）在基本的媒介素养上，他们的媒介使用能力、学习和创造能力、批判能力都比较弱。由于年龄较小，自控力、判断力、专注力、交往力都比较差，对应在媒介使用上，则表现为以下几点：①控制能力不强，玩游戏容易上瘾；②对网络上的信息没有判断能力，全盘接受或全盘否定；③专注能力弱，不能较长时间地专注于某件事情上；④交往力不强，他们不太愿意与陌生人进行交流或表达自己的看法。

为了能对这些小学的初识者有一个更全面直观的了解，我们对这些学生中的典型代表进行了深入访谈。

（二）受访者的基本信息

在此次访谈中，我们共采访了两位“初识者”，一位是就读一年级的男生，叫小而，今年6岁；一位是就读二年级的女生，叫小文，今年7岁。

小而在广州市白云区的一所小学读书，爸爸妈妈都是外来务工人员。他性格活泼开朗，说起“玩电脑”就兴奋起来，滔滔不绝。但是聊到一些关于新媒介的名词，就显得很茫然，不知如何回答。

小文就读的小学是广州较好的私立学校之一，爸爸妈妈是新广州人。她是一个很安静的小女孩，在访谈的时候，总要想很久才能回答，而且有时答非所问，这表明她并不能很好地理解所提出的问题。

（三）访谈结果分析

1. “初识者”对新媒介的基本认知状况

针对这一部分，我们设计了三个问题：（1）你知道有哪些媒介可以用来看动画片吗？（2）你知道电脑有哪些用途吗？（3）你知道哪些新媒介的品牌？

问到第一个问题时，两位“初识者”都很快反应：电脑、电视，但追问是否用手机、平板电脑看过视频，他们都摇头了。对于第二个问题，小而说：“电脑可以看动画片、玩游戏，还可以跟爸爸妈妈聊天。”小文思考了许久才说：“可以玩游戏。”就此可以看出，“初识者”对于新媒介的用途还是十分狭隘的，在他们眼中，电脑是娱乐、放松的工具，而对于刷微博、网购、看新闻等行为都感到非常陌生。另外，在问及是否有用电脑查过资料的时候，小文说是直接告诉妈妈让妈妈查，小而则说在爸爸妈妈的指导下自己查。第三个问题对于这两位“初识者”都比较困难，小而想了很久才说：“iPhone。”小文则默默不语。

根据以上我们和两位“初识者”的交谈，我们可以知道“初识者”对新媒介已经有一些基本的认识，但同为“初识者”的小学生之间还存在着一些差异，男生在接触新事物方面比女生要快，因此对于新媒介的认知一般来讲也比女生要全面、深刻一些。

2. “初识者”使用媒介的基本情况

在这一部分，我们设计的问题如下：（1）你上网干些什么？一次会上多久？（2）报纸、广播、电视、电脑和手机这几种媒介，你平常使用哪些比较多呢？

第一个问题一提出来，两位小朋友都显得很兴奋。小而说：“我上网一般都是玩游戏，尤其是《摩尔庄园》，我觉得特别好玩，而且爸爸妈妈也支持我玩。这个游戏最好的地方是，玩了一段时间，它会提醒玩家要休息，做做眼保健操，不然收到的果子就没那么多。”在被问到还玩不玩其他游戏时，小而说：“我还喜欢上‘7K7K’和‘4399’去玩一些枪战的游戏，有的时候还会跟同学一起玩。”小文则说：“我喜欢玩《洛克王国》，我们班好多同学都在玩，我在里面有一座好漂亮的房子。我还喜欢上QQ和朋友视频聊天，也会上QQ农场‘偷菜’。”

但是由于年级小，家长对于孩子使用电脑的时间管得很严，小而和小文都表示只在周末有1个小时到1个半小时的时间玩电脑。

在比较几种媒介的使用比重上，小而说：“我平时会看电视、看报纸、听广播，但还是看电视的频率比较高。”小文回答说：“我平时比较喜欢看电视和报纸，用电脑和手机比较少。”根据他们的回答，我们可以知道，有些“初识者”会比较喜欢使用电脑、手机这些新媒介，但广播、电视、报刊等媒介仍在他们的生活中占据重要地位。

3. “初识者”对媒介内容和媒介发展的看法

在与“初识者”的访谈中，我们也探讨了他们对媒介内容和媒介发展的看法。我们设计的问题包括：（1）你怎么看不同媒介的不同特点？（2）你希望未来的媒介变成什么样子？

对于第一个问题，小而说：“电脑和手机都很方便，可以很快查到很多东西。而报纸、广播就不能很快地查到各种知识，只能它里面有什么，我们才可以看到什么，也没那么的新奇。电脑则不同，我们可以随时找到自己想要的文章和电影，但它里面会有一些不好的信息，会让我们学坏，我们班一个同学就是这样，老上网，现在都学坏了。”小文也将她的一些看法告诉了我们，她说：“电脑可以很方便地找到资料，对学习有所帮助。但上网多了会近视，还有辐射，如果上瘾的话，会不想学习。”从两人的这一段话中，我们可以看出，现在的小学“初识者”对新媒介的利弊是有一些认识的。

这两位“初识者”对新媒介未来发展的展望显得非常乐观，小而说：“希望以后的电脑可以折叠，不用时就可以折叠起来放进口袋，使用时打开就像台式的电脑那样大，这样就可以很方便，随时都可以带着走。另外，也希望电脑可以不用打字，我们直接把要写的读出来，它就可以自动地写下来，这样我们就不用打字那么辛苦了。最好以后能多一些绿色网站，多一些小学生的知识，打开不好的网站时要提醒我们，更好地保护我们小学生。”他还说：“希望手机可以增加语言转换的功能，这样我们就不用担心和其他不同语言的人讲电话了，当然如果还可以和动物交流就更好了。”小文也说道：“我希望网上以后多一些小学生读物，多一些给我们的测试题目，让我们多练习一下，提高我们的学习。”在他们谈论新媒介的同时，也涉及到了一些他们对传统媒介的期望，小而说：“我希望报纸上可以多一点评论的文章，把好的文章放在开头，也希望报纸可以像课本一样有目录，让我可以很快找到自己有兴趣的事情。”小文也说：“希望报纸可以多一点小学生的内容，广播可以自己点播想要听的内容。”

综合这两位“初识者”的访谈，我们可以知道，在如今这个高科技发展迅猛的社会里，媒介使用“初识者”对这些新媒介的基本认识还是有的，不过他们对这些媒介的使用多数还是以娱乐和交流为主，并且接触的时间偏少，因为新媒介还不是他们生活中的主流媒介，他们获取信息和知识的主流渠道还是传统印刷媒介，或通过身边的父母与老师。

四、“普通使用者”印象

（一）“普通使用者”的主要特点

“普通使用者”一般是小学三、四年级的学生，但也包括五、六年级的部分学生。对于媒介的使用，“普通使用者”相比“初识者”已能熟练掌握一般的电脑基础知识并进行实际操作。其主要特点如下：

（1）在新媒介的使用时间上，因人而异，但一般一周不超过5个小时。虽然他们对新媒介充满好奇，但自控能力较好，因此这类小学生的父母往往能给予他们充分的信任，一般都不限制孩子的上网时长，更多是从旁提醒。

（2）目前大部分广州小学从三年级开始就有电脑课，但由于学业压力增大，因此在新媒介的使用行为上，此阶段的小学生在新媒介上的娱乐行为的比重逐渐降低，交流、表达，特别是学习的比重逐渐增大。他们会更多地上网查资料、完成学业、看新闻，也会通过微博、QQ空间等转发别人的文章或发表自己的看法。在基本的媒介素养方面，他们比“初识者”要高一些。不仅能够通过媒介进行学习，也能对媒介内容进行批判性思考，此外，还能创作一些简单的媒介内容。同时，这类小学生的自控力、判断力都比较好。他们对媒介都保持中立的态度，对待问题也有着理性的思考。只是在问题的处理方面尚处于较为被动的状态。

（二）受访者的基本信息

我们这次采访的两个“普通使用者”对象，一位是三年级的小女生小灵，今年8岁；一位是四年级的小男生小梓，今年9岁。他们都在广州老城区的一所小学就读，爸爸妈妈都是广州本地人。

小灵是一位漂亮的小女生，她很喜欢上网聊天，也习惯于通过“百度”查找资料。在访谈中能感觉到她对新媒介有着一定的理性思考。小梓是一个喜爱军事的男生，喜欢上网看军事新闻，也喜欢用平板电脑和爸爸下象棋。与他交谈的时候，发现他不太喜欢玩电脑游戏，部分原因是学业压力太大。

（三）访谈结果分析

1.“普通使用者”的媒介使用行为

针对这个方面，我们设计了以下问题：（1）你们熟悉电脑的基本操作吗？会使用一些基本软件吗？（2）你们一般什么时间上网，上网一般会干些什么？用什么设备上网？（3）你会主动去学习一些软件的使用方法吗？

对于第一个问题，我们在提问中发现，他们对电脑的基本知识已有很好的掌握，这大多由于学校里每周一节的电脑课，他们较常使用Word、PPT等常用软件，但多为基本运用，并不熟练。对于手机、电视、广播等媒介，他们基本能清晰地掌握具体的使用功能。

在问到第二个问题时，两位受访者均表示，用电脑上网最重要的用处是查资料。因为目前小学生的课业压力是比较大的，往往放学后都要用一、两个小时来做作业，因此平时上网的时间并不多，平时在家里用电脑上网主要是配合一些语文或信息技术课作业，用来查下资料。不过，到了周末和节假日，他们上网的时间就相对宽松多了。小灵说，她周末最喜欢用妈妈的iPad打游戏和看视频，或者在家里的电脑上玩网页小游戏、给自己的QQ空间扮靓。小梓说，平时回家偶尔会拿爸妈的手机玩下小游戏，但是只能玩一会儿，到了周末就上网看看有关军事的新闻。小灵和小梓都有自己的手机，但是很少用它上网，只是用来和爸妈、同学打电话或者发短信。

可见，由于学校在三年级后普遍开设信息技术课程，加上他们识字量、阅读理解能力的提升，“普通使用者”比“初识者”应用电脑的技能有了明显的提升。但是由于学业压力的增大，他们用手机、平板电脑进行娱乐、交流的时间并无增多，有时反而减少。

第三个问题主要反映“普通使用者”的媒介学习和制作能力。两位受访者均表示自己会去主动学习一些新的电脑软件操作技能。小灵说：“很多快捷键都是我自己在电脑上摸索发现的。”谈起智能手机和平板电脑上的应用，小灵和小梓一下子兴奋起来。小灵说，我一拿到妈妈的iPad，就会看看有啥新的应用，有时聚会看到其他小伙伴玩了新的游戏，就马上下载来玩。不过，妈妈会规定玩的时间，不让玩太久，说会影响视力。小梓说，最喜欢爸爸手机上的“美图秀秀”软件，有时周末出去玩，拍了许多照片，就用美图秀秀做成各种式样的图，自己觉得特别好的图就放到QQ空间或自己的微博上。“我觉得我用美图秀秀的水平比爸爸高，他也经常夸我做的图挺漂亮的。”小梓得意地说。

2. “普通使用者”的媒介素养情况

在这一方面，我们着重于两位受访者对媒介利弊的辨析，所提问题如下：（1）你如何看待新媒介对你生活和学习产生的影响？（2）你如何看待新媒介的弊端？

对于第一个问题，新媒介产生的影响，两位受访者均表示自己纯粹只是在电脑上查找资料，无论是学习上还是在娱乐、放松方面，都把电脑、手机等新媒介当成辅助工具。小灵说自己在学习上遇到不认识的字，通常喜欢查阅字典，而不喜欢电子字典。她表示用纸质字典不仅可以认识那个字，还可以通过它认识周围一些同音的字，帮助更大。而在娱乐方面，他们也坦言只是无聊或者心情不好时会玩一些小游戏，纯粹是排遣烦恼或打发时间。两位受访者都偏爱阅读书籍。他们均表示自己在学校里较多接触电脑等新媒介，例如小灵说：“数学老师上课喜欢用课件，然后上传到QQ群里让大家去下载。有时在阅读课上，语文老师也会用到电脑。这些都很有趣，这个时候我会特别认真听课！”这都体现新媒介对当代教育方式产生了积极的影响。

同时，我们访谈时发现，他们对当代一些网络高科技的弊端往往也有自己的见解。如小梓就说道：“我觉得报纸都只局限于一件事，并没有举一反三。”小梓会主动参加学校的“计算机表演赛”，而小灵则用制作精美的PPT作为母亲节礼物送给妈妈。

总之，相比较而言，“普通使用者”接触新媒介特别是电脑的时间要大于“初识者”，使用能力、创作能力和学习能力也有所提高。如今小学的大部分孩子都属于这个群体，他们好学，对新事物有着强烈好奇心，将电脑、网络、手机作为生活和学习的好伙伴。

五、“小专家”印象

（一）“小专家”的主要特点

通过调研与访谈，我们发现“小专家”多集中在小学五、六年级。他们已经有了较长的“网龄”，熟悉新媒介的各项操作，并能很好地利用其为自己服务。他们的主要特点如下：

（1）在新媒介的使用时间上，新媒介已经成为“小专家”生活中不可或缺的一部分，几乎每天都会使用半个小时以上。

（2）在新媒介的使用行为上，虽然“小专家”也会通过网络进行娱乐，但是他们上网的重点在于学习、交往与表达，而且各项能力比“普通使用者”有较大的提高。他们会挖掘新媒介的各种功能为己所用。更重要的是，他们会习惯性地使用博客、微博、QQ空间等发表自己的看法，表达自己的主张。

（3）在媒介素养方面，他们的媒介使用能力、学习能力、创作能力都比一般的同龄人要高，而且他们在使用新媒介的过程中都能做到正确地处理与新媒介的关系，在熟悉掌握的前提下做到了不沉迷。这表明，他们有很好的自控力。在判断媒介信息上也能保持理性思考，他们能专注于某项任务，并且团队合作意识较强。

（二）受访者的基本信息

在与“小专家”的访谈中，我们着重采访了两名五年级小学生，男生小琰和女生小喆。小琰在机器人装配、编程方面有特长，并且经常使用博客、微博。小喆在刚刚上五年级的时候就了解到了“换客”的概念，并且借助网络的平台进行宣传和实践，他每天都使用电脑上网，能熟练掌握一般电脑软件的使用方法。他们都就读于广州市天河区的一所省一级小学，父母学历较高、家庭经济状况也较好。

（三）访谈结果分析

1. “小专家”使用媒介的基本行为

对于这一主题，我们的访谈更多是使用一种聊天的形式，主要围绕着他们在课余时间如何使用新媒介来开展。

小琰每天使用电脑一个小时以上，主要做的事情包括写文章、看新闻和玩游戏。作为一名广州市少年宫的红领巾成长小记者，小琰每天都要写一篇文章，作为自己的必修功课。小琰每天写的文章素材主要来自身边，偶尔也会对网络上的热点话题进行思考，而对于网络话题的了解，主要得益于每天的上网浏览。小琰有自己的博客和微博，一个月发15条左右的微博，比较活跃。同时小琰也有自己的手机，但是使用频率不是很高。

对于书、报刊等传统媒介，小琰也很喜欢。小琰喜欢阅读课外书，尤其是故事性比较强的文学作品，总能激发起他强烈的兴趣。但是他认为“比较枯燥”的科普类作品，很难激发起他的兴趣。

小喆每天的生活也和新媒介息息相关，她每天都要花上至少一个小时的时间使用电脑，其主要目的是进行休闲和娱乐。小喆在一次偶然的机会中从电视节目里了解到了“换客”的概念，就是不同的双方将对自己用处不大的物品与对方手中自己觉得有用的物品交换，从而达到双赢的目的。小喆便尝试着将这个概念引进自己所在的班级，然后将影响扩展到整个学校里面。为了让更多的人了解“换客”的概念，小喆努力地利用网络这个平台进行宣传，经常将相关的活动事例写成文章放到自己的QQ空间和微博上，其中不少作品被相关的儿童网站收录。

小喆有自己的手机，是一台功能齐全的音乐手机，但是小喆只是拿来打电话而已。她也会经常玩手机游戏，但是多数是在家里人开车接送上下学的时候玩，玩的都是母亲iPhone里面的游戏。说起手机游戏，小喆能够一下子说出一连串的热门小游戏，诸如《愤怒的小鸟》《水果忍者》等等。她喜欢华丽的操作界面、简单容易上手的游戏，所以小喆不怎么使用自己的手机，反倒喜欢玩母亲的iPone。

小喆在家人的培养下对四大名著产生了浓厚的兴趣。在此访谈之前的几天里看了《红楼梦》，也对其中的人物性格提出了自己的见解，使得母亲在听到的时候十分诧异：家长都没怎么看的书孩子竟然这么有研究！

2. “小专家”养成记

对于这类“小专家”而言，电脑和手机已经成为了他们日常生活中必不可少的一部分。两个受访者的家长都是新媒介的频繁使用者，小喆的母亲是由于工作需要，在家的时候也会经常使用电脑，而小喆的父亲是一名文学爱好者，闲暇时也会利用电脑进行文学创作。因此，在小喆很小的时候父母就发现了她对电脑很感兴趣，小喆在两岁的时候就会模仿她的父亲进行电脑软件的安装。小琰的父母也是由于工作需要，家里电脑经常都是开着的。在小琰很小的时候，由于母亲到法国留学，他们经常要在电脑上和妈妈进行视频通话。在家庭环境的影响下，被采访的两个小朋友在很小的时候便开始接触电脑，对一些比较新的数码产品表现出了极大的兴趣。作为小学生的他们，在新媒介面前表现出了良好的心态和健康的使用方式，而对于这两点的形成，孩子身边的人可谓是花了一番功夫。

尽管小琰每天至少要对着电脑用一个小时的时间来写文章，但是小琰家人并没有放松对小琰的管教，在家里面建立了一套行之有效的奖惩制度，奖罚内容直接与上网和玩游戏时间挂钩：当小琰做了值得鼓励的事情时，家人就适当地放宽小琰的上网时间，当小琰做错事需要面临惩罚的时候，他的上网时间也会相应地缩短。

小喆家里对她使用电脑有着严格的限制，要求她只能在做完作业之后才可以玩电脑。而小喆使用电脑的时候同样面临着家人的监督，在没有家人的陪同下，小喆的电脑是没有连接网络的。换言之，小喆是在使用着一台脱机状态下的计算机，待家人有空过来监督的时候，才把电脑进行网络连接，开始上网。小喆的父母曾经试着给孩子的电脑安装一些“过滤”软件，但是在实际使用过程中很不方便，该软件经常连正常的搜索引擎也会进行屏蔽，使得孩子无法利用网络查找资料。

两位受访者的父母对孩子使用电脑玩像“Q宠物”这类需要每天坚持的游戏有着不同的态度。小琰的家长觉得这个可以锻炼孩子的耐心，可以通过养虚拟宠物让孩子明白养他成长的艰辛，从而促使孩子变好、变乖。但小喆的家长觉得这样的游戏需要每天花费大量的时间，甚至会导致“上瘾”和“沉迷”，在学习时间里也会因为想着游戏而分心，因此小喆的父母强烈反对孩子玩耗时间、有连续性的游戏。

除了家庭的影响，让“小专家”对新媒介比较熟悉的另外一个原因在学校。两位受访者主要的计算机知识来自他们学校里的计算机课程，这个也是所有此年龄段的小学生对媒介相关知识的主要来源。调查还发现，两个受访者的成绩都在班上位居上游，都被学校选为小记者。其中，小琰被学校挑选去学习机器人组装和编程知识，在老师心目中是品学兼优的好学生。由于参加小记者活动，他们平日里需要关注新闻和进行新闻稿件的写作，用到电脑的时间也随之增加。

在学校里，孩子使用新媒介受到的“监督”还是有的，但是相比之下没有在家里严格。两位受访者的老师在平时有注意宣传相关的知识，教导学生正确处理与电脑、手机的关系。令小喆印象深刻的是，老师给她们讲过玩iPad太多会导致“iPad手”的事情，小喆为此还专门写过一篇文章说玩iPad太多的坏处。小喆的妈妈说，孩子对新事物总可以很快接受，家里新买的电子产品的功能总是她先掌握，然后再教给家里的其他人。曾经有一次，小喆找到怎么利用家里电视机的功能，将电脑的资料扫描到电视中播放，而这个功能她爸妈一直都没发现。

我们可以看出对“小专家”而言，电脑与网络是他们日常生活中不可分割的一部分，他们懂得如何使用新媒介为自己学习和生活服务。他们的父母职业稳定，观念开放，在家经常使用新媒介，并支持他们在允许的范围内接触和使用新媒介。他们的家人对其要求很高，对他们的成长有着相对明确的规划，并且有自己的教育方法，在他们成长的很多细节上下足了功夫。同时，他们本身成绩较好，老师也鼓励他们进行新知识的学习，包括新媒介的使用，这样的鼓励更促进了他们的成长。

六、“小网虫”印象

（一）“小网虫”的主要特点

“小网虫”和“小专家”一样，多数都是五、六年级的小学生。他们的主要特点如下：

（1）在新媒介使用时间上，他们上网时间长，而且有过度使用的表现。在家长不约束的情况下，假期或周末从早到晚都在电脑面前，也常因此与父母产生争执。

（2）在新媒介使用行为上，“小网虫”主要通过新媒介进行娱乐和交流，而较少用于表达和学习。因此他们经常使用的网络功能是游戏和聊天功能，对电脑的依赖性很强。对于媒介的选择，他们往往倾向于电视、手机和电脑，而对传统的书、报刊不感兴趣。

（3）他们有着很强的媒介使用能力和学习能力，相比同龄人而言，能够更加熟练地使用电脑和手机。由于“小网虫”年龄相对较小，心智不太成熟，自控力差，长时间玩电脑导致他们很难集中于游戏以外的其他事物，网络的过度使用也对其学习和生活产生了不良影响；宅在家里久了，也不愿出去玩，这严重影响了他们的交往能力。

（二）受访者的基本信息

小辉是一名小学五年级的男生，就读于广州市天河区的一所小学，爸爸妈妈工作很忙，主要由奶奶在照顾他的日常生活。

（三）访谈结果分析

1.“小网虫”的新媒介使用能力

小辉拥有自己的电脑和手机，并能够熟练使用。他说，手机是他最常使用的媒介。因为家里的电脑没装宽带不能上网，平时都用手机上网。小辉平时用手机上QQ，一天在线时间超过4小时。“一般放学回来，都会用手机上QQ。”小辉说。虽然小辉在学校与同学相处融洽，但他觉得用QQ更方便，更能增进彼此之间的感情。对小辉来说，手机的主要功能并不是打电话、发信息，而是上QQ和玩游戏。小辉所在的学校为了方便学生和家长联系，允许学生带手机来学校。但小辉在学校经常利用手机上网、听音乐，下课的时间几乎都在玩手机，出于对小辉学习的考虑，班主任已经禁止他带手机来学校。通过谈话，我们可以知道小辉十分喜欢上网，他认为网络是一个奇幻的世界，所以他很多时间都花在网络上。由于家里不能上网，小辉一般去朋友家上网，与朋友玩网络游戏。沉溺于网络游戏对他的学习已造成一定影响，这也引起了老师和家长的担忧。

小辉对网络游戏很是痴迷，喜欢玩较为刺激的枪战类网络对战游戏，最喜欢的网络对战游戏是《穿越火线》（又称CF）。小辉说，一次去朋友家发现朋友正在玩CF，“当时我看一眼就喜欢上这个游戏了”。除了自身对枪战类游戏的喜爱，小辉认为其中还有好胜心理的驱使。“我的朋友玩这个游戏很厉害，我想要比他更厉害。”据小辉讲述，自从接触了CF之后，他几乎不玩其他游戏了，恨不得把所有时间都花在CF上面。为了让自己在CF里更厉害，小辉还会充值“Q币”购买枪、刀、手雷等游戏装备。小辉平时的零花钱并不多，但他愿意把钱花在网游上，有时甚至把早餐钱省下来购买装备。当谈到是否会在网上买其他东西这个问题时，小辉表示还会购买CF的VIP服务，暂时不会考虑CF以外的花费。同时，他表示对“QQ会员”和各类“Q钻”（腾讯业务，类似于VIP服务）也有兴趣。除了网络游戏，小辉还玩《植物大战僵尸》一类的休闲游戏。“我不玩大型单机游戏，只玩‘僵尸’（《植物大战僵尸》）这类小游戏，有时间我还是希望多玩CF。”小辉还说他现在最大的愿望就是家里拉网线，能够在家里玩CF。

除了游戏功能，小辉还经常用电脑看电影、动画和听音乐。小辉一般在朋友家用U盘拷贝下载的视频和音乐，回家放在电脑上看。“有时还放在手机里，手机支持什么格式我也很清楚。”小辉说道。小辉还会利用网络来阅读、查找资料和收发邮件。不过小辉表示，这些对他来说并不常使用。阅读方面他主要看看新闻和笑话，查找资料是因为老师布置了作业，偶尔自己也查一下游戏攻略，收发邮件仅仅是因为注册账号时要用到邮箱而已。

从上面的情况我们可以知道，小辉对新媒介的相关技能已经达到相当熟练的水平，喜欢网络聊天，对网络游戏到了痴迷的程度，网络消费行为主要花费于网游。但网络的过度沉迷，对其已产生了不良影响。

2. “小网虫”的新媒介学习能力

相对于同龄人，小辉比一般人更了解电脑和手机，尤其是电脑。小辉会熟练地使用电脑查资料，学校布置的计算机作业总能快速地完成。同时，小辉也能解决一些电脑的小问题，“打补丁”、杀毒、设防火墙根本不在话下。据小辉的讲述，这些能力都是他在玩游戏的时候培养出来的。“玩游戏时电脑会出现很多状况，要是不解决这些问题，游戏就玩不下去了。”小辉说他在玩游戏时偶尔会有卡机、黑屏等状况出现，一般都是自己解决。“实在不行，我会拿电脑出去修。”小辉解决问题的能力很强，操作能力也很强，还帮着解决亲戚、邻里家的电脑问题。对于如何重装电脑、使用任务管理器，甚至关于电脑的命令，小辉都有极大的兴趣。“Ctrl+Alt+Delete”是任务管理器的快捷键，“Win+D”是显示电脑桌面，这些命令小辉都十分清楚。小辉希望以后自己能够维修电脑，他觉得维修电脑比使用电脑更重要。

当提到Word、PPT等办公软件时，小辉表示只知道那些是老师上课用的，自己并不想去了解。值得一提的是，小辉经常利用手机内存卡拷贝、存储文件，在学校计算机课上，小辉经常将自己拷贝在手机内存卡里的游戏复制在学校的电脑上玩。

关于新媒介对学习是否有帮助，小辉感觉新媒介对自身的学习帮助不大。“我觉得学习最重要的还是课本知识。我用电脑查资料是为了完成电脑作业，完成作业后爸爸妈妈会奖励我玩游戏，仅此而已。”

从上面的情况我们可以知道，小辉对新媒介知识和技能方面的学习能力强，但由于过度使用新媒介的游戏功能，导致新媒介并不能对小辉的学习起到促进作用。

在利用新媒介创作方面，小辉并不愿花过多的时间在上面。小辉没有微博和博客，只有QQ空间。“我的QQ空间里的文章都是我转发别人的，我不会去写那种东西，我写得最多的算是QQ签名吧，但那也差不多是一个月更新一次。”小辉并不热衷于新媒介的创作，也不爱在网络中表达个人意见，这和他沉迷网游有很大关系。

3. “小网虫”的新媒介批判能力

当谈及网络有什么弊端的时候，小辉谈到以下两种情况。第一，上网过程中常有广告弹出。小辉说他最不能接受的就是看视频的时候要先播放一段广告，“广告又不能跳过，这是最烦人的。”小辉还谈到，无论是打开QQ还是网页，都会弹出广告来，而广告内容大多跟他没有什么关系。有时还会弹出网页游戏，小辉认为那些都是“很无聊的游戏”。“有些弹出来的是我们不能看的东西，虽然自己会马上关掉，但是如果爸爸妈妈在旁边看到我就很难解释了。”第二，游戏骗子。由于小辉玩的是枪战类游戏，装备购买一般是直接向运营商购买，所以游戏中一般不存在网络骗子的情况。“但我的朋友被骗得很惨，装备那些全都给骗了。”小辉朋友的情况让他对网络骗子很是厌恶。

当问及对网上真假信息是如何辨别时，小辉表示并不清楚，他认为跟着大多数人总是正确的。而关于玩游戏时间长是否会导致近视这一问题上，小辉说自己的视力好像还不错。

谈到对网络发展的前景时，小辉很直接地回答："以后网上应该会没有广告，游戏里没有骗子。"而谈及电脑的发展时，小辉认为电脑运行的速度会越来越快。他认为，只要电脑运行速度快，无论是电脑的游戏功能还是学习功能都会有所提升。

最后，在谈及电脑、手机、电视哪个最重要时，小辉认为电脑是最重要的，甚至可以取代手机和电视。对小辉而言，手机作为上Q的工具，只不过是在电脑不能上网时的替代品而已。而电视，小辉并没有追电视剧或者动画片的习惯。小辉认为，电脑既可以看电视上的节目，又可以随心所欲地看电影、听音乐，电视似乎没有存在的必要。

综上所述，"小网虫"这类型喜欢网络游戏和网络聊天，对新媒体的认识、使用能力和学习能力较强，但他们缺乏自控能力和正确的引导，容易导致过度使用网络的行为。他们对新媒介具有一定的批判能力，并对新媒介的发展持乐观的态度，对电脑的依赖性很大。

七、研究小结

结合以上的访谈和调研，从儿童媒介素养教育的角度出发，我们可以用下图来表示媒介使用者的成长路径和四类媒介使用者的关系：

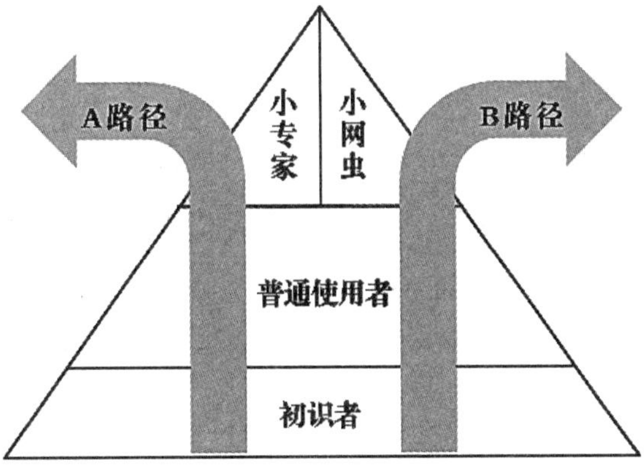

图3-2　小学生作为媒介使用者的成长路径

小学生在媒介接触和使用方面的成长路径一般会遵循这样的路径：由"初识者"到"普通使用者"，再从"普通使用者"成长为"小专家"或"小网虫"。即A路径或B路径。媒介素养教育的方向便是A路径，将"初学者"培养为"普通使用者"，将"普通使用者"培养成"小专家"；同时将已走向歧途的"小网虫"拉回"普通使用者"或转变成"小专家"。

在新媒介使用行为上，小学生们通过新媒介进行娱乐和交往，一般都是"不学而能”，因此教育者主要是引导其合理、适度使用，而在学习和表达行为方面，则是教育的重点。从儿童能力构建方面，新媒介的影响对儿童的自控力、专注力、判断力和交往力提出了新的要求，儿童在新媒介环境下，这四方面的能力都需要提升。基于此，作者建议，大力实施媒介素养教育，引导更多的儿童成为“小专家”，引导他们合理、适度使用新媒介的娱乐和交流功能，充分发挥新媒介的学习和表达功能，积极构建儿童在新媒介环境下的自身能力，趋利避害，让新媒介为儿童的成长和发展服务。

第二节　小学生家长和老师的访谈研究

一、研究概述

（一）研究内容

孩子的成长离不开家长及老师的影响。本节访谈主要是要调查以下内容：（1）家长和老师对新媒介的认识及态度；（2）家长和老师如何应用新媒介与孩子进行沟通；（3）家长和老师如何看待新媒介对儿童的影响?（4）家长和老师认为新媒介给家庭教育和学校教育带来哪些变化，如何应对这些变化?（5）家长和老师对媒介素养教育的认识。

（二）研究方法

本章节的研究主要使用质性研究法进行研究，我们采用了“聚焦小组”（focus group）和个人访谈相结合的方式来收集资料。“聚焦小组”的组员都是由学校及少年宫老师邀请参与，他们全是来自广州市在读小学生的家长及老师，并符合了“聚焦小组”所订制的准则。我们先根据学生使用媒介的状况进行分类（分为“初识者”、“普通使用者”、“小专家”和“小网虫”），然后邀请不同类型的学生的家长及老师进行访谈和调研，以便能全面地了解不同类型学生的家长及老师的想法。共有55名家长、55名老师参与了访谈。

我们根据家长及老师的访谈内容进行分析，一方面根据被访家长及老师的原话进行记录，并在不改变受访者原意的基础上进行整理，并从中对家长和老师的观点进行分类；另一方面把访谈的主要问题进行量化处理，把部分可进行数据化的答案进行类聚分析，通过数据化的形式让读者能更简明地看出本次被访者的相关观点。（家长和老师的访谈摘要和访谈观点统计报告见本书附录三、四）

二、家长访谈结果分析

作为小学阶段的孩子，他们的日常生活大都会和父母在一起，而且孩子接触到的媒介终端大部分都是在家中，因此父母的媒介使用习惯、对孩子的指导以及他们对媒介的态度，会直接影响到孩子的媒介素养状况。从访谈中可以发现，不同职业、教育背景和教育观念的家长在对待孩子媒介接触和使用方面的态度是有差异的。

生活在广州等中心城市的以“00后”为主的“苹果世代”，他们大多是独生子女，父母是“70后”或者“80后”的新一代父母，这些父母出生于中国改革开放之时，受到了相对完整的学历教育，普遍拥有较高的学历和文化水平。本次调研中，有接近一半的受访对象的父母，都是大学（含大专及本科）或以上学历，他们对各种新媒介技术比较熟悉，自己也会有较多使用。

由于中国的独生子女政策，使得“00后”的家庭结构呈现明显的倒金字塔结构。在广州等城市家庭中，“一拖三”“一拖四”的现象较为普遍。即一个小孩，面对爸爸、妈妈和保姆，或者一个小孩面对爸爸妈妈和爷爷奶奶（或外公外婆）等。因此，孩子明显地处于家庭的中心位置。由于“70后”“80后”家长教育理念相对较为自由宽松，加之城市中一般年轻父母都有各自工作，许多直接的教养任务落在爷爷奶奶（或外公外婆）或保姆身上，因此较为普遍地存在“溺爱”现象。在媒介的使用方面表现为，家长一方面对智能手机、平板电脑对孩子的可能产生的不良影响存在担忧，一方面又尽量满足孩子的使用需求。甚至一部分父母，将iPhone、iPad等新媒介作为一种哄孩子的“安抚工具”。在城市的餐厅和父母带孩子聚会的场所，经常可以看到，父母在玩自己的手机，孩子们也拿着手机或平板电脑玩游戏或看视频的场面。“苹果”成了很多年幼孩子的“电子保姆”。

当然，也有年轻父母因自身对新媒介的使用和熟悉，自觉地运用智能手机和平板电脑中的相关功能对儿童进行教育。在本次调研中我们也发现，一些年轻父母主动下载和安装相关的教育软件，对孩子进行语言、文字、绘画、游戏、生活习惯等各方面的培养，新媒介在儿童的家庭教育方面大显身手。孩子回家后，找父母要手机和平板电脑玩的现象相当普遍。当然随着年龄的增长，同学、朋友对儿童的媒介使用产生的影响会逐步增加，到小学中高年级就明显超越了父母的影响。

我们从家长访谈中提练总结以下一些主要内容：

1. 教育难度：约75%的家长认为新媒介时代教养孩子难度加大

调查显示，约75%的家长认为在新媒介时代，孩子接收的信息量爆炸式增长，海量信息、内容不断更新，有些内容家长也难以辨别，家长教导孩子的难度加大。

同时接受信息渠道的增多，让现在孩子自主学习的能力增强，知识更加丰富、思维更加开阔。访谈中，家长表示，有时自己也跟不上孩子的思维，有时孩子问的问题自己也反应不过来，有时确实难以正确、及时地教导孩子。因此，家长们普遍表示，现在需要用更多的时间和精力及时学习，提升自己，紧跟时代潮流。

2. 媒介影响：约81%家长知道孩子的QQ账号，大部分家长会主动了解孩子的新媒介使用状况

调查显示，广州的大部分家长不但已经充分关注到新媒介对儿童的影响，而且还主动了解孩子的新媒介使用状况，约81%的受访家长知道自己孩子的QQ账号，近79%的家长知道孩子最喜欢的一款电脑游戏。近72%的家长还表示，自己和孩子一起玩过游戏。

大部分家长都认识到网络对孩子的影响有利也有弊。约有72%的家长认为，网络可以让孩子开阔视野、获取新知识。对于网络的弊端，家长们认为有两点比较突出，一是孩子容易沉迷网络，二是容易被不良信息侵扰。

不过，访谈统计显示，家长运用新媒介与孩子进行沟通、交流和娱乐还处于较浅的层面。只有约45%的受访家长平时和孩子用QQ聊天，约56%的家长知道孩子的博客或微博，约50%的家长有留意过孩子的博客或微博。

3. 内容选择：约62%的家长为孩子挑选电视节目，不足四成家长曾为孩子挑选网站

网络（约68%）和电视（约66%）被受访家长认为是家庭中对孩子影响最大的媒介。但显然，父母对电视相对了解较多，对其如何趋利避害也更有办法。约有62%的家长会为孩子挑选电视节目，但只有近38%的家长会为孩子挑选网站。当孩子看电视看到不良情节或者节目时，约有64%的家长表示会选择耐心为孩子讲解相关内容，只有约22%的家长选择转台，约6%的家长选择关电视。可见电视在家庭中的普及时间长，家长为孩子挑选内容的做法也比较普遍。由于电视的频道有限，电视节目也有限，家长指引孩子避开不良节目的目的容易实现。访谈中，家长也普遍表示，都会在言语或者实际行动上指导孩子避开电视中的不良情节，并引导孩子多看科教、人文知识类的节目。加之电视上常有“以下内容涉及暴力成分，请家长指引”等标语提醒。相比之下，对于网络，家长们觉得引导或教育孩子的办法不多，只有约35%的家长表示为孩子挑选过上哪些网络。

4. 影响力：网络已成家长心目中对孩子影响最大的媒介，如何指导成难题

访谈中，家长们都认为在孩子成长过程中，网络对孩子们的生活、学习、娱乐，以及价值观、世界观的形成有着越来越重要的影响。网络已成为对孩子影响最大的媒介。

家长对孩子使用网络的指导主要有两方面：一方面是主动指导，如指导孩子如何合理利用网络资源，如何思考、辨别网络信息的真伪等；另一方面被动回答，主要是对具体的问题进行引导和解答，以避免或减少不良信息对孩子可能产生的危害。

我们在访谈中发现，其实不少家长已有指导孩子正确使用网络的意识。当孩子受到网络的负面影响时，大部分家长（约64%）主要采用控制孩子上网时间的办法，只有约27%的家长选择和孩子一起使用网络，并从中指导孩子。可见，大部分家长对于网络的不良影响采取“堵”的办法。如何教导孩子学会辨别不良信息，如何为孩子挑选网站，如何提高孩子的自控力，学会合理安排娱乐和学习的时间，这都是家长们关注的问题。

5. 诉求：约95%的家长认同媒介素养教育的重要性

在本次的研究中，约95%的家长认为媒介素养教育非常重要，但不少家长提出，由于现在孩子接触到的新媒介发展很快，很多功能家长们都要不断学习，因此在不太熟悉新媒介的功能之前，只能先采取“堵”的方法去控制孩子的使用，他们也很希望能看到更多有关的媒介素养教育的书籍或教材能及时更新内容，跟上最新技术潮流，这样才能进一步教育和引导孩子。

三、老师访谈结果分析

学校老师是影响小学生媒介接触和使用行为的重要人物。访谈中我们发现，不同区域、不同学校、不同年龄、不同学科的老师，对待孩子媒介使用的态度是有差异的。

由于近年来广州市教育信息化整体推进较快，受访学校中的电教设备普及率较高，年轻老师在课堂上普遍应用电脑、投影仪等电教设备，大部分学校都有上网设备，建有广播电台、校园网站、班级博客等，个别学校还有校园电视台。由于运营商的校讯通业务的普及，受访老师普遍使用校讯通短信业务与家长互动。

不过由于受到目前学校应试教育的影响，小学生的功课任务相当繁重，因此老师普遍对孩子使用电脑、手机等新媒介保持谨慎的态度，特别担心孩子因迷恋上网玩游戏而影响学习。大部分老师不但会在课堂上提醒孩子注意控制上网时间，还会告诉家长一起监督和控制孩子在家上网的时间。

由于本次受访的老师多为教学一线的年轻老师，观念相对开放。他们对网络、QQ等新媒介对学生影响的重要性大多认识充分，对其利弊也有较清晰地判断，因此普遍认同开展儿童媒介素养教育的必要性。但是由于目前媒介素养教育在小学中的实践还很少，因此对于如何开展意见不一。

我们从老师访谈中提练总结以下一些主要内容：

1. 沟通方式：短信和QQ是师生和家校沟通最重要的媒介工具

"平时师生之间主要的沟通媒介是什么？"访谈的数据显示，选择面谈方式沟通的只有约31%，选择QQ的却约有51%，选择电话或短信的约有53%。QQ成为师生沟通的重要方式。

受访老师表示，QQ普及率高，使用方便，电脑、手机都能用，只要上线就能随时随地与学生交流。老师和学生的见面时间虽然长，却以授课为主，课后QQ能轻松地弥补师生沟通时间的不足。使用QQ与学生交流，还能给学生更多的亲切感。老师还可以通过浏览学生的QQ空间和腾讯微博了解学生的动态，利用QQ群等给学生上传作业或资料，方便又快捷。

短信和QQ还成为老师和家长沟通的重要方式，访谈数据显示，约有85%的老师用手机短信和家长沟通，近27%的老师用QQ和家长交流。

2. 影响力：网络成为老师心中对学生影响力最大的媒介

调查显示，网络是老师们心目中对学生影响最大的媒介。受访老师表示，网络对学生的学习方式、思维方式、沟通方式的影响越来越大。对于网络的利弊，老师和家长的看法差不多。约95%的老师认为，网站可以让学生开阔视野、获取更多的新知识，但也容易让学生沉迷网络，并受不良信息侵害。对于这些网络弊端的防范，老师们主要采取控制使用时间的方式。不少老师表示，他们会利用家长会等机会，向家长强调网络过度使用的严重后果，让家长在家中提醒或监督孩子。

不过，大部分老师对学生使用博客和微博的行为关注不够，只有约31%的受访老师说关注过学生的博客或微博。

3. 教育：校园开展媒介素养教育成趋势，多元方式推进待探索

在新媒介发展已成时代潮流的背景下，如何教育孩子正确使用新媒介，提高孩子的媒介素养已成为老师们关注的话题。在访谈中老师们普遍表示："媒介素养教育当然重要，最重要的是教会学生如何合理利用网络资源，找寻所需信息，提升自己。"还有老师建议，可以在电脑课上开设这门课。总而言之，大力推进媒介素养教育势在必行。

调查显示，认为媒介素养重要的老师有八成以上，但对通过何种形式在校园中推进媒介素养教育，老师的观点不一。认同通过讲座方式来开展媒介素养教育的约有17%，认同通过学校课程开展媒介素养教育的约有17%，认同通过校外课程的约有6%，认同通过网络开展课程的约有15%，另外，认同通过教材和书籍的分别约有8%。也有不少受访老师表示，校本课程能充分利用学校资源，教学更具系统性，还能针对不同学校、不同学生的特色开展课程，因此通过校本课程培养学生媒介素养是比较好的方式。

第四章　新媒介环境下的儿童传通行为及其影响研究

第一节　研究概述及调研结果分析

在《小学生媒介接触、使用行为及素养状况》的问卷调研及小学生访谈研究中，我们发现，新媒介在儿童的媒介接触和使用行为中占据着越来越重要的地位，而且通过QQ、微博等新媒介工具，儿童不但使用媒介的各种功能接受信息，还成为主动的信息传播者和沟通者。为了进一步研究儿童在新媒介环境下进行主动的传播与沟通的行为，我们在2012年9~12月间进行了本次研究。

一、相关概念的界定

（一）新媒介（new media）

新与旧是相对的。

400年前的新媒介是报纸，110年前的新媒介是电影，90年前的新媒介是广播，80年前的新媒介是电视，30年前的新媒介是电脑和网络，20年前的新媒介是手机和短信，7年前的新媒介是微博，2年前的新媒介是微信。

本研究涉及的新媒介，包括以电脑、平板电脑、智能手机为主的信息终端和以QQ、微博、搜索引擎、视频、网络游戏等为代表的媒介产品及应用。

（二）传通（communication）

英语和法语等西方语言中的communication一词，源自拉丁语communicatio，指“建立关系的行为或状况”。其现代词义不仅包括传的行为、后果，还包括传的方式、内容以及途径等。因此在汉译上，出现了传播、传通、交流、交往、沟通和交通等多种译法。

中国内地传播学兴起至今，学界一般把美国传播学者威尔伯·施拉姆的经典之作

《传播学概论》作为入门必读。当时内地新华出版社的译本《传播学论》（新华出版社，1984年9月）将communication译为“传播”，相关的学科译作“传播学”，内地学界基本沿用此说。但香港的施拉姆弟子余也鲁博士在其译本《传媒·信息与人：传学概论》（香港天书楼，1983年7月）中将communication译为“传通”，他认为，传通等于传播加沟通。但笔者认为“传通”这一译法更加贴近communication的本义。这是因为网络媒体的发展，特别是社交媒体的出现和以苹果手机为代表的移动信息终端的普及，使人类传播迈进了一个新时代。

“社交媒体”（Social Media）也称为“社会化媒体”或“社交网络”，是指发生在互联网上的社交行为。最早的“网络社交”是通过电子邮件来进行的，然而电子邮件只能满足人们对于传递信息的较基本的社交需求。后来出现了BBS网站和今天流行的SNS网站。随着智能手机、平板电脑等移动信息终端的普及和移动互联网应用的发展，以Twitter和Facebook为代表的社交媒体迅速改变了世界。

社交媒体使“一对一”的人际传播和“一对多”的大众传播实现了融合，并进而发展为“一对一”、“一对多”、“多对多”、“多对一”可以同时进行的社会化传播。这也使得媒介的主要功能回归到人与人的基本沟通这一主题，而不是大众传媒时代的发布信息。这也突破传统“大众传播学”关于受众和效果的研究。在社会化传播时代，传媒不再是作为专业传播机构的专业媒体从业人员和信息生产行家的专属领地，而成为每个公民进行交流、沟通、表达的工具。每个人都有能力依靠新媒介工具创建“自媒体”，可以像以前的专业记者一样进行表达和公共参与。这由此引发一场个人媒体革命，并对既有的政治、经济和文化格局都产生了冲突和挑战，对现代人的相应素养也提出了新的要求。

另外，“传通”的概念也意味着人的传播和沟通行为是传者与受者交互作用的结果，是基于一定社会文化背景下的行为。仅仅借助媒介，人并不能完成双向的传通行为，人不是机器，传播也不是一个数据流行为，它是基于一定政治、经济背景下的社会和文化行为。在媒介科技高度发展、信息爆炸的今天，我们看到的并不全是传播沟通效果的完美优化，我们同样看到了误会、误解和不同观念、文化冲突的加剧。也就是说，媒介发展和信息生产与传播沟通的成功对话、分享之间并无必然联系。

二、研究方法

为了详细了解儿童传通行为的主要表现和基本特征，我们在《小学生媒介接触、使用行为及素养状况》调研的基础上，在广州地区进行了一次样本数量为300份、主要针对儿童传通行为的研究。研究结合量化研究法与质性研究法，考虑到儿童传通行为在小学中高年级学生身上表现得更加明显，因此我们的主体调研对象为广州地区的10~12岁的小学在读学生和部分初一学生。

（一）量化研究法（Quantitative Method）

采用横切性（cross-sectional）的问卷调查，以广州市少年宫的学生为研究母体，找寻出一批在读学校分别在天河、越秀、海珠、番禺、白云、芳村、花都、南沙等广州主要城区的学生，再透过双层抽样方式，以随机方法抽出受访学生来填写调研问卷。

在本次研究中，我们在广州市少年宫中派发了400份问卷，回收320份问卷，其中有20份是无效问卷。本次研究共回收有效调查问卷300份，并以此作为分析的基础。

（二）质性研究法（Qualitative Method）

为了得到更具体及全面的资料，我们采用了“聚焦小组”（focus group）和深度个人访谈两种方式来收集资料。

“聚焦小组”的组员都是少年宫老师邀请参与，是来自广州市小学在读学生及家长，并符合了“聚焦小组”所订制的准则。小组一共进行了10次访谈。在小组内，我们按照“聚焦小组”的指引进行访谈，并以开放式的问题（open-ended question）来发问，让被访问者可自由回答及表达。每组访谈时间为10至30分钟，并在参加者同意下进行了录音。

在访谈研究的基础上，我们对部分有典型意义的访谈对象的QQ空间、微博、经常玩的网络游戏等进行了进一步的“案例式”研究，并将其分为“基于新媒介创建自媒体”和“基于新媒介创建新社群”两部分进行论述。

三、广州市小学生传通行为调研结果分析

通过问卷调研和访谈（具体调研结果见附录五），我们就广州市小学生传通行为得出以下一些基本结论：

（一）小学生的传通行为主要集中在QQ、网游和微博等新媒介工具，主要采

用台式电脑触网，通过家中的手机、平板电脑上网日趋增多

从调研中我们看到，目前“00后”儿童的传通行为，主要集中在QQ、QQ空间、QQ群、微博、微信、网络游戏等新媒介工具。在这些新媒介中，腾讯公司推出的QQ系列工具在“00后”小学生中占有绝对领先的影响力。在小学生最喜欢的网游中，腾讯公司的《洛克王国》也一直位居前列。腾讯公司在2011年推出的微信，也迅速受到小学生的喜爱，日益普及。

由于目前绝大部分小学都不允许学生带手机进入校园，以及受到各种经济条件、上网环境等限制，目前小学生上网主要还是通过台式电脑。不过，我们在访谈中发现，不少家庭条件较好的小学生，会在放学后经常使用父母的或父母配备给自己的智能手机上网、玩游戏。使用移动信息终端上网行为的增多，也意味着儿童的传通行为将会更加便利、频繁。

（二）儿童触网时间越来越早，幼儿园是萌芽期，小学三年级是第一个爆发期

从调研结果来看，12.80%的受访小学生表示，自己的上网行为从幼儿园就开始了。自从2007年苹果手机和平板电脑相继问世之后，2岁多的儿童拿着爸爸或妈妈的智能手机拍照、看视频或玩简单的游戏已经不是什么稀奇的事情了。由此可见，随着智能手机和移动互联网应用的发展，儿童接触网络的行为会越来越早。

上网玩游戏是儿童接触网络最早发生的行为，13.11%的受访小学生表示，自己从幼儿园开始就玩网络游戏了。二、三年级的儿童因为学会了拼音和写字，QQ使用开始普遍起来。特别是小学三年级以后，学校开始上电脑课，儿童通过电脑进行较为复杂传通行为开始爆发，特别是微博的使用行为开始大量增加。因此我们说，当前小学三年级之后是儿童通过QQ、微博产生大量传通行为的第一个爆发期。

我们发现，2007年以后出生的孩子，由于一出生便受到家庭中父母等使用苹果手机、平板电脑和微博、微信的影响，对于社交媒体的应用和熟悉程度都远高于之前出生的儿童。

（三）儿童早期传通行为直接受到父母和家庭环境的影响

随着以“70后”“80后”为代表的新一代父母的崛起，这批有长期使用互联网习惯的父母，会更乐意去教导自己的孩子使用新媒介。

我们在调研和访谈中发现，儿童对新媒介的传通行为受家庭环境的影响很大。父母往往是儿童使用QQ、微博、微信的直接影响者和启蒙者。86.44%的受访儿童表示他们的爸爸和妈妈有QQ号，42.72%的受访儿童表示是父母教会他们使用QQ空间的。50.14%的受访儿童表示自己的家里人有加入QQ群，62.54%的受访儿童希望家里人加入自己的QQ群。

相对于QQ，父母通过微博与儿童交流的行为还处于萌芽期。大部分家长还没有注意到通过微博关注、了解孩子的行为并与孩子交流，但是孩子对于父母关注自己的微博表示出开放的态度，一半以上的孩子表示不反对父母关注自己的微博。

（四）基于新媒介参与创建自媒体和新社群是目前最为典型的两大儿童传通行为

小学生传通行为主要包括展示自我、交流沟通、传递资讯和表达主张等方面。QQ、微博、网络游戏，已经成为“00后”儿童主动结识新朋友的新媒介渠道。值得关注的是，儿童不仅把微博和QQ作为与同伴交流、沟通的渠道，还将它作为了解父母或与父母沟通的新渠道。

从调研来看，儿童传通行为最为突出和值得关注的有两个方面：儿童基于新媒介创建自媒体和儿童基于新媒介参与和组建新社群。“00后”儿童已经初步具备了创建儿童自媒体的能力，并且通过QQ群和网络游戏参与和创建了新型社群。值得关注的是，由于21世纪的前十年是以微博、微信为代表的社交媒体的初步发展期，因此儿童使用这些新媒介也处于初步发展期，随着智能手机和社交媒体的发展，儿童基于新媒介的儿童传通行为也处于迅速发展中。特别是微信这一新兴的社交工具，由于其传播声音与图像的方式更为简便，对儿童的影响正急剧扩大。随着智能手机的更新换代，已经有家长将自己淘汰的旧智能手机给孩子使用，儿童的传通行为也将随之出现更大的发展，这值得进一步研究。

第二节　儿童基于新媒介创建自媒体的研究

一、儿童自媒体概念

普通成年人乃至儿童都可以成为传播者，这是人类传播历史的一次重大变革。正如美国学者丹·吉尔默在2004年出版的《我们即媒体》一书中提出的“自媒体”的概念，原本由媒体组织掌控的大众媒体已经演变为人人都有机会参与的公众媒体，未来人人都可以是记者。在自媒体时代，“记者”这个名词不再仅仅是一种专门职业的名称，它还是每个人的一种以个人视角记录生活、报道社会、表达自我的生活方式。

美国新闻学会的媒体中心2003年7月出版谢因·波曼与克里斯·威理斯两人提出的“We Media”（自媒体）研究报告，对“We Media”下了十分严谨的定义：“We Media是普通大众经由数字科技强化、与全球知识体系相连之后，一种开始理解普通大众如何提供与分享他们本身的事实、他们本身的新闻的途径。”

新媒介的发展，使得每个人的表达自由权不必再受制于物质和技术条件，也不必受制于传统的专业化分工，而只在法律许可的范围内自由表达自己的想法。每个人都可以方便地通过新媒介创制属于自己的信息生产工具，并向他人和社会传播，这在人类媒介发展史和人类传播史上无疑是划时代的。

由于从小就生活在这样的新媒介环境中，使得儿童作为传播者的角色突显出来，这在21世纪后诞生的“00后”儿童身上体现得特别明显。通过本次调研我们可以看到，“00后”儿童从小在QQ空间、微博上发表文章、表达看法、参加小记者活动、参与社会，使得“00后”儿童创建自媒体、实现传播权利不但有了技术保证，还有了社会基础。

参照前面所述的谢因·波曼与克里斯·威理斯的关于自媒体的定义，本书作者对儿童自媒体的定义为：儿童自媒体是指儿童通过新媒介，根据自身的认知与经验，以展示自我、传递资讯、交流沟通和表达主张为目的，记录、发布、分享他们本身的事实和新闻的途径。

本次调研中，我们将儿童自媒体分为初级形态的儿童自媒体和高级形态的儿童自媒体。

初级形态的儿童自媒体，是儿童自发地通过新媒介工具，以自我娱乐、自我展示和交流沟通为目的的自媒体。目前“00后”儿童自媒体最有代表性的就是QQ空间和微博。儿童在QQ空间上搜集自己喜欢的明星的歌曲、图片及资讯，或者在电子相册中把自己旅游的照片放上去和同学朋友进行交流，或者在微博中展示自己拍的照片、转发他人的微博，并进行简单的评论，与他人进行互动。

高级形态的儿童自媒体，是指儿童在老师的引导下，以班级、学校、少儿报刊、少年宫等为阵地，在新媒体平台上创制自媒体，不但满足自发的娱乐、展示和交往表达需求，还自觉地通过自媒体与成年人分享、交流、展示、表达自己。我们本次研究关注的是高级形态的儿童自媒体，主要包括参加由学校、少儿媒体、少年宫等组织的

"小记者"活动的"小记者"们的微博，和由班级、学校和少先队组织构建的班级、学校博客、微博以及其他新媒介平台。

二、QQ空间与微博

QQ空间和微博是目前"00后"儿童自媒体的最基本形态。儿童使用QQ空间最主要的作用是，利用闲暇时间展示自我，与朋友交流并认识新朋友，记录想法和发表作品等。

由于QQ空间和QQ本身有极高的关联度，而且QQ空间和微博相比，它的娱乐性和展示性更强，就算孩子什么都不写，他也可以在QQ空间进行简单的装扮，通过装扮的内容，去反映自己的审美爱好；可以在QQ空间中上传自己的照片，展现自己的生活；可以用简单的，类似BBS的留言方式和其他朋友进行互动。QQ空间给了孩子一个最简单，门槛非常低的自我展示和交流的平台。

在研究中我们发现，在QQ空间中孩子展现的内容以转载，或者从其他地方复制、粘贴过来的内容为主，但这些看起来非原创的内容，其实也深刻地反映了孩子希望表达的情感和想法。

只要他喜欢某个明星，他就会把背景换成那个明星的照片；只要他喜欢某些类型的小说，他就会不辞劳苦地把小说一个章节一个章节复制过来，并插上一些他认为好看的图片作为配图，形成一篇篇新的日志；只要他喜欢看某个动漫人物或娱乐明星，他就会不停地从其他地方找来关于这个人物的各种信息，并加载到自己的空间中和他人分享……某些同学的QQ空间，由于长期搜集各种不同的内容，或者表达出一些能引起其他孩子共鸣的想法，这个孩子的QQ空间，就会逐渐成为某一些粉丝或者某一个领域爱好者的聚集地，这正是儿童自媒体的"原生态"面貌。

微博是"00后"儿童日益广泛使用的另一种重要媒介工具。"00后"儿童使用微博的主要功能是看新闻，了解自己喜欢的各种动漫、游戏等信息，还有就是交朋友。

在进一步研究中，我们发现这和他们的家庭环境有着非常大的关系。广州地区的很多家长成为小学生使用微博的最主要的启蒙者，他们教孩子怎样开微博，在微博上发表内容应该注意什么，并亲自在微博上和孩子进行互动交流。

受此影响，广州地区的孩子，尤其是中高年级的小学生，他们很早就会接触和明白微博除了可以看新闻、了解资讯以外，还可以在上面表达自己的想法。虽然这些孩子受到年龄、学识、技术等条件的限制，他们并不能和大人一样发表或转载很多的内容，但从小开始，他们就知道了原来发表自己的看法，是如此简单而且便捷。

在本次调研中，我们就发现有不少家长会拍摄孩子的一些片段，然后上传到微博或类似的平台上面。孩子在这个过程中不但能看到、听到自己的视频或声音出现在网络上，更重要的是他们了解到原来自己成为“小主播”“小演员”是这么的简单，自己说的东西能很快就出现在互联网上和大家分享。这些声音和视频，配上一段简单的文字，就是一条小小的“新闻纪录片”。于是，孩子从小就明白了怎样通过文字、声音、图片、视频的结合，去表达自己的想法、发表自己的意见。

三、儿童自媒体案例

为了对儿童自媒体进行更深入的了解与分析，下文将通过各种类型的案例分析，对儿童自媒体现象进行论述。

（一）基于自媒体进行娱乐的案例

在本次调研中，我们发现许多“00后”的女生，都会有一个非常漂亮、精心“装扮”过的QQ空间。在这些孩子的QQ空间里，有大量她们喜欢的各国明星，尤其是日韩明星的资料。一打开这些空间，就会响起这些明星的成名曲以及他们主演的影视作品的主题曲，空间的界面明显能看出是经过精心制作的，各种特效不断地加载进浏览界面。

同时，她们的QQ日志中大多数都是转载这些明星的资料，包括最新作品的上演时间、即时动态以及自己对于这些明星的一些评价。虽然这些内容大多是转载，或者是从其他网站上复制过来的内容，但这些空间拥有者的同学，和空间拥有者本身都会经常到这个空间进行互动留言，讨论他们对这些明星的看法和观点，在不知不觉间成为了她们这群“小小追星族”的聚集地。

陈可缨同学在上小学五年级时，她在空间里就开始整理放置不少英国男子乐队组合One Direction（单向乐队）的资料，她不但对这些资料进行分类，还时刻关注他们的动态，参与各种和这些明星相关的动态投票，希望让这个明星能受到更多人的关注。（见图4-1）

图4-1　陈可缨的QQ空间截图

吕立是广州市天河区天府路小学的学生，她在读五年级时，就有自己喜爱的明星。她空间最大的特点就是有大量她喜欢的明星的视频和音乐，一打开她的QQ空间，就仿佛进入了一个明星资料库一样！（见图4-2）

图4-2　吕立的QQ空间截图

朱友蓉是广州市海珠区前进路小学一名学生，在她读四年级时，她的空间除了有不少自己喜欢的转载过来的美文，还有一些自己原创的文学作品，虽说这些文字还非常稚嫩，而且有不少也是转载摘录过来的内容，但她还是乐于和身边的朋友进行分

享。（见图4-3）

图4-3　朱友蓉的QQ空间截图

这些孩子的QQ空间，在成年人眼中也许只是非常普通的一个网络博客，但她们的空间已经有了点“娱乐网站”的雏形。她们能通过互联网及时了解到国内外偶像的最新动态；能够借助互联网搜集到各种文字、图片、音频、视频信息，而且这些资料她们会进行二次加工；更关键的是，她们的空间已经吸引了身边的人进行互动，形成一个小圈子。

（二）基于自媒体进行展示的案例

“00后”儿童家中大多会有各种相机，现在绝大部分的手机都能拥有拍照功能。在这次研究中我们发现，不少孩子平时会和家里人一起外出旅游拍照，部分孩子很喜欢拿手机来拍身边的各种景物。在父母的指导下，他们当中不少人学会开通了QQ、网易或者新浪的相册，并学会了把照片上传到网上，然后邀请其他同学和朋友去相册浏览，分享他们的作品。同时，父母还教会了这些孩子使用“美图秀秀”等图片处理软件，在这些软件的帮助下，孩子们可以用最简单的方式，对图片进行美化处理，让他们拍的图片看起来更有艺术性。

长期积累下来，在这些相册中，有大量丰富多彩的照片，儿童生活的点点滴滴也记录在这个相册中。他们身边的人，也可以通过这个相册了解到他们生活中的趣闻，并在相册的评论处进行互动交流。

张懿得是广州市越秀区东山培正小学的四年级学生，她的QQ相册中有着不少她和家人出去旅游的照片。这些照片她不但按照拍摄的时间进行了归类，更会在部分照片上写上一些小小的感想。（见图4-4）

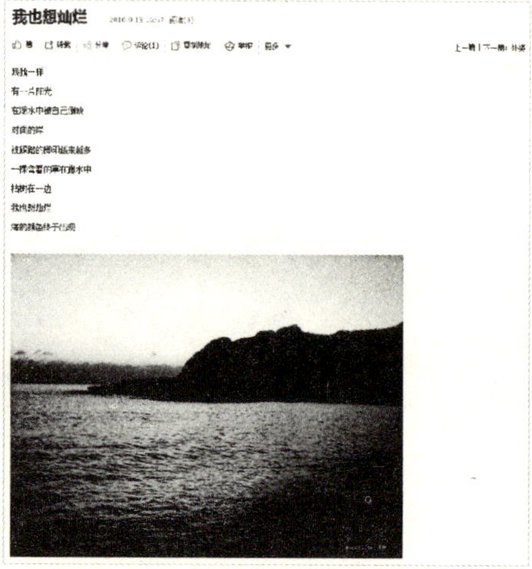

图4-4　张懿得的QQ空间截图

在广州市越秀区小北路小学学生刘逸婷的相册中我们发现，她不但学会了上传照片，还对其中部分照片进行后期处理，有“歌特风”、“小清新”、“LOMO”等等，看上去颇具艺术性。（见图4-5）

图4-5　刘逸婷的QQ空间截图

在广州市越秀区中星小学六年级的学生冷若萌的相册中我们看到，她有部分相册会向大家公开，而有部分相册则会加上密码，她告诉我们：“是爸爸妈妈告诉我，涉及到家里的照片，要加上密码，不能让所有人都看到，因为要进行网络的私隐保护。”（见图4-6）

图4-6　冷若萌的QQ空间截图

（三）基于自媒体进行沟通交流的案例

陈梵之同学是广东外语外贸大学附属外国语学校的学生，四年级的时候在爸爸的指导下，学会了使用新浪微博，平时主要是借助微博看新闻以及了解一些自己感兴趣的资讯，同时会借助微博和同学们进行互动交流，看看他们心情与动态。他对微博的认知源自爸爸，因此他会经常使用微博和爸爸进行互动，这一方面促进了亲子间的沟通，另一方面，也让他了解到父亲的工作、生活以及社交，这让他从小就非常便捷地了解到成年人的生活和世界。（见图4-7）

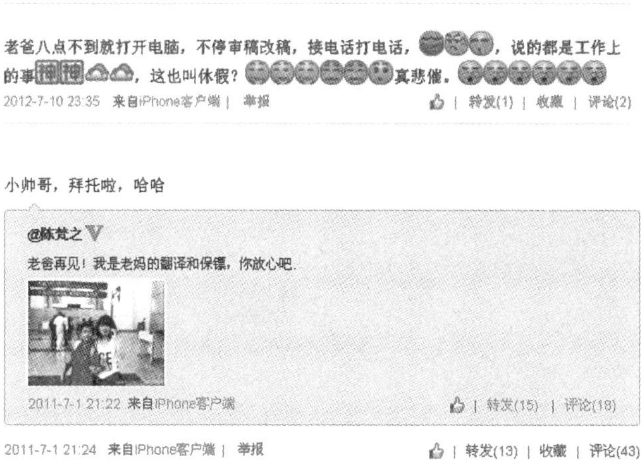

图4-7 陈梵之的微博内容截图

（四）“小记者”和“小研究员”的微博案例

广州市少先队红领巾成长小记者（简称成长小记者）和广州市少年宫儿童融合媒体实验室“小研究员”的微博，是广州地区儿童高级自媒体形态的典型案例。这些成长小记者和“小研究员”，大多是由学校推荐的校园“小记者精英”，他们已经具备较强的听说读写能力，经推荐后会进入广州市少年宫进行培训。由于在采访、写作、拍摄、制作等方面经过专业培训，他们的微博在写作、拍照等制作水平上，往往明显体现出高出一般同龄人的水平。而且在微博中，他们还会经常与老师、朋友互动，对校园、城市、国内外时事新闻也表现出更多的关注。

成长小记者李奚琰是广州市天河区华南理工大学附属小学六年级的学生。小学二年级就加入小记者团的她，经过一年的培训，在三年级的时候，已经能自己带上录音笔以及相机，跟着老师参加大型的采访活动，对一些领导、明星等进行采访。她会像“大记者”一样，先准备好采访的问题，在采访现场踊跃举手提问，并用录音笔或者纸和笔记下问题，如果有需要，她还会进行现场摄影。她会在微博中将她的有关采访报道的精彩瞬间和感想发表出来，与同伴分享。（见图4-8）

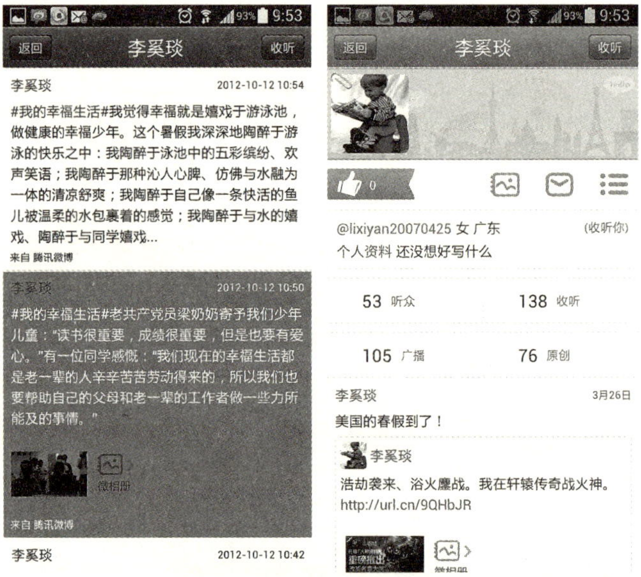

图4-8　李奚琰的微博截图

成长小记者、广州市天河区华阳小学的学生梁琛喆，在四年级时为学校少先队宣传队干。课余时间，她总是很积极地以小记者的身份参与各种活动，除了用笔、相机或录音笔记录活动外，还善于运用平板电脑、手机等移动终端将活动情况在网络上进行现场直播，微博、学校网站和广州市红领巾成长小记者官方网站等都是她直播活动的平台。平时她也将自己的所见、所闻、所想用文字和图片的形式在个人微博上进行展示，与其他的小记者进行交流。（见图4-9）

图4-9　梁琛喆的微博截图

成长小记者庄欣琪是广州市天河区羊城花园小学五年级的学生。2013年，她加入广州市少先队媒介素养教育实践基地——广州市少年宫儿童融合媒体实验室高级团队，成为融合媒体实验室的一名小小研究员。擅长文字写作和编辑的她，在实验室里主要负责文字编辑处理工作，并与团队合作完成媒介制作项目。除了以小记者的身份参与报道活动外，她还会将自己在融合媒体实验室里学到的知识和技能通过微博，与“小粉丝”进行分享、交流，并在学校里给校园小记者进行培训，带动大家一起学习和掌握媒介素养知识和技能。（见图4-10）

图4-10　庄欣琪的微博截图

成长小记者、广州市天河区员村小学六年级学生江伟锋，2012年入选广州市少年宫儿童融合媒体实验室高级团队，是实验室第一批小研究员。热爱摄影的他，在媒介运用中找到了施展自己才华的天地。自从学会使用微博，他便不断地把自己外出时见到的自然景色、人文建筑、精彩瞬间等拍摄下来，并配上简短的文字说明，然后发到微博上。他会运用“美图秀秀”等图片处理软件处理自己的摄影作品后，以多幅照片组合，用镜头讲故事的方式，将自己的见闻随想放在个人微博上与大家分享，成为同学中的“摄影高手”。在互联网和网络社交平台上，他不仅大大提高了自身使用媒介和制作媒介的技能，同时还提升了自己的交流和表达等综合能力。

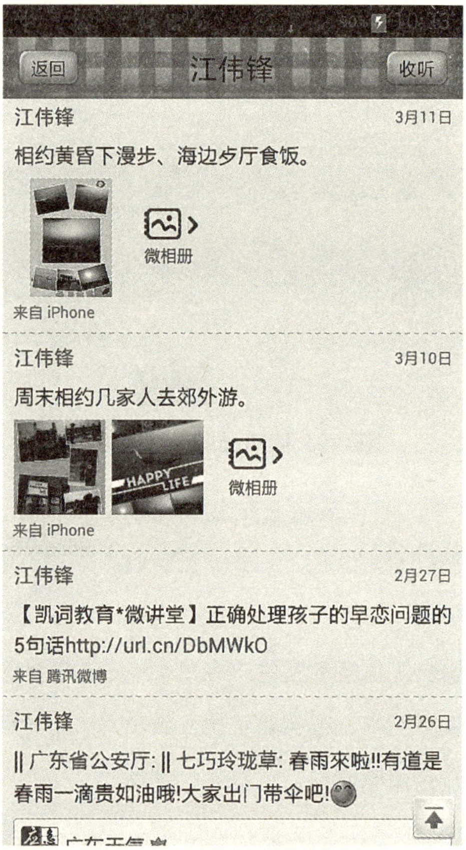

图4-11　江伟锋的微博截图

（五）校园的自媒体平台案例

现在越来越多的队员喜欢“玩”微博，广州市天河区体育东路小学的队干们纷纷提议并让大队部老师帮忙建立自己学校少先队的官方微博——体东雏鹰。队员们在老师的指导下，及时发布校内外的活动动态和新闻资讯等。读微博已经成为学生、家长和老师了解学校课程设置、活动情况和队员们心声的重要渠道。同时队员们还会发布或转发校外讲座、活动、比赛、课外生活等信息，让大家能及时交流、获取更多资

讯。平时队员们在发布自己微博时，也会主动“@体东雏鹰”，并转发自己感兴趣的微博信息。（见图4-12）

图4-12　广州市天河区体育东路小学“体东雏鹰”的微博截图

“阳光景小”是广州市白云区景泰小学的博客网站，也是校园的网络互动平台。景泰小学在2006年成为第一批广州市教育e时代应用学校，并建立了校园网站和“阳光景小”网络互动平台。“阳光景小”是景泰小学校园门户网站外的一个独立的博客网站，其中汇集了学校老师、各班级和学生在该网络平台上开设的各种博客空间。通过这个“博客网”，老师、学生与家长们可以快速链接到各班级、学生个人的博客空间，同时在博客网的主页上设有：“少先队天地”“学习记事”“阅读练习”“教育叙事”“教育研究”“校园生活”“家校互联”“亲子交流”以及“资料收藏”九大板块栏目，方便老师、学生和家长看到博客空间中各类相关的最新文章，以便及时进行交流、评论、展示和获取资讯，营造了一个良好的学习、制作和运用媒介的网络环境。（见图4-13～4-16）

图4-13　广州市白云区景泰小学网络互动平台

图4-14　广州市白云区景泰小学“博客网”——阳光景小2017届6班博客

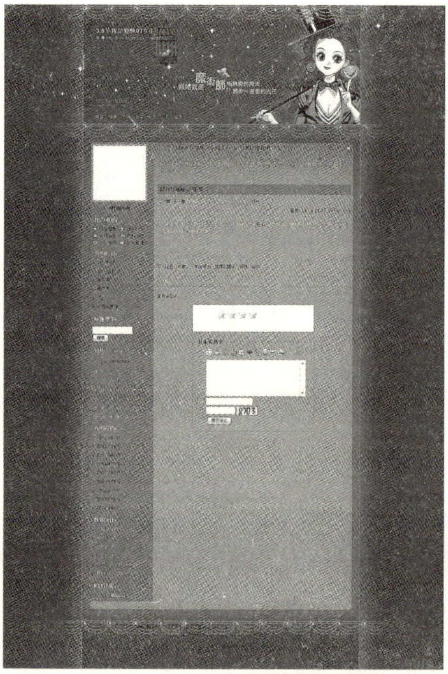

图4-15　广州市白云区景泰小学“博客网”——阳光景小2018届6班博客

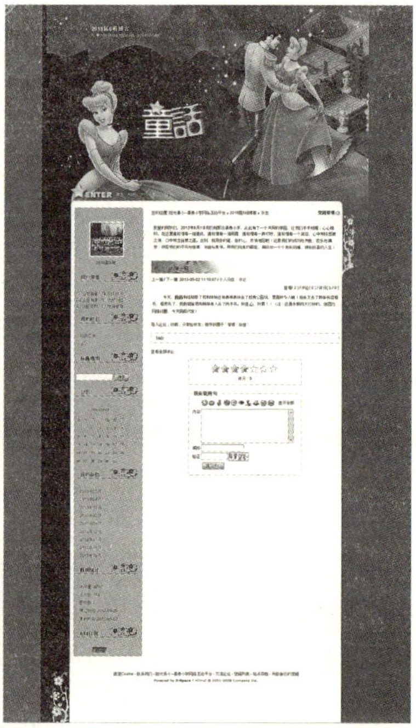

图4-16　广州市白云区景泰小学“博客网”——阳光景小2018届4班江泽琴个人博客

第三节　儿童基于新媒介参与和组建新社群的研究

一、新社群和自组织

正如美国作家克莱·舍基在《无组织的组织力量》一书所述，互联网尤其是社交媒体的兴起，使自发群体变得更容易形成，使个体在不经正式管理的情况下更容易为群体行为作贡献，这从根本上改变了组织机构在规模、复杂水平等方面所受到的限制。现在，正是基于那些新的社会网络化工具，具备新能力的群体得以形成，他们的工作无须遵循组织机构的管理规则，他们对这个世界所产生的影响正在到处扩散。

网络和社交媒体的飞速发展促进了网络社会的形成，尤其是2003年宽带普及和2008年微博出现后，助长了青少年网络社团的发育。在网络平台上，儿童可以充分表达自己的观点，展现自己的个性，可以找到兴趣相投的小伙伴，加入感兴趣的组织。他们还通过网络平台发起活动，简便易行，成本很低，在网络平台上的“版主”、“QQ群主”，成了网络社会中的小领袖。

据统计，现在腾讯上有超过5000万个“QQ群”；51.com网站上，根据用户兴趣爱好自建的群组有40万个；新浪微博有89万个“兴趣群”，404万个“群话题”，3462万个爱好者每天“乐在群中”，同时每天有2000多个新“微群”诞生……

新媒介为自组织提供了信息沟通、资源配置的便利途径，自组织以新媒介为平台，真正实现了其开放、自由、高效、灵活等优势。新媒介汇聚了人们的需求资源，如果一个人对于某项活动感兴趣，他可以在网上找到无限丰富的资源提供者，无论需求分得多么细，都可以找到志同道合的朋友和类似的社团活动。

从调研我们可以看到，新型社交媒体大大突破了儿童本来生活的家庭、社区和学校的传统社交空间，使得儿童可以通过新媒介大大拓展自己的朋友圈。

在本次研究中，我们针对小学中高年级的学生进行了分析，发现QQ群和儿童网络游戏对儿童网络新社群的建立起到了非常重要的作用。从数据可以看出，小学四、五、六年级的学生，有八成以上的学生都会使用QQ群，超过一半的孩子会使用儿童网络游戏中的社群功能，如游戏联盟、工会等。

基于QQ群、班级博客、网络游戏社区等新媒介平台，儿童正形成自发的新型“儿童网上社群”，而这些社群已经具备“儿童自组织”的雏形，并且随着他们年龄的增长，继续发展成“青少年自组织”。

参照目前有关对青年自组织的定义，我们定义儿童自组织的三个特点：

（1）非正式性：没有班级、学校，或少先队这样经正式登记注册的组织。

（2）自发性：是儿童个体因为某类共同的兴趣（比如都喜欢玩某款网络游戏）或地缘（比如同在某个社区居住，同参加某类兴趣培训班）而成立。

（3）网聚性：他们都以网络为平台，通过QQ群、微博、微信、社区网站、BBS、网络游戏社区等聚集。

目前，“00后”儿童参与和组建新社群的最基本的途径是通过加入QQ群和玩网络游戏。我们可以预见，随着新媒介技术及其应用的进一步发展，微博和微信将成为儿童组建新社群的重要途径。

二、QQ群和网络游戏

调研显示，目前小学生非常积极地加入各种QQ群，37.93%的受访小学生拥有5个以上的QQ群。他们可以基于这些QQ群，建立起一种比线下交流更加频密的互动关系。同学和家人是小学生在QQ群中最经常联络的人。除了与同学、家人沟通外，QQ群对于孩子更大的影响在于他们自身社交圈子的扩展。

在研究中我们发现，大部分孩子不但会通过QQ群和同班的同学进行更紧密的沟通，而且会基于各种共同的兴趣爱好认识学校里更多的同学。比如大家都是在相同的学校社团，有相同的兴趣爱好，或者是喜欢同一个潮流明星等。通过加入这些QQ群，孩子的社交圈子就能有效地扩大，认识的朋友也会越来越多。同时还会通过线上的QQ群，巩固了原有的线下关系，形成一些更为牢固的“小圈子”关系。QQ群中的话题，除了学习、同学之间的消息，还广泛涉及游戏、爱好、动漫、新闻等，通过这些聊天，学生们觉得不但可以结识朋友、扩大视野，还可以缓解自己的压力。

网络游戏是小学生建立社群关系、扩大交际圈的另一种重要媒介工具。调研显示，只要有接触过儿童网络游戏的学生，基本上都会在游戏的世界中去认识新的朋友。28.89%的受访小学生说，他们在网游上结识过21个以上的新朋友。在儿童网络游戏的世界中，小玩家有共同的兴趣爱好，如喜欢同样的角色装扮、宠物，以及有共同的奋斗目标，比方说组队、升级、打怪等。基于这些非常密切的关系纽带，小玩家之间非常容易形成一个共同的话题，进而形成朋友的关系。

在网络游戏中，可以在虚拟的网络空间中建立起一个类似于现实社会的组织。调研显示，“00后”儿童积极参加网游中的虚拟社会组织，并交友结社，娱乐生活。

在本次的调研中我们发现，小学中高年级学生中，只要他们有接触儿童网络游戏，都会加入到一些虚拟的社团中，如工会、联盟等，20.83%的受访小学生表示，他们在网游中加入过11个以上的虚拟社团。他们会在这些虚拟的社团中有明确的分工，其中会有领导者以及普通成员。领导者不但需要召集不同的玩家加入自己的组织，以求壮大发展，还需要和成员一起，共同攻克游戏中某些难关，以获得组织成员的认可。在这个过程中，孩子能提早接触到社会组织的架构运作，这对于孩子日后融入社会、参加社团组织，将起到非常重要的影响。

三、儿童新社群案例

为了对儿童参与和组建新社群的行为进行进一步分析，下文将对两种最具有代表性的儿童社群进行案例分析。由于涉及到的分析对象均为未成年人，文中采取化名进行描述。

（一）基于QQ群参与和组建新社群

小张同学是小学六年级的学生，她从小学一年级就开始上网，使用QQ的时间比较长，小学三年级左右，就开始接触QQ群这个产品。从一开始只是用QQ群和家人进行沟通，到后来慢慢加入班级的QQ群，接着她还加入cosplay等动漫社团的好友QQ群，前后一共加入了十多个QQ群。

她说在这些QQ群中认识了很多的新朋友，这些新朋友大多和她有相同的兴趣爱好，所以沟通起来很开心；同时基于这些QQ群，她和原来班上的部分同学关系也更加密切，通过网络上的关系，在线下逐渐形成了一个小圈子。

小庄同学是小学五年级的学生，虽说加入的QQ群不多，只有五六个，但他对如何处理QQ群中的交友问题，却有着非常理智和成熟的看法。当问到他是否担心QQ群中有坏人的时候，他说一般是乐于和QQ群中的陌生人聊天的，但如果发现一些不了解的问题，他会主动和父母进行沟通，如果发现对方经常发送一些不良信息，他会选择把这个人“拉进”黑名单或主动退出这个QQ群，以免影响自己的个人安全。

（二）基于儿童网络游戏参与和组建新社群

儿童网络游戏已经成为“00后”儿童生活的重要组成部分，也是孩子们认识新朋友、建立新社群的一个重要途径。在这次研究中我们发现很多孩子从小学低年级就开始接触各种儿童网络游戏，从最早的《摩尔庄园》《奥比岛》，到后来的《赛尔号》《奥拉星》《库库马力》，他们都非常喜欢，只要上网，他们基本上就会登录自己玩的儿童网络游戏。

儿童网游和一般儿童游戏的最大区别是，它有非常强的社交属性。孩子们不但在儿童网络游戏中认识了不少新的朋友，而且也加入了不少的工会（即由玩家自己组织起来的联盟）。他们说自己在这些工会中认识了非常多的朋友，他们有共同的目标，需要和伙伴们一起完成某个任务、共同消灭某些BOSS，因此他们会经常保持联系，研究在任务中如何分工、如何配合、如何组队……无形中，他们就形成了一个有共同利益和目标，而且关系紧密的小组织。

小江同学是小学五年级的学生，他非常喜欢玩的一款游戏是《库库马力》，他不但自己不断“钻研”游戏里面的“秘笈”，还和一帮小玩家一起组建起了一支“车队”，身为队长的他，俨然成为了车队里面的灵魂人物，和大家一起去参加比赛赢取奖品，并建立起了深厚的友谊。（见图4–17）

小马同学是小学二年级的学生，他最喜欢玩的游戏是百田科技旗下的《龙斗士》，他不但在游戏中加入了各种工会联盟，更会和部分成员在线下互动联络，现在他身边有不少“好兄弟”都是从儿童网络游戏中认识的，他们不但会共同玩相同的游戏，平时也会出来一起打打球或者做其他事情。

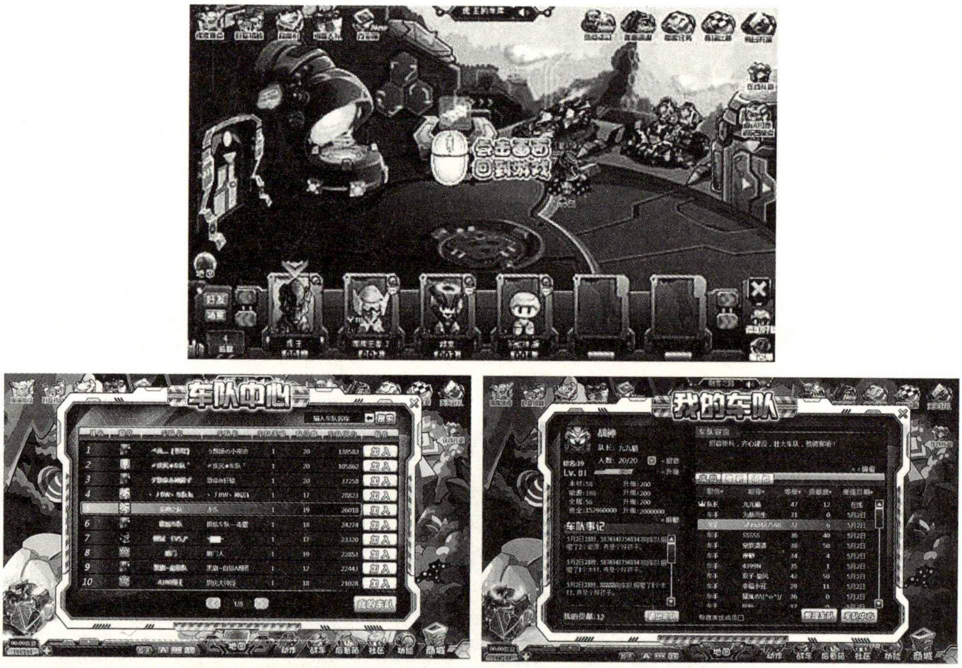

图4–17　小江同学的游戏截图

第四节　儿童传通行为的影响研究

一、 儿童与媒介关系的演变及其作为传通者地位的确立

回顾“媒介与人”的关系的研究历史，我们看到，随着在某个历史阶段主流媒体的变化及其对人的影响，媒介与人的关系也在不断调整中。与此同时，传播学和社会学的研究者，也在不断调整着相关的学术概念以适应这种发展。

在书籍、报刊一统天下的印刷时代，在信息传播过程中，传者与受者壁垒分明，有传播的一方，就有接受的一方，因此，在传播学研究中，一般将信息的接受者称为受众。

后来，电影和广播出现了，接受者的角色依然没有太大变化，只是从单纯的文字和图片信息的接收者，发展成为影像和声音信息的接收者。因此，“受众”也因为发送信息的媒介的不同而被具体称为“读者”、“观众”和“听众”等。

在20世纪二三十年代初流行的“魔弹论”，指媒介对人的影响就像子弹，接受媒体的人像中弹倒地一样，影响立竿见影。后来电影的研究，使这一情况有所变化。为了研究电影对儿童的影响，1928年开启的美国佩恩基金会研究提出了“影响不一”的理论。之后，“受众影响”研究基本上经历了从“强效果”到“弱效果”，再到“效果不一”的不同发展阶段。佩恩基金会研究20年后，美国另一位著名传播学者施拉姆在研究电视对儿童的影响时，提出了“儿童是电视的使用者”的思想。他认为，儿童不是孤立、被动的个体，每个儿童都会根据自己的需要、固有的价值观及理性和情感特征，对媒介内容进行选择。1959年，著名的传播学者卡茨提出了“使用与满足理论”，该理论的产生是传播研究史上的一个重要转折点。之前传播研究大多站在传播者的角度，就传播者如何影响受众进行研究，而“使用与满足理论”则把研究焦点转移到了受众身上。不管是“魔弹论”还是“态度改变论”或“说服论”，都在探讨“媒介对人做了什么，产生了什么影响”，受众是被动的，而“使用与满足理论”则把受众看作是有着特定“需求”的个人，以“主动的受众”的角度来研究“人用媒介做了什么”。

20世纪70年代以来，随着个人电脑和互联网的出现，儿童作为媒介使用者的角色一下子凸显出来。网络成为儿童广泛使用并影响日益深远的新媒介，基于儿童网络接触和使用行为的研究不断涌现。到了20世纪80年代，研究者开始研究儿童对电子游戏

机的需求，并将其细分为五种：朋友替代、社会学习、交往、消磨时间和逃避现实。其中，交往需要和逃避现实需要对孩子最重要。

进入21世纪之后，互联网的发展进入了被美国学者莱文森称为“新新媒介”的时代，也有被称为“Web2.0时代”，或“社交媒体时代”。它诞生于20世纪末，目前正处于发展之中。在美国，“新新媒介”比较有代表性的网站是Google、Facebook、Twitter和维基百科等。而这其中最具代表性的信息产品和应用就是以Facebook为代表的社交网站和以“苹果”为代表的移动信息化终端的结合。在中国，社交媒体最有代表性的就是微博和微信了。

网络媒体发展的第一个阶段的主题是“连接”，因为第一代互联网只是“可读网”，人们上网以访问、浏览为主。第二代互联网是以社交媒体为代表的“可读可写网”，主题是“沟通”，人际传播和大众传播可以同步实现。人们可以是信息的接受者、使用者、消费者，同时也可成为信息的传通者、生产者、创造者。第三代互联网将是以物联网、人工智能等为代表的“可写可读可知网”，所有设备之间、设备与人之间将进行无缝连接。目前人机交互对话比较有代表性的是“google眼镜”、苹果的“siri”、智能化家电等应用。

从报纸到广播、电视，再到电脑、网络、手机；从第一代“可读网”到第二代“可读可写网”；从以文字为主的传播，到声音、图像和文字融为一体的立体传播；从一个屋子装不下的大型电脑发展到放在桌面的个人电脑和手提电脑，再发展到可以握在手中的智能手机、可穿戴的智能设备，技术使媒介越来越人性化、越来越智能化。人类的传播行为也通过越来越人性化、智能化的媒介，变得越来越快捷、方便。在这样的发展趋势中，人变得越来越主动、越来越可以用媒介做以前想不到的事情。媒介真正成为人身体的延伸或一部分。

我们从人们媒介使用行为描述词语的变化中也可以看到，在书报、广播电视时代，我们说“读书”“看报”“听广播”“看电视”这些词中，人的角色是“读者”“听众”“观众”，都是以视听为核心的被动接受状态为主；在网络时代，我们说“上网”“打游戏”“发短信”“刷微博”“上QQ”“上传”“下载”“复制”“粘贴”，人们使用鼠标、键盘、手指，这些都是手眼脑同时进行的，更加主动的行为。在这些行为中，人对媒介的操控感进一步增强。这种主动使用新媒介的体验，与传统媒介的被动参与或体验有着本质的区别。

我们看到，人与媒介的关系，随着新媒介的发展和应用，从被动的受众，到主动的使用者，再到传通者的发展脉络已经逐渐清晰。这点在“儿童与媒介”的关系上表现得更加明显与直观。由于新媒介的发明者们越来越考虑到设备应用的智能化、傻瓜化，大大降低了使用者的知识和技能门槛，这使得现在的孩子基本可以不用太多的专门学习，就可以使用新媒介的各种功能，而且由于孩子没有受到上一代设备使用技术的“路径依赖”，加上儿童喜欢探索新事物的天性，反而使他们可以更轻松、方便地使用新一代媒介设备。因此在新媒介环境下，儿童早已不是单纯的受众，而成为主动的使用者和传通者。在调研中我们看到，孩子们通过QQ、微博和微信，借助移动互联网和“苹果”手机为代表的个人移动信息终端，可以轻松地展示自我、表达自我、创作信息、传递信息。

二、 儿童成为传通者的历史影响

儿童首次成为主动的传通者，并且大规模地创建自媒体、参与和创建新社群，这对他们的学习方式、交往和表达方法、社会参与方式都产生了重大影响，并将对其成年后的生活、学习、工作方式、文化素质和政治参与能力产生直接影响，进而影响到未来社会的政治、文化、经济生活。详述如下：

1. 传通行为改变了儿童传统的学习方式和师生关系，为传通进行自主学习，成为儿童的本能，教育也将为之改变

加拿大学者罗伯特·洛根在《字母表效应：拼音文字与西方文明》一书中论述道：学校和正规教育的源头可以追溯到5000年前的苏美尔，彼时的苏美尔需要培养青少年学会使用文字媒介。如果说文字的发明是创建学习的原动力，字母表使识字断文变得容易，那么“谷登堡印刷革命”就是教育制度演化的另一个基准点。低成本的印刷材料使大众教育成为可能。这场革命激发了一个新的学校体制，其首要任务是教儿童读书识字，使之能在新的媒介环境里学习。其目标和价值受到印刷术心态的影响，至今影响着我们的学校。今天，我们身处第三次伟大的传播革命——电子信息设备带来的革命之中。这场革命对社会的影响有望和500年前印刷机对社会和教育的影响一样深刻。他认为，当前学校的教学计划是印刷时代的产物，计算机和互联网这两种媒介会大大促进教育，尤其是促进继续学习，它们能解放学生未开发的潜力。微电脑和互联网使人成为自己的老师。

进入21世纪以来，以乔布斯为代表的新媒介的发明者正使得教育经历新的变革。儿童越来越早地成为新媒介的使用者、传通者和媒介产品的消费者和创作者。这使得传统的学校信息技术教育受到挑战。

对于新媒介产品的应用，孩子和家长早已经走到了老师的前面。基于安卓和ios系统的教育类App的开发，使越来越多的年轻家长通过iPad、iPhone等平板电脑和智能手机下载教育类应用，平板电脑和智能手机等成为新一代儿童学习的重要工具。苹果公司也通过iBook等应用，力图让苹果平板电脑取代教科书。在美国和澳大利亚，包括中国北京、广州等地，也有学校开始将iPad引入课堂。

在印刷时代，儿童只有在学校接受拼音识字的专门训练后，才能接受书、报刊的影响。电影、广播、电视问世后，儿童只要能听、会看，就可以接受影像、声音等信息。电脑问世后，儿童没有经过专门的信息技术课学习，无法通过键盘和鼠标输入各程序指令进行操作，而今天以“苹果”为代表的智能手机和平板电脑，只需用手指在屏幕上触动即可操作机器，这使得儿童在新媒介工具面前获得了空前的主导权。他们在进入学校之前，就通过新媒介主动地进行信息获取和知识学习。基于新媒介所养成的学习、交往、娱乐和表达方式，已经先于学校影响和塑造着他们，而且将伴随着他们终生。

儿童因为要通过新媒介主动与外界沟通交往，他们会产生强烈的自发学习的冲动，为传递信息而学习，为与别人交往而学习，为完成“过关”任务而学习，为记录和表达看法而学习，学习成了自身的需要。他们使用许多看似“不学而能”的新媒介技巧，进行主动学习，并在广泛接受新信息和比较中，产生更强的辨别能力和批判性思维能力。

由于儿童接受新事物快，可以自主地上网学到许多父母、老师可能还不知道的知识，这使得原有教育者的权威地位受到挑战。20世纪80年代，美国人类学家玛格丽特·米德在其《文化与承诺：一项有关代沟问题的研究》一书中从文化传递的角度，将人类社会由古及今的文化传承分为三种基本形式，即前喻文化、共喻文化和后喻文化。前喻文化是指晚辈主要向长辈学习，共喻文化是指晚辈和长辈的学习都发生在同辈人之间，而后喻文化则是指长辈反过来向晚辈学习。

新媒介的发展使得教育正进入“共喻时代”和“后喻时代”。家长和老师的知识权威角色正在弱化，儿童有可能通过新媒介自主获取更多的信息和知识。因此，学习和教育的主题正在变化，教育概念的外延正在急剧扩大。学校教育与家庭教育、社会教育的关系越来越紧密，新媒介正打通家庭、学校和社会之间的物理空间，家长、老师和全社会都要携手面对媒介对儿童的影响和改变。

同时，新媒介来的教育革命，不只让儿童学习知识和技能，还让儿童从小可以认识社会、参与社会。在这样的背景下，学习的范畴也在扩大，从知识扩展到信息，从能力扩展到经验，从智慧扩展到文化。教育已超越单纯学习的概念，游戏也是学习，生活也是学习。这将使传统的教育观念、模式和方法都受到强有力的挑战，并引发新世纪的教育变革。

2. 传通行为改变了儿童的交往和娱乐方式，加速了儿童社会化和催生新一代青少年亚文化的形成

美国著名学者波兹曼在《童年的消逝》中生动论述了电子化媒介加速了儿童的成人化，并使得童年过早地结束。新一代社交媒体的出现，无疑加速了这一进程。儿童通过QQ、微博、微信等社交媒体，在虚拟世界中与各种人群交往，获取更多的社会信息，欣赏和模仿成年人的影视、音乐、文学作品，使他们越来越像“小大人”。同时，在模仿和学习中，他们也在结合自己的知识和经验，为其产制创作属于自己时代特色和个性特点的文化产品打下了基础。新媒介已经成为儿童与成年人社会文化连接的加速器，成为儿童创造自己文化产品的孵化器。

儿童在新媒介环境下，不仅仅是媒介产品的使用者、消费者，他们也正在成长为媒介产品的生产者和创造者。技术进步使得新媒体可以让儿童和一般民众无须经过专门的训练，便可进行声音和图像的传播。儿童由于比成年人更容易尝试新媒体，更多地使用新媒体，也使得在新媒介的世界中，青少年更容易成为网上潮流文化的创造者和新主张的表达者。这些由青少年代表的新文化由于承载它们的新媒体在大众媒体版图中的扩张，也日益在整个社会文化中占据越来越重要的位置。

随着互联网的普及，年轻网民为求彰显个性，开始大量使用同音字、音近字、特殊符号来表音的文字。由于这种文字与日常生活中使用的文字相比有明显的不同并且文法也相当奇异，所以亦称“火星文”，意指地球人看不懂的文字。“火星文”这种称法最早出现于台湾社会，随即流行于中国内地、香港地区和海外华人社会，成为中文互联网上的一种普遍用法，并逐渐向现实社会中渗透。类似如“火星文”的网络语言和文学，不但成为青少年独特的文化沟通符号，还日益被主流成人文化吸纳，甚至获得官方掌控的意识形态媒介认可。诸如“屌丝”“给力”等网络语言也登上了《人民日报》等官方媒体的版面。“:-)”“:(”等网络语言符号也进入了中学语文课本。

在“00后”儿童之前，“80后”“90后”的青少年已经通过电视、网络等大众媒介迎来了他们文化展现的黄金时期。没有电视选秀节目的巨大影响，我们不可能想象李宇春这样的普通女孩可以成为万众瞩目的明星，并且登上美国《时代周刊》的封面，不仅她的音乐受到“玉米”的追捧，她的形象还引领出一股“中性美”的潮流。借助电视观众加网络粉丝的整合汇聚，“超女”不仅让少男少女疯狂，也深深影响着他们的父母，牵动了全社会的神经。

没有博客的兴起，我们不可能想象还是个大男孩的“赛车手”韩寒，会在今天的中国社会扮演着“公共知识分子”的角色。他所发表的言论，不但影响着他的粉丝，还对主流的社会政治讨论产生影响。

我们看到，“00后”儿童已经受到目前流行的青少年亚文化的剧烈影响，他们往往是流行文化最忠实的拥趸和粉丝。他们一方面消费、模仿上一代的青少年文化，同时他们也正在借助新媒体的力量，迅速成为新一代流行文化的创造者。最明显的是“江南style”的流行，一夜之间，从幼儿园、小学到中学、大学，所有的人都跳起了“骑马舞”。在网上，你还可以看到许多小朋友像“鸟叔”一样，上传自己模仿改编的热舞视频。流行文化从没像今天这样借助网络，可以一夜之间吸引所有年龄阶层的目光。

有学者用“文化反哺”概念描述在急速的文化变迁时代所发生的由年轻一代将知识和文化传递给他们在世的前辈的现象。在美国，个人电脑产业孕育在硅谷的车库中，影响了我们生活和世界的乔布斯、比尔·盖茨、马克·扎克伯格等等，创业时都是“小年轻”，甚至有些人还类似我们传统价值观中的“问题少年”。他们发明的技术和产品必然带着他们那一代人的理念和烙印，带着他们对世界的看法。他们有些人是学校教育的叛逆者，他们大多有未完成学业即离开学校的经历。但是今天，他们提出的分享、众包、免费、极简主义等理念，已经随着他们的技术、产品和应用一起，正成为这个世界的主流价值观和主流文化。

不过不容忽视的是，由于儿童身心尚在发育成长期，尤其是其人生观、世界观、价值观都处在未定型阶段，不可避免地在其创造的儿童亚文化中产生“青春的错误”。特别是由于儿童模仿力强，他们更容易受到比其年龄更高些的青少年“亚文化”中一些错误导向的负面影响。青少年“亚文化”中的部分行为在青少年那里成为一种对家庭、社会各种压力的“仪式抵抗”。情绪发泄、感官刺激是当今青年“亚文化”的外在特性，就思想性而言，它们中相当部分是消极的、非建设性的，也隐含着对主流社会潮流的抵制、叛逆的倾向，这一倾向在现行体制下对青少年与社会的交流以及社会教育的开展都会形成障碍。因此，媒介素养教育的一个重点就是要通过适当的引导和教育，充分发扬青少年“亚文化”中的积极面、正能量，让它向健康、积极的方向发展，从而有利于儿童身心的健康发展。

3. 传通行为改变了儿童的交往和表达方式，大大提升了儿童现在和未来进行社会参与的能力，并将对现实和未来的政治社会生活产生重大影响

今天儿童通过社交媒体创建“自媒体”，进行交往、展示和表达，这是人类传播史上一次前所未有的革命。技术创新使得儿童拥有了前人没有的媒介条件，进行着空前自由的传播，这使得我们想起100年前，美国的社会学家进行的传播学最初的研究。

美国学者R.帕克提出，社会作为社会学的核心概念，是由个体之间的传播所构成。另一位学者C.H.库利经常在家中观察他的3个孩子玩耍的情景，研究儿童个体社会化的问题，在《社会组织》（1909）中，他论述道，社会是由大众媒体联结在一起的。著名的哲学家、教育家杜威更是明确提出，社会不仅是由于传递、传播而得以存在，而且完全可以说是在传递、传播之中存在着。因此他认为，传播是使人民成为社会完美的、参与性的成员的手段。

100年后，当Facebook、Twitter被广泛使用，当QQ、微博成为儿童从小使用的新媒介，我们更清晰地看到了新一代社交媒体通过社会化的传播使得世界真正成为地球村，新媒介成为公众参与社会、建构民主的强大平台。新媒介作为共有媒介首次将私域与公域联通，使个人传播与大众传播实现无缝连接。社交媒体还使得人们可以迅速地在网络上结群，并且形成强大的网络话语力量，对现实的社会、政治、生活产生重大的影响。

在美国，社交媒体已经成为人们参与社会和国家政治生活的重要渠道。2012年7月16日至8月7日，皮尤互联网和美国生活项目进行了一项调查。调查中，约一半的受访者使用Facebook、LinkedIn、Google+和Twitter等社交网站。这份调查报告显示，社交媒体已成为许多美国人参与政治和公民活动的一部分。在中国，微博于2009年末亮相后，迅速以其使用方便、短小精练、共享迅速、传播广泛的特点受到热捧，短时间内便聚集大量用户。特别是智能手机的普及更是让“织围脖”成为网民一种随时随地的状态。微博不仅吸引了网民自由表达意愿，也为政府机构和官员提供了与百姓沟通的平台，众多政府职能部门和领导开通微博，和民众交流互动，形成了一股“微博问政”的潮流。另外还有微博反腐、微博营销、微公益等，使微博已逐渐发展成为中国互联网“舆论信息循环系统”的核心节点。

在这样的大背景下，我们可以看到儿童创建“自媒体”、创建“自组织”，就是未来他们成年后通过“自媒体”进行表达，形成社会舆论，通过“自组织”进行广泛社会参与的准备和预演。儿童从小构建“自媒体”，让我们看到了个人在社会传播中越来越强大的自主力量，让我们看到传播使儿童“成为社会完美的、参与性的成员”的越来越强的可能性和现实性。同时，儿童创建“自媒体”，大大促进了“个体的社会化”，使得他们现在和未来通过媒介表达主张、参与社会政治生活具备了越来越强大的能力。儿童的个人表达机会越来越多，而且越来越成人化，通过自己构建的“儿童自媒体”，儿童不仅向成年人世界宣告了“儿童世界”的独立，同时儿童也通过“自媒体”的联合，构建自己的社群组织，并且通过这些社群开始构建自己的文化主张和对世界的看法，这些看法、主张，伴随着他们的音乐、图像、文字等开始影响着原来由成年人世界主宰的大众文化。

但是我们也要看到，儿童过早地使用这些社交化媒体进行“网聚”，也很容易产生各种的问题。新型社交媒体在拓展儿童社交领域的同时，也给儿童带来了社交风险。毕竟儿童还处在心智尚未成熟的阶段，此时使用各种社交媒体，不一定懂得如何处理好自己的个人隐私、个人安全等问题，很容易被不法分子利用、诱导，同时还可能导致儿童过早暴露在可能以他们的年龄还无法承受的心理压力和公众目光中。

这些都需要成年人的协助和教育组织的介入与引导。在这样的背景下，一些传统的青少年组织如果不及时介入少年儿童自组织的建设和运作中来，不积极发挥现有的枢纽型组织的作用，就有可能在新兴的网络社会中失去主导权。而媒介素养教育正给传统的青少年组织在新媒介环境下介入、引导、整合少年儿童“自组织”提供了新的工作方法和途径。

对政府和社会而言，新媒介的发展也是一把双刃剑。在新媒介环境下，普通民众不仅是拥有传播权利的主体，而且还可以通过媒介成为社会公共事务的参与者。这种新变化，给公共事务的管理者提出了挑战。自由的新媒体并不能够想当然地为社会正义提供坚强支持，当知情权、传播权、表达权被演绎为一种滥用的自由，公正与民主就会受到威胁和挑战。早在1895年法国学者勒庞就在《乌合之众》中，对群体的无理性并且易于被控制充满着担忧。从社会心理学的研究角度，勒庞认为，群体中累加在一起的只有愚蠢而不是天生的智慧。同样法国的托克维尔，在考察了19世纪30年代的美国人，对于多数人的暴政也忧心忡忡。

因此，现代法制国家必须营造一个良好的媒介环境，使传媒与国家、社会和公众形成良性互动，同时每个公民也应承担起自己的责任，媒介传播的更多是负责任成员的理性和批判性的声音，而不是充斥着非理性的声音甚至谣言。

如果我们充分利用和发展儿童通过新媒介创建“自媒体”和“自组织”的正能量，我们就可以为社会转型发展带来全新的正力量。在今天“人人皆可为记者”的微博时代，从小培养儿童作为公民理性表达、积极参与的能力，那么未来的社会可能就少一些“网络暴民”，多一些理性的“建设者”。这也是正处于转轨时期的中国，对广大青少年进行媒介素养教育的重大现实意义。

第五章 “苹果世代”的媒介化生存及其媒介素养教育建议

第一节 “苹果世代”概念的提出

一、相关的世代学说

鉴于新媒介飞速发展对儿童的深刻影响，在学界出现了相关世代学说，比较有代表性的有Z世代、N世代、数字土著之说。

（一）Z世代

美国及欧洲的流行用语，意指在20世纪1990年代初或中叶出生的人。一般来说，他们主要是X世代的小孩，但也有较老的Y世代或是较年轻婴儿潮世代的小孩。他们又被称为M世代（多任务处理世代，Multitasking Generation）、C世代（连结世代，Connected Generation）、网络世代（Net Generation），或是互联网世代（The Internet Generation）。

Z世代受到互联网、即时通讯、短信、MP3播放器、手机、智能手机、平板电脑等科技产物的影响很大。

（二）N世代

美国著名新经济作家、趋势大师唐·泰普斯科特在1997年创作完成了轰动一时的《数字化成长》一书，提出了N世代已经到来。2007年，他又写了一本《N世代的冲撞》进一步完善了他关于N世代的调研。

N世代（Net Generation）或称网络世代，年龄介于16～29岁之间，相较于X世代（30～41岁）与婴儿潮世代（42～61岁），他们喜好自由、不受约束的作风，经常显得胆大妄为。

N世代是那些从小时候就摸着鼠标长大的孩子。过去的一代是伴随电话和电视长大，而现在的一代的生活中则充斥着超世代视频游戏、网络、电邮、即时通信、在线社区以及从电脑上下载下来的视频和音乐。

目前对N世代的研究集中在人口学、营销学、心理学、社会学等领域，具有相当的影响力。

（三）数字土著

数字土著（Digital Natives）是由美国Games2train公司的CEO Marc Prensky于2001年率先提出的。主要是指那些出生于20世纪80年代末、90年代初这一批及其以后的年轻一代人。因为这些人出生在数字世界里，并且是在数字时代成长起来的一代人。区别于那些在成年之后才接触互联网、利用互联网的一代，这有点像土著与移民的差异。那些一睁开眼就看到互联网，并且生活在数字化时代的年轻一代，与那些在成年之后，甚至性格与价值观都完全定型后才接触互联网的一代相比，后者更有点像数字移民。

二、“苹果世代”概念的提出

虽然，Z世代、N世代、数字土著等概念对新媒体时代的青少年群体做了一定的描述，但本书作者认为，在当代中国这些概念还不足以精准地描述在智能手机和移动互联网这样的新媒体环境下成长起来的“00后”儿童的特征。因此在本文中，作者从代际研究和影响儿童成长的典型媒介环境特征的角度，也从直观化、形象化的表述考虑，将本次调研的2000年后出生的这一代儿童命名为“苹果世代”。

之所以用一种媒介产品为一代人命名，是因为回顾历史，我们发现一个有趣的现象：人们常常用最具代表性的生产工具来定义一个历史时期：如石器时代、青铜时代、铁器时代……就是因为发现并使用了这些工具，从而使人类不断迈进更高的文明阶段。这些划时代工具的出现，往往伴随着一次伟大的技术革命。

蒸汽机的发明，使人类进入工业文明时代，人类开始能够驾驭远比马力大得多的力量。发生于19世纪七八十年代，在20世纪上半叶波澜壮阔展开的第二次技术革命，以电力的广泛应用和内燃机的发明为主要标志。随后电力的使用，使人类对于能量转换有了更深刻的认识，电力的使用甚至成为现代生活的基础。

20世纪40年代末50年代初揭幕的第三次科技革命一直延续到现在，以电子信息业的突破与迅猛发展为标志。在这次信息技术浪潮中，个人信息媒介产品的发展对人们生活和工作的影响最为显著。特别是自2007年以来，以iPhone为代表的智能手机和以iPad为代表的平板电脑问世以来，手机和电脑已从最初的通讯和计算工具，发展融合为综合性的个人移动信息终端。移动互联网技术可以让用户随时随地以任何方式接入网络，从而创造了几乎无限可能的商业模式。这也意味着，在可预见的未来10年甚至20年，移动互联网将孕育人类历史上又一次产业革命。

作为本世纪初最伟大的个人信息产品，iPhone自2007年6月29日问世以来，成为历史上最受欢迎的IT产品。六年时间，“苹果”已售出2.5亿台iPhone，现在“苹果”每天卖出的iPhone比全世界每天出生的新生婴儿还要多。2013年1月8日，“苹果”官方应用商店App Store的活跃账户数已达到5亿，应用下载量突破400亿次，其中200亿次是在2012年完成的。从没有一款电子设备和它的技术应用，能像“苹果”那样得到人们的喜爱，它正深刻地改变着人们的通信、交往、娱乐等生活方式。“苹果”的手机、平板电脑和ios应用等，开创了智能手机和移动互联网应用的新时代。

在21世纪头十年的这一拨科技大潮中，中国的媒介环境也深受世界潮流影响，并且还走在世界前列。2010年被大众媒体称为中国的“微博元年”，2010年又被称为中国的智能手机普及元年和中国的移动互联网元年。到了2012年，智能手机、移动互联网和以微博、微信为代表的应用真正全面爆发。2012年我国智能终端出货量达2.24亿部，已成为全球最大的智能手机生产国。中国互联网络信息中心的数据显示，截至2012年12月底我国手机网民规模为4.2亿，手机成为第一上网工具，手机网民规模在2012年增长迅速，并于年中超越使用台式电脑接入互联网的网民。微博用户规模在2012年达到3.09亿，微信在2013年1月注册用户正式突破3亿。

从本次调研中，我们可以看到基于移动互联网技术的个人移动信息终端的普及率在迅速上升，基于新一代媒介技术和产品的应用也渐成儿童新媒介应用的主流。“00后”儿童几乎从一出生开始，就处于这种新一代媒介所带来的变革之中。以“苹果”为代表的新一代媒介，塑造了这一代儿童的生活、交流、娱乐方式。这些使得“苹果世代”有了明显不同于报纸一代、电视一代和电脑一代的特质。套用《新周刊》在描述“90后”一代所用的标题：“他们不是另一代人，他们是另一种人”。

因此，用“苹果”这一科技品牌来命名这一代媒介化生存的儿童是再恰当不过的。当然，“苹果世代”中的“苹果”，是泛指以iPhone、iPad等为代表的个人移动信息终端产品和基于此的移动互联网应用产品。

综上所述，“苹果世代”泛指在2000年以后出生，生活在以“苹果”为代表的新媒介产品及其移动互联网应用环境下的一代人。

第二节 “苹果世代”的媒介化生存

一、“媒介化生存”概念的提出

最早论述“媒介化生存”的学者当属加拿大传播学家马歇尔·麦克卢汉（M. McLuhan， 1911—1980），他在1964年的《理解媒介》中提出诸多在全世界引起巨大反响的论述。有人甚至称麦氏是“继弗洛伊德和爱因斯坦之后最伟大的思想家”。他在书中提到：地球已成为一个小小的“地球村”（Global Village）。这个词语如今已是妇孺皆知；“媒介即是讯息”，一般人认为媒介仅仅是形式，仅是信息、知识、内容的载体，它是空洞的、消极的、静态的。可是麦氏认为媒介对信息、知识、内容有强烈的反作用，它是积极的、能动的、对讯息有重大的影响，它决定着信息的清晰度和结构方式。他还特别提出了“媒介是人的延伸”。媒介与人的关系是相对独立的，反过来对于人的感知有强烈的影响，不同的媒介对不同的感官起作用。媒介是人的感觉能力的延伸或扩展。印刷媒介是视觉的延伸，广播是听觉的延伸，电视则是视觉、听觉的综合延伸。当然麦氏的论述并不是严密的科学考察的结论，而是建立在他的“洞察”基础上的思辨性的推论。不过，他对电子媒介的论述确实有着惊人的预见性。要知道20世纪60年代还没出现互联网。他说电子媒介是中枢神经系统的延伸，其余一切媒介（尤其是机械媒介）是人体个别器官的延伸。中枢神经系统把人整合成一个统一的机体，电子媒介亦然。所以，电子时代的人再不是分割肢解、残缺不全的人。只偏重视觉的、机械性的、专门化的“谷登堡时代”一去不复返了。只重逻辑思维、线性思维的人再也行不通了。电子时代的人应该是感知整合的人，应该是整体思维的人，应该是整体把握世界的人。电子时代的人是“信息采集人”。麦氏的学说后来经过学者的不断发展和努力，形成了传播学中日成显学的“媒介环境学派”。

不过，麦氏并无明确地提出“媒介化生存”一说；真正将现代信息技术和媒介的发展作为人的生存方式提出的，应属美国麻省理工学院教授及媒体实验室的创办人尼葛洛庞帝。他在20世纪90年代的《数字化生存》一书中描绘了数字科技为我们的生活、工作、教育和娱乐带来的各种冲击和其中值得深思的问题。他提出，“信息的DNA”正在迅速取代原子而成为人类生活中的基本交换物。从前所说的“大众”传媒正演变成个人化的双向交流。信息不再被“推给”消费者，相反，人们或他们的“数字勤务员”将把他们所需要的信息“拿过来”并参与到创造它们的活动中。信息技术的革命将把受制于键盘和显示器的计算机解放出来，使其成为我们能够与之交谈，与之一道旅行，能够抚摸甚至能够穿戴的对象。这些发展将变革我们的学习方式、工作方式、娱乐方式——一句话，我们的生活方式。

应该说，“媒介化生存”在2000年后出生的儿童身上表现得最为明显和直观。特别是以“苹果”为代表的智能手机、平板电脑的应用，使得电子媒介作为人一出生便密切相伴的基本工具变成了现实。电视、电脑、手机等新媒介成为城市家庭的必备用品，电子媒介成为了儿童的最重要的玩具。“苹果世代”们在不会说话、不会认字时，就会用手指在手机和平板电脑屏幕上划来划去，游戏观看。他们在不会写作文之前，就会拿着智能手机拍照、摄像。也就是说，“00后”儿童在还没有完全会用语言表达、用文字写作时，他们就可以通过视觉、听觉、触觉，接受来自电子媒介的各种信息，并与之互动。人类从没像今天这样从一出生开始便密切接触媒介、使用媒介、依赖媒介。

今天，媒介已经成为当代儿童生存、生活及成长的重要工具、资源和环境。

首先，媒介成为人们在信息时代获取信息资源最重要的工具。人类文明的历史就是一部获取、占有、争夺和创造资源的历史。人类最早认识到的是物质资源，人们最早狩猎、种植农作物、从事畜牧业，都是为了占有或创造物质资源；之后，人们从认识火开始，接着认识到能量资源的重要，再接着人们从石头开始制造最简单的工具，后来发展到各种机械，现在人类可以用蒸汽、电力等驱动机器，获取远大于人力和畜力的能量资源。再其后，人类认识到信息资源的重要地位。人类认识到信息的获取、占有、处理、利用和释放对经济活动的巨大影响，人们认识到人类的生产活动的相当部分，是直接或间接地以信息作为生产、加工对象，信息资源不仅本身就是财富，还创造财富。

物质、能量和信息三个要素进入人类社会的核心位置，也标志着人类文明的不断进步。在信息时代，媒介成为人们获取和传播信息的工具。对个人来说，谁善于利用媒介，谁就有比别人更强的获取资源的能力。也就是说，“媒介素养”的高低将影响一个人在信息时代获取资源的能力。

其次，在信息时代，媒介本身也成为一种重要资源。谁拥有了媒介，就意味着在信息时代占有了更多的资源和权力。小时候我们常听到一句话：“书籍是人类进步的阶梯。”而到了信息时代，随着新媒介的发展，图书只是媒介的一种，电子化的媒介作用越来越大，因此，我们可以说“媒介”是人类进步的阶梯。

再次，媒介是儿童的生存和成长的环境。在信息时代出生的孩子，一生下来就处于媒介化的生存之中。媒介通过传播各种讯息为儿童构建了一个媒介现实。美国著名政治专栏作家李普曼认为，人类生活在两个环境中，一个是现实环境，一个是虚拟环境。所谓虚拟环境就是信息环境，它并不是现实的再现，而是媒介通过对象征性事件或信息进行选择加工、重新结构化以后向人们提供的环境。媒介世界是人们生活的一部分，并且独立于人们而存在。这点，我们从有些儿童沉迷于网络游戏中的表现可以看得非常清楚。

今天，儿童接触电视、电脑、手机、网络的时间远远超过他们学习的任何一门课程的时间。大众传媒正通过视听互动、趣味通俗的艺术娱乐形式，潜移默化地改变着儿童的人生观、价值观和行为方式。一直以来，家庭（父母）、学校（教师）、同辈群体和大众传媒被认为是影响儿童成长的“四大影响源”。以前，根据各因素的重要性和影响程度，其结构程式依次排列为：“家庭—学校—同辈群体—传媒”。今天，这一影响因素的结构次序已改变为“传媒—同辈群体—学校—家庭”的程式。传媒成了儿童信息来源最广，对思想、心灵影响最深刻的第一影响源。

综上所述，作者认为，儿童的媒介化生存是指在信息技术和媒介应用高度发达的今天，媒介已经成为儿童成长的基本工具、儿童生活的基本环境、儿童发展的重要资源，成为影响儿童成长的最重要因素之一。儿童从一出生开始就已经被媒介所包围和塑造，媒介已经成为儿童生活成长的基本生活要素、生活方式和生活内容。可以说，儿童的媒介化生存是人类大步迈入信息社会和知识社会的重要标志。

二、“苹果世代”媒介化生存的主要特征

为了进一步清晰地描述“苹果世代”的特征，我们依据调研和访谈结果，做以下概括性描述：

（一）移动互联网的原住民

网络，对于小学时候的“80后”来说，主要是通过电话线拨号的“56K”网络。“90后”的小学时代，他们主要是通过台式电脑，在家里、网吧、学校等地方，通过宽带来登录网络。但对于“00后”的苹果世代来说，移动互联网的出现，使得他们获

得了空前的便利。

2000年以后，我国互联网高速发展，主要的上网方式从拨号上网变成了宽带上网，从当年的“56K”的“龟速”变成了现在的高速光纤；网络内容的变化更是一日千里，出现了一大批针对孩子的儿童网站；上网终端从主要依靠台式电脑，发展成台式、手提、平板、手机等多终端。

2007年以来，以智能手机和平板电脑为代表的移动信息终端及其应用的发展成为新媒介发展的主流，2012年在全世界范围内，报纸、电视和个人电脑等媒介产品的用户量出现了明显的下滑。以苹果、三星等为代表的个人移动信息终端上升迅速。在中国，微博、微信成为移动信息应用的王者。

本次调研的数据显示，广州地区小学生家中各种上网终端设备的持有量是非常高的，手机（98.19%）、电脑（94.35%）基本上成为家庭生活的日用品，平板电脑（45.90%）的普及率也急速上升；而且随着3G技术的成熟，以及广州亚运会期间打造的“无线广州”，更让广州变成一个移动网络信号无处不在的信息化城市。

本次调研显示，74.64%的孩子选择了QQ 作为自己主要与人交流的方式。85.48%的孩子每天都会使用QQ，81.18%的孩子每天都会上网看视频，76.63%的孩子每天都会玩儿童网游，46.97%的孩子每天都会使用腾讯微博，41.44%的孩子每天都会使用新浪微博，81.04%的孩子每天都会使用QQ空间，38.31%的孩子每天都会进行“网购”。不难看出小学生虽然年龄较小，但他们对网络产品的接触时间长度、涉猎广度、使用深度都令成年人惊叹。

另外，当孩子面对各种情绪变化需要寻求一种媒介的时候，如不开心、感到无聊、希望摆脱压力、感到孤独的时候，网络都成为非常重要的宣泄、减压的方式，无论是孩子面对哪种负面情绪需要宣泄时，网络均排在选择的前三位。

同时在和孩子的访谈中发现，随着无线上网技术的发展，现在孩子使用网络的时空，已经不单是家里的电脑或者学校的课室，他们已经学会了拿着自己或者父母的手机，在商场搜索Wi-Fi信号，登录自己的QQ；拿着iPad随时随地地上“优酷”看自己喜爱的卡通片……

“苹果世代”一出生就面临着一个无所不在的移动网络世界，对于他们而言，网络就是他们的生活，数字化生存是他们从小就开始的生存方式。我们可以说，“苹果世代”是智能手机、平板电脑和移动互联网环境下成长的新一代数字时代原住民。相对于这些“原住民”，之前那些熟悉台式机键盘和第一代互联网各种应用的上代人反倒成了移动互联网上的“移民”。对于许多新的应用，他们往往因为上一代技术使用习惯而形成的“路径依融”，表现得不太适应。“00后”的父母对现在许多“苹果世代”在屏幕前“不学而能”的神奇能力表示惊叹，也大多源于此。也正因为如此，“苹果世代”的父母如果不及时更新知识，和孩子一起学习新技术，就可能出现在某些技术方面不如孩子的状况，形成家庭中的“数字鸿沟”。

（二）屏幕一代

从电影开始，电子屏幕的出现就打破了由纸张和书籍垄断的传播格局。电视机和电脑的普及，大大加速了人们与屏幕接触的时间。手机的出现更让屏幕成了人们几乎形影不离的伙伴，甚至成为人身体的延伸。

你知道现在的孩子每天会接触多少种媒介的屏幕吗？为了解孩子和屏幕“打交道”的情况，我们对本次调研中的访谈案例进行了整理，并从中发现了一位非常有代表性的同学小介（为保护被访者隐私，此处为化名），接下来一起看看他一天的“屏幕生活”：

晨光初现，小介的手机闹钟响了，他转身打开手机，关掉闹钟后，看到手机短信收件箱里关于天气预报的短信。随后他起床洗漱、换衣服，并和爸爸妈妈一起，边看电视新闻边吃早餐。早餐后他背好书包和爸爸一起出门，在电梯里他的目光聚焦在电梯内液晶屏内播放的广告。上了爸爸的车后，小介把爸爸的iPhone拿过来，在车上开始了“切水果”“弹小鸟”。20多分钟的车程后，小介在校门口的电子屏幕上知道了原来今天有领导来学校检查。

开始上课后，小介开始从投影屏幕上学习各科目不同的知识，并在计算机老师的指导下学习如何使用电脑。放学后小介和同学一起坐公车回家，一上公交车他们的目光就聚焦在了移动公交的动漫节目。数站的公交车后，小介独自走进了地铁，在地铁站站台以及地铁车厢内，小介的目光还是盯在站台上悬挂的电视以及车厢内的液晶屏上，因为里面播放着电视节目。

回到家后，小介开始做作业，做完作业后他立马打开了电脑，开始浏览新闻、上QQ聊天，登录《洛克王国》玩游戏。晚饭过后，小介拿出iPad开始看卡通片、听音乐，乐此不疲，直到妈妈说要洗澡睡觉，他才恋恋不舍地和手中的“屏幕”说再见。

小介的一天也许只是一个个案，但我们从这个案例可以看出，现在广州的孩子，无论主动还是被动，已经完全被各种屏幕包围了。毫不夸张地说："00后"的"苹果世代"是生活在屏幕中的一代！

在家里，孩子们会接触电视屏幕、电脑屏幕、手机屏幕，还会和iPad的屏幕、掌上游戏机的屏幕、电子书的屏幕打交道。学校里，孩子不但会和各种电教设备的屏幕打交道，也会在计算机课上使用电脑，更会在学校的电子宣传栏等地方接收到形形色色的信息。在校门外，公车、地铁、的士上有移动电视的屏幕，电梯内有各种液晶屏，甚至你在马路边等红绿灯，也会在不少地方看到大块的液晶广告屏……

面对屏幕，"苹果世代"早已不是被动的接受者，他们还主动地使用屏幕，成为"小拍客"，从小用手机拍照、录像，用"美图秀秀"拼图，主动上传照片和视频。屏幕使得他们拥有了更大的自主权，他们也被称为"触屏一代""御屏一代"。屏幕成为他们书本之外的另外一个老师，成为他们的伙伴、玩具和工具。

（三）手指一代

曾经有人形容"90后"是"鼠标一代"，因为他们成长的时候电脑已经变得非常普及，而鼠标作为电脑的一个标志性配件，伴随着大部分在城市中长大的"90后"。和"90后"不同，"00后"成长的过程中，出现了以iPhone和iPad为代表的大量触摸型媒介终端，这些设备大部分都不需要配备鼠标、键盘等外接设备，直接用手就能进行操控。在以前用手机键盘发短信时，出现过"拇指一族"。现在iPhone和iPad为代表的大量触摸型媒介终端，使食指承担了更多的功用。

传统的电脑，由于需要用键盘以及鼠标去操控电脑，对人的小肌肉、小关节的准确度和灵活性是有一定的要求的，幼儿由于他们的精细动作不发达，因此很难准确地敲击键盘以及点击鼠标，同时传统的视窗操作系统对使用者的技术水平有一定的要求，导致了个人电脑的使用需要专门的学习。但以iPhone和iPad为代表的触摸型终端产品不需要太专业的操作要求，只需要你用手指点一下，便能开启一个全新的世界。直观形象的图形界面，可以让孩子不需看说明书即可通过摸索试错自学而成。现在两三岁的孩子，只要把一部iPhone或者iPad交给他们，他们便能用手指左点右点，滑来滑去，很自觉地使用起来，因此不少孩子从年纪很小时就成为了"苹果"产品的忠实粉丝，也有人称他们是"滑一代"。

在访谈中有不少家长表示，现在他们外出聚会，各家的孩子一坐下，基本上就是各自拿出家长的手机或者平板电脑来玩，孩子们使用的熟练程度绝对不会比家长差，只要孩子手上拿着这些终端，极少会吵闹，不少家长都戏称，这些电子产品真的成为孩子们的“电子保姆”。

科技的进步为孩子的成长提供了更好的环境，让孩子从小就能通过各种触控产品了解世界并借助游戏获得情感上的愉悦，但与之伴随的是潜在的对眼睛、手指、颈椎等的身体危害，同时也让孩子更容易沉溺其中。

（四）QQ一代

IM，是即时通讯（Instant Messenger）的简称，IM软件是由三个以色列青年在1996年开发出来的，取名叫ICQ（意为“I seek you”，我找你）。1999年，马化腾创建的腾讯公司推出了QQ，这只小企鹅迅速成为中国即时通讯的代名词，据腾讯公司2012年财报显示，到2012年底为止，QQ活跃账户数达到7.982亿，QQ同时在线账户数达到1.764亿，而QQ空间活跃账户数达到6.027亿。

在研究中我们发现，QQ是广州地区的小学生最重要的通讯交流方式，有高达74.64%的孩子选择了QQ，比排在第二位的手机电话（56.27%）足足多了接近20个百分点，以绝对的优势占据了第一位。同时在分年龄段的对比数据中我们可以看到，随着年龄的增长，小学高年级的学生当中，更有83.55%的孩子认为QQ是他们最重要的交流沟通方式。

由于QQ的便捷性以及覆盖率极高，小学生不但把QQ作为他们平日和同学、朋友的主要通讯交流方式，而且还通过QQ群去认识更多的朋友，通过QQ空间展示自我、记录生活、休闲娱乐。

在登录终端的选择上，“00后”大多都会选择在电脑终端登陆QQ进行使用，但也有不少高年级的学生表示会使用自己或者父母的手机登录QQ。部分老师会把QQ作为和学生的重要沟通手段，班级的QQ群也成为了班里面发布信息以及学生家长交流的一个重要平台。

“苹果世代”是“QQ一代”，传统的以打电话、发短信为主的通信方式在他们身上已经发生了重大改变。在这方面，2012年11月国家计生委宣教中心与中国最大婚恋交友运营平台“世纪佳缘”联合发布了第四季度中国男女婚恋观调查报告中也显示了一个有趣的现象。这个调查显示，为了能更多地了解相亲对象，82%的女性和75%的男性认为在与相亲对象见面前应当进行前期沟通。在沟通的方式的选择上，“70前”“70后”与“80后”“90后”在沟通方式上有明显差别。“80后”“90后”的男女更爱短信等手机平台进行文字沟通，而“70前”“70后”的男女偏好打电话及使用婚恋交友网站的站内信息来了解对方。我们可以预测，“苹果世代”由QQ等新媒介所塑造的交流沟通方式，也必然会影响到他们长大之后的沟通、交友和婚恋的方式。

值得关注的是，2011年由腾讯公司推出的微信又迅速成为人们广泛使用的即时通讯工具和社交媒体。由于微信的易用便捷，微信正在小学生中迅速普及，影响越来越大。

（五）网游一代

网络游戏简称“网游”，是指以互联网为传输媒介，以游戏客户端软件或网页为信息交互窗口，旨在实现娱乐、休闲、交流和取得虚拟成就的具有可持续性的个体性多人在线游戏。从2000年的《万王之王》到《石器时代》《传奇》《魔兽世界》以及众多网页游戏，各种网络游戏开始不断地出现在孩子身边。由于“网游”除了有单机游戏的娱乐性以外，还能营造一个虚拟的世界在线交流，有很强的社交属性，随着宽带的普及、Wi－Fi的推广、终端设备的不断升级，随时随地进行网络游戏已经变得非常简单，因此“网游”成为“苹果世代”课外最重要的娱乐内容之一。

访谈中有不少家长表示，现在孩子一坐在电脑面前，只要能上网，他们就会马上登录各种不同的儿童“网游”页面，然后输入自己的账号，接着便会忘我地玩进行游戏。本次研究发现，只有5.84%的孩子表示自己从来没有接触过儿童“网游”，76.63%的孩子每天都会玩各种不同的儿童网络游戏，更有45.23%的孩子每天玩网络游戏的时间在半小时以上。在游戏的选择上，广州地区孩子对儿童“网游”的选择，在年龄段及性别上有较大的差异，他们选择的儿童“网游”产品会有不同的倾向，但在众多“网游”中，无论哪个性别，处于哪个年龄段，腾讯的《洛克王国》都是孩子主要的选择之一。

同时，通过广东省社会科学院青少年成长教育研究中心2011年《广东城市家庭亲子教育调研》中的相关广州数据和2012年广州地区小学生媒介素养调研中的数据对比（见表5-1），我们可以发现，虽然网络游戏的产品变化日新月异，但儿童“网游”市场近年来一直是强者恒强，《洛克王国》《赛尔号》《摩尔庄园》等游戏一直是孩子们的最爱。

表5-1　2011年及2012年儿童网络游戏排名

排名	2011年	2012年
1	《开心农场》	《洛克王国》
2	《洛克王国》	网页小游戏

（续表）

排名	2011年	2012年
3	其他	《赛尔号》
4	《赛尔号》	《奥比岛》
5	《摩尔庄园》	《摩尔庄园》
6	《奥比岛》	其他
7	《小花仙》	从来不玩
8	《海底世界》	《弹弹堂》
9	《奥拉星》	《奥拉星》
10	《盒子世界》	《小花仙》

儿童"网游"由于是专门针对孩子设计的，其游戏性、社交性及便捷性不但能满足孩子日常的游玩，更能成为孩子一个非常重要的社交平台，通过"网游"中的联盟、工会等结交新朋友，也成为儿童网上交友的重要途径。

随着智能手机和平板电脑的普及，手机游戏和平板电脑游戏在"00后"儿童玩的电子游戏中也开始占据越来越重要的位置。比如现在手机上可以下载玩的《切水果》《愤怒的小鸟》《鳄鱼洗澡》《神庙逃亡》等游戏，都成为"苹果世代"最喜爱的游戏。现在每到节假日，你几乎可以随处看到拿着"苹果"打"小鸟"、打"僵尸"、"切水果"的"苹果世代"的身影。

"网游"对儿童的智力开发、娱乐休闲发挥着越来越重要的作用，但因过度使用带来的网瘾低龄化、视力下降、影响学业和身心健康等负面影响也越来越成为困扰"苹果世代"父母们的难题。

（六）宅童一代

"宅男宅女"是指痴迷于某事物，或依赖电脑与网络，足不出户的人群，多为"80后"或者"90后"。现在，移动互联网生活下的"苹果世代"从小就成为"宅童一代"。

访谈中，不少年轻的父母都表示，现在平板电脑的功能多样，可以当小学低年级和幼儿园阶段的幼教工具，有时候可充当"电子保姆"。"我上网，孩子玩iPad，可以互不干扰，有时一天都可以相安无事，这样孩子就顾不上整天缠着我玩了。不过这样一来，小孩在家玩的时间越来越多，出去玩的时间相对越来越少。"一位小学生的妈妈在访谈中说。

2012年6月，艾索儿童研究咨询公司发布的《2012年城市儿童快乐指数报告》中显示，现在孩子在平时放学后的自由时间里，超过80%都在家看电视、动漫、上网、玩游戏。即便是在周末，郊游、参加体育运动的时间也不到20%。

在访谈中，不少家长说，记得以前自己小时候一到周末或放假就缠着爸妈去动物园或游乐场玩，可现在自己的孩子对“出去玩”不感兴趣，“没劲儿”是他们的口头禅。张女士说，现在她儿子放学回家后见到她，首先是要她的iPhone或iPad，然后就跑到一边头也不抬地自己玩了，“好像都懒得理我们”。

日本传播学者中野牧在《现代人的信息行为》一书中提出，在以电视为主体的传播环境下，人们的内心世界犹如封闭的容器，与外界隔绝，成为“容器人”。由于电视画面的跳跃性和片断化，导致人们的思维也进入跳跃模式，思考也变得“碎片化”。在《电视的影响与儿童电视病》中，学者凯特·默迪这样描述电视给孩子们带来的影响：电视使孩子的脑子迟钝得多了，我的孩子们看起来像怪人。

现在，iPhone让新一代孩子成了“手机人”。iPhone、iPad可能会让孩子身处更小的容器：看电视还需要身处一个较远的距离，但iPhone、iPad则直接拿在手上。有家长抱怨说，如果是孩子半夜悄悄看电视肯定会很快被发现，但你可能不会知道他们半夜起来玩iPad。

“苹果世代”和他们的上代人相比，越来越远离大自然和社会。他们越来越爱宅在家里，和屏幕在一起。和他们的父母相比，“苹果世代”成长在各式各样的电子产品环境中，他们从小就成了“宅童一代”。

“宅童一代”引起了大人们的担心：很多孩子因此变得对大自然不感兴趣，寡言少语，不爱与人交往。过度的人机交流会吞噬人与人交流的机会，不利于孩子社会交往能力的发展。

三、“苹果世代”的忧乐与期待

新媒介如此深刻地影响和改变着儿童，但回顾历史，每当新媒介刚刚出现时，往往伴随着的是大人的担忧：这种媒介会对儿童产生什么样的影响？我们应该怎么教育已卷入这些新媒介的儿童？这些媒介会不会对孩子产生“坏影响”？几乎每隔十年，我们就会听到人们对新媒介的“诘问”：

20世纪的第一个十年：我们应该带孩子去看电影吗？

20世纪20年代：为什么我的孩子比我更熟悉收音机的节目？

20世纪30年代：收音机里的暴力节目是不是太多了？

20世纪40年代：卡通漫画会对我的孩子有坏影响吗？

20世纪50年代：电视对我的孩子究竟有好影响还是坏影响?

20世纪60年代：我的孩子从摇滚乐里学到了什么?

20世纪70年代：电视节目里怎么这么多暴力镜头?

20世纪80年代：我的孩子是不是玩电子游戏玩得太多了?

20世纪90年代：我的孩子会用电脑上网了，他会变成什么样呢?

进入21世纪第一个十年：我的孩子用了iPhone、iPad，他会变成什么样啊?

对于网络、电脑、手机等新媒介对儿童产生不良影响的担忧，国外不少著作进行过论述。在《浅薄》《最愚蠢的一代》《数字迷城》等书中，有以下一些对新媒介环境下儿童不良后果的描述：

（1）他们不爱读书、无法集中注意力，他们比我们小时候更浅薄了。新媒介声光电的刺激，使孩子从小生活在媒介信息的轰炸之中。他们从小就爱玩游戏，不爱看书学习。他们的专注力越来越差，总是分心、多动、意志薄弱，思维方式简单。网络可能让现在的孩子变得越来越傻。他们越来越生活在碎片化的信息之中，处于海量信息的超载之中，处于数字化迷城之中。他们变得越来越迷茫，没有目标和方向。

（2）他们天天长时间面对屏幕，上网成瘾，与人的沟通交际能力变差，没时间运动或从事更健康向上的活动。结果他们变得越来越胖、笨手笨脚，他们可能越来越多地出现人际交往障碍，甚至自闭。特别是他们迷上了电子游戏，这是“世界上成长得最快的瘾头，也是今天孩子们最不注意的危险——和吸毒酗酒有得比”。

（3）他们道德和伦理观堕落，年轻女孩子把自己暴露的照片贴在网上，他们还在网上偷窥别人，把别人的不雅照片或视频放到网上，他们受游戏影响，变得越来越暴力。他们凡事吊儿郎当，不当回事。他们受到过度的溺爱，害怕承担责任，依赖父母，唯我独尊。以后他们工作也将缺乏责任心。

在本次调研和访谈中，“00后”小学生的家长和老师们一样表现出对新媒介，特别是智能手机和平板电脑这类电子产品对孩子不良影响的担心。主要集中几个方面：

（1）长期面对屏幕，对孩子视力产生不良影响。他们普遍认为，现在孩子的视力有明显下降的趋势，这和太早和过多接触手机、电脑、电视有关。

（2）电子游戏极易导致沉迷，严重影响学业和健康。

（3）QQ等交友工具，可能让孩子交到坏朋友，受到不良行为的诱惑。

（4）媒介信息太多太杂，没有限制，孩子很容易看到不健康的图像和内容，影响其生活态度和价值观。

（5）过度使用这些新媒介，使孩子的注意力和人际交往能力都出现下降，影响其学习和成长。

因此，现在广州大部分学校会对学生带手机提出限制。大部分家长也会对孩子使用手机或电脑玩游戏、看视频的时间提出限制。对孩子在电视和网上看的内容表示关切。

不过，也有不少学者为新媒介和在这种环境下成长的新世代辩护。他们认为，科技发展是历史潮流，他们为儿童成长提供了更便利的条件、更有利的环境，使得儿童拥有了比以往孩子更好的发展机遇。当然，和任何新事物都有负面影响一样，这是无可避免的，但是人们完全可以通过其他方式进行弥补，趋利避害。这些观点包括：

（1）新媒介已经使儿童的大脑发生了变化，这也使得新一代儿童的思维方式、学习方式与以往儿童相比有了巨大的不同。

美国著名神经学家盖瑞·斯默尔在《大脑革命——数字时代如何改变了人们的大脑和行为》一书中，用大量的证据揭示一个惊人而又真实发生的事实：随着这些新技术带来的新动作、新任务产生的新思维方式，儿童的大脑将产生神经递质，形成新的树突和突触，以适应这些新形态的“任务”，大脑每时每刻在响应这些新环境的刺激并发生着变化，而最终这种进化性的变化将影响到今后几代人的大脑。

他说，其实我们的大脑是可塑的。人类大脑建立神经网络的过程始于婴儿期，并随着生命的成长而持续发展。年轻的大脑就像一台新电脑，其中内置人类遗传而来的基本“程序”，硬盘驱动器也留有足够的空间以获得更多信息。随着越来越多的数据被输入计算机的内存，它将发展一条捷径以访问这些信息。年轻可塑的大脑发展这些捷径以获取信息，这些捷径代表所建立的新神经通路。

（2）新媒介正在发展儿童的多种新能力。海量信息使得新一代儿童见多识广，思维敏捷。他们还特别擅长多任务处理，玩游戏使得他们的协调能力和团队合作意识增强。屏幕化阅读使得他们对图像的感觉更加敏锐，他们的视觉化处理能力远远超越前代。虽然纸质书的阅读越来越少，但电子化的阅读使他们获得了更多的资讯。新技术的掌握使得他们更敏锐，他们比前一代更聪明、更善于表达。

（3）由于新媒介使得他们更容易具备分辨信息的能力，使他们从小更爱独立思考，长大后更愿意积极参与社会事务。越来越多的年轻人参与志愿服务，对社会表达看法，这点从硅谷的创业明星身上表现得尤为突出。他们是更有社会责任感的一代，世界也因此变得更加美好。

（4）新媒介大大拓展了儿童的娱乐、交流、表达和学习的内容与方式，拓展了儿童能力的发展空间。新媒介已经成为儿童最有趣的玩具，各种电子游戏使得儿童随时可以获得娱乐休闲。新媒介也使得儿童获得了更大的交流和表达的便利和空间，使儿童获得了全新的学习工具。儿童可以在游戏中学习，随时随地接受、获取新信息和新知识。这些都会大大拓展儿童的能力发展空间，并将从小培养他们的自主学习和管理的意识和能力。

综上所述，我们有理由相信诞生在新媒介、新科技飞速发展的时代，身处比前辈更优越的生活和学习环境中的“苹果世代”，可以成长为更加快乐幸福，促进这个社会创新和发展的新一代人。

我们期待“苹果世代”可以成为独立思考、喜欢质疑和挑战、表达自己不同主张的一代。因为从小在网上搜索无穷无尽的问题，他们对问题的多种答案并不陌生，因此他们对单一和非此即彼的标准化答案充满质疑，他们从小锻炼形成了批判性思维。他们喜欢在网上讨论问题，他们不太接受表面的价值，虽然学校和社会都试图改变他们对意义的看法，但他们更本能地坚持用自己的头脑，并通过网络工具进行思考。他们比之前任何一代都有强烈的自我主张，坚持己见并积极为自己的主张辩护。他们从小习惯在网上表达主张、寻找粉丝、关注别人并吸引别人关注自己。

我们期待“苹果世代”可以成为自信并富有团队合作精神的一代。著名发展心理学家皮亚杰说，孩子在所处的环境中有所行动时，就开始发展自我。“00后”一代在网上阅读、写作、游戏、交友、搜索，由于网上操作的便利，使得他们在一次次的尝试成功后，不断强化着自信，这和他们在学校和考试中所遭受的挫折感形成了鲜明的对比。另外，他们从小在虚拟社区中进行角色扮演，这都有助于他们在其他社会环境中确认自身的人格。他们比以往任何一代，对自我有这样早和自信的认识。通过游戏，他们一次次懂得了任务、规则、协调、合作的重要，因此只要组织得当、规则清晰，他们非常乐于合作，并遵守规则。

我们期待“苹果世代”可以成为见多识广、乐于探索的一代。他们的自学能力超强，由于习惯多任务处理，习惯快速浏览和碎片化阅读，使得他们吸收知识、接受信息的广度空前拓展。网上海量的信息，图文声俱备的形式，使得他们有了比父辈们更便利的学习条件。他们在网上学习所形成的自我主导、主动认知的学习模式，有助于使他们成为天生的自学高手和研究型学习者。

我们期待“苹果世代”可以成为乐于交往、懂得分享、创造认同、天生具有领导才能的一代。QQ、微信、博客等社交工具和网游，使得他们从小就在网上学习如何建立伙伴关系，如何参加各类网上社群组织，如何保持团作合作、如何跨区域、跨年龄进行交流和维系友谊，如何有效地沟通彼此的想法，并为自己的立场辩护。自我展示养成了他们爱分享的天性，别人的回复、关注使他们主动寻求认同的信心大增。因此，他们在网上培养协调、沟通、组织等各种领导能力。他们在网上还培养起来了非凡的容忍力。游戏复杂的过关、多次尝试后的不放弃、来自粉丝的吹捧和关注者的谩骂，都培养起他们对各种不同观点的容忍和为了达成目标对挫折的忍耐，这都是未来领导者应具备的优秀品质。

我们期待“苹果世代”可以成为更有责任感、关心他人与社会，并具备理性表达和社会参与能力的一代公民。在网络世界的人际互动中，他们展现出了积极的社会责任感。他们从小习惯于在被他人关注中积极关注他人，个别不健康的个人主义并没有妨碍他们乐于参加各种公益组织和服务。他们在帮助别人创造自我认同和社会认同。广博的见识让他们乐于对社会事务、国家和世界大事发表自己的看法，但他们会采取比前辈更务实的策略和方法，新兴的媒介工具正为他们进行社会表达和参与提供了空前强大的武器。

同时，“苹果世代”的这些文化特征正积极影响着他们的父辈、家庭、学校和社会。因为“苹果世代”非常强调自己的隐私权、拥有和表达自己观点的权利，他们进入青春期后，会更倾向积极主动地反对家庭、学校对他们的威权式的管教，他们希望被平等对待，要求平等对话。因为他们手中握有有史以来最强大的新媒体工具，也使得他们的反抗比前辈们更加有力和自信。在他们的冲击下，家庭和学校都将为之不得不改变。家庭和学校更加开放，父母和老师们将更多地扮演伙伴的角色，他们虽然仍是教育者和指导者，但他们必须加强自身的学习，充实和更新自己的知识，以适应“苹果世代”更快的学习速度，他们必须学会和跟上“苹果世代”的网络交际方式，尝试了解融入他们的网上朋友圈，以便更好地与他们对话。

企业和政府也将改变自己，迎接这一代正迅速成长的新新人类。“苹果世代”拒绝单向地推销，对广告保持天生的质疑，他们从小在双向沟通的世界中学会了自主选择。他们希望在自己选择的时间、场所，用自己熟悉的方式进行消费。市场营销规则将因他们而重新制定。这些网上消费世界的主宰者，将改变消费者世界的各种游戏规则。政府也将不断改变自己面对这样一代新公民。

正如美国著名媒介研究家唐·泰普史考特在《N世代冲撞》中所感叹的：有史以来第一次，子女身处社会的创新中心，比父母更加自在、多闻和内行。这些孩子正在用非常不同于父母的方式学习、游乐、通讯、工作和建立社群，他们是社会转型力量。

第三节 “苹果世代”与“90后”儿童的相关对比研究

为了更准确地把握“00后”儿童的媒介使用习惯和特征，我们在本次研究中还把以“00后”小学生为核心的“苹果世代”的媒介调研数据，与以“90后”为主体的广州市中学生的相关数据进行了对比（广州市中学生的媒介素养调研报告和与小学生的对比数据见本书附录六、七），本节根据这些数据的对比研究并结合访谈观察，初步得出以下结论：

（一）“苹果世代”的父母拥有更高的受教育程度，对新媒介认可度更高

如表5-2所示，通过针对小学、初中、高中的媒介素养研究的相关数据对比，可以明显看出，“00后”小学生的父母由于大多是“70后”“80后”的新一代父母，他们的学历明显会比较高。随着改革开放后我国高等教育的发展，受高校扩招等因素影响，高校毕业生逐年增加，与之相对应的是新一代父母的受教育程度也明显提升。

“苹果世代”的父母，由于其拥有较高的教育程度，同时在工作中他们需要与各种新媒介打交道，因此他们对新媒介的熟悉程度会比中学生的父母普遍更高。因此，他们会更重视对孩子的媒介素养教育，因为他们很清楚各种媒介对生活的重要性，对孩子使用新媒介也更多地采取宽容和鼓励的态度。

表5-2 受访者父母受教育程度：大学（含大专与本科）学历

小学生		初中生		高中生	
父亲	母亲	父亲	母亲	父亲	母亲
44.13%	41.83%	25.22%	25.22%	14.15%	8.09%

（二）随年龄增长，儿童每天使用网络的时间明显增长

如表5-3显示，以小学生为核心的“苹果世代”，他们当中的绝大多数（76.16%），每天使用互联网的时间都是低于一小时。但随着年龄的增长，他们使用

网络的时间会急速上升，初中生中每日上网2小时以上的人群比例是小学生的近二倍，而高中生和小学生相比，高中生每天上网时间在一小时以上的人群比例更是小学生的三倍。

同时针对这三个年龄群的孩子进行的另一个调研显示（见表5-4），只有11.08%的小学生认为网络占用了自己很多的时间，但初中生则有20.46%，高中生则有32.35%。这三个数据也从另一个侧面反映，伴随着年龄的增长，儿童对网络的依赖度越来越高。

表5-3　平均每天使用网络的时间

时间	学生	百分比
低于1小时	小学生	76.16%
	初中生	44.80%
	高中生	28.86%
1-2小时内	小学生	14.58%
	初中生	39.16%
	高中生	45.04%
2小时以上	小学生	9.26%
	初中生	16.04%
	高中生	26.10%

表5-4　认为网络占用自己很多时间

学生	百分比
小学生	11.08%
初中生	20.46%
高中生	32.35%

（三）家庭和周末是儿童使用网络的主要场所和时段，随着年龄的增长，儿童在家庭以外上网的机会增大

通过对三个阶段的学生数据进行比对，我们可以看到，广州地区的中小学生，尤其是中心城区的学生，他们主要的上网地点还是在家中。虽然上网终端随着年龄的增长会日趋多样化，但学生们上网的地点还是会以家中为主，与多年前发现的部分学生经常去“黑网吧”现象相比，有了明显的改变。事实上，现在广州的大部分地区，网吧本身的经营状况已经越来越差。据广州日报2012年12月12日《全国网吧每年减少10%》报道，随着家用电脑及宽带入户价格下降、智能手机的普及，网吧的经营已出现大幅下滑。根据文化部2012年底数据，全国网吧数量约14万家，呈现下降趋势，而“网吧在线”一位人士说，网吧业每年以10%速度减少，以去年和今年上半年最为严重。据广州市文广新局副局长张润华表示，广州市网吧经营状况不佳，大约三分天下，即1/3盈利、1/3维持、1/3亏损，近两年新设立的网吧数量开始低于注销数量。

在上网时间方面，无论哪个年龄段的学生，绝大部分都会选择在周末上网。其中随着年龄的增长，到了高中有79.23%的学生表示由于学习压力，自己主要的上网时间在周末，不少受访者表示："周末的时候只要有时间有机会就会上。"

从数据对比中也可以看出，随着年龄的增长，儿童在家庭之外上网的时间会增多。中学生因为自主交往能力增强，交际圈不断扩大，他们更愿意与同伴相聚。中学生大多都配备了自己的手机，他们手中的零花钱也在增多，因此他们会更多地使用手机上网。

表5-5　选择主要在家上网的学生比例

学生	百分比
小学生	92.52%
初中生	89.68%
高中生	86.40%

表5-6　选择主要在周末上网的学生比例

学生	百分比
小学生	63.30%
初中生	60.32%
高中生	79.23%

（四）随年龄增长，网络越来越成为儿童排遣压力的主要方式，儿童越来越依赖网络

情绪管理以及负面情绪的宣泄，对于青少年的身心成长非常重要。在本次研究中我们发现，小学生宣泄负面情绪、排遣压力的首选方式是阅读课外书，初中生会选择和同学玩，高中生会首选上网。从中不难发现，小学生由于年龄较小，在家的时间会比较多，而且他们概念中的压力一般都不会很严重，因此他们会觉得看一下课外书就能放松心情。上了初中后，孩子们交际面广了，处在青春期中的他们，遇到的心理问题、交际问题也明显增多，所以更多地会选择和同学玩这种交际性比较强的方式去排遣心中的压力。到了高中，学生对网络的依赖程度越来越高，因此他们也更多地选择上网作为排遣压力的首选方式。另外从数据的对比中可以看到，选择网络来排遣压力的人群比例，从小学到初中再到高中，是一个逐步上升的趋势。

表5-7　广州地区各年龄段学生排遣压力的首选方式

学生	方式	百分比
小学生	阅读课外书	22.34%
初中生	和同学玩	30.42%
高中生	上网	31.43%

表5-8　广州地区学生通过选择网络排遣压力的人群比例

学生	百分比
小学生	15.59%
初中生	24.51%
高中生	31.43%

（五）随年龄增长，儿童在网上的主动性、参与性的活动越来越多，传通和表达行为日趋活跃

通过访谈我们发现，小学中低年级的学生对于网络信息更多是处于一种接收和使用的状态，他们对于信息的内容，很多都是相对被动地接受和使用，在内容选择上受父母和同伴影响较大。相较之下，小学高年级学生以及中学生，他们更愿意成为一名信息的主动传播者。在这方面，小学三年级是一个较为明显的分水岭。小学三年级以后，学校开始上电脑课，越来越多的孩子学习用电脑制作各种文档、PPT等。从小学三年级开始，大部分孩子也开始学会使用班级博客，加入各种QQ群，甚至会有自己的微博，把自己的想法，通过微博、博客等方式进行表达传播。

到了中学阶段，儿童更多地依赖新媒介。由于自我意识的觉醒、青春期的叛逆等诸多因素，儿童会更多地在网上主动搜索相关的资讯、文学、漫画、视频等作品。部分学生还在自己的QQ空间、博客、微博和相关论坛上进行创作，表达自己的看法和感受。

随着年龄的增长，儿童的网络使用和参与行为越来越开始摆脱父母和家庭的影响，受同伴和网络上的影响越来越大。

第四节　当代中国儿童媒介素养教育的建议

一、儿童媒介素养教育的历史回顾

回顾历史，儿童媒介素养教育的主线一直与那个时代的新媒介发展，以及围绕这些新媒介对儿童的影响如何“趋利”与“避害”这两条主线进行的。

一方面，学者对通俗报刊、电影、电视和网络，对儿童可能产生的不利影响进行

抵抗或防范，另一方面一线的教育工作者们和新媒介的创造者，又自觉或不自觉地利用新媒介作为对儿童进行教育的新工具和新载体。

按照加拿大媒介素养教育专家的考证：德国是世界上首先引入媒介教育的国家。该国在17世纪开始出版日报并将报纸引入课堂，让学生通过报纸内容了解德国社会。世界上最早鼓励媒介素养教育的团体是天主教会。1938年庇乌十一世（Pius XI）发布昭告，即写了一封致天主教徒的信：鉴于电影已成为年轻人生活的重要部分，应该对年轻人开展关于电影的教育。不过，学界通常的说法是，20世纪30年代，媒介素养教育起源于英国，成长于加拿大、澳大利亚、美国以及其他欧美发达国家。

正式在研究文章中提出“媒介素养教育”的是英国文化研究学者利维斯，他于1933年与汤普森出版了文化批评论著《文化与环境：培养批判的意识》，首次倡导“媒介素养教育”进入学校课堂教育。同一时期，丹麦的一些教育工作者开始倡导并尝试在中小学开设媒介素养教育课程或讲座，以培养学生对正在普及的电影、广播等视听媒介的欣赏和判断。随着电视的出现和其他媒介的发展，20世纪70年代以后，无论是在发达国家还是在发展中国家，人们接触和享用传媒资源的机会和时间都在增加，越来越多的国家和地区感觉到了发展媒介素养教育的必要性。在欧洲，一些国家的政府部门对学校实施媒介素养教育做了规定，要求小学、中学乃至大学开设媒介素养教育课程，或在有关学科中增加媒介素养教育的内容。

纵观世界各国媒介素养教育发展的过程，大致分为三个阶段：第一阶段是1930年至1960年，“媒介素养教育”概念提出后逐步推广到欧美发达国家，引起社会学、传播学、文化学、教育学等领域学者的广泛关注和研究，一些国家开始倡导和尝试在学校开设媒介素养教育的相关课程和讲座；第二阶段是1970年至1980年，许多国家和地区在青少年中开始普及媒介素养教育，由于各国政府和联合国教育、科学及文化组织（简称“联合国教科文组织”）的介入，学校的媒介素养教育开始形成规模，英国、澳大利亚、法国、加拿大、芬兰、挪威、瑞典、瑞士等国家将媒介素养教育正式纳入正规的教育体系，并不断地得到重视和强化；第三阶段是1990年至今，随着计算机的普及、网络的兴起，以及数字多媒体技术的广泛应用，媒介在社会中的地位和作用日益突出，对青少年的影响越来越大，媒介素养教育不仅在发达国家进一步规范、深入，并开始向许多发展中国家扩散，媒介素养教育被视为公民教育的重要内容，形成了以政府引导为基础，各种非政府的学术组织和社会团队广泛参与，社会化与国际化发展的教育格局，成为具有信息时代特征的世界性现象。

联合国教科文组织自1960年介入媒介素养教育以来，几乎每十年就举办一次媒介教育的国际会议。1978年，联合国教科文组织出台了“媒介素养教育方案”。1982年，联合国教科文组织在国际媒介教育研讨会上发表《关于媒介教育的格伦沃尔德宣言》，提出政府和教育系统都应当促进公民对传播现象的批判性理解，并应促进公民参与到媒介运作中。2007年，联合国教科文组织发布了《关于媒介教育的12项建议》。2008年1月，联合国在西班牙马德里召开的“文明联盟论坛”首次将“媒介素养教育”议题列入会议专场。最近，联合国组织又致力于将媒介素养教育与信息素养教育进行有效的融合。因此，现在联合国媒介教育的官方网站上，称为“媒介与信息素养教育”。这也反映了新媒介发展与信息技术发展日趋融合的趋势。

媒介素养教育在我国的发展，有一个曲折的过程。早在20世纪20年代，我国民国时期的著名记者邵飘萍就曾经讲过“新闻知识应列入国民普通知识之一”，这应该算是我国最早的媒介素养教育理念。在20世纪90年代，一些专家、学者开始把媒介素养教育引入中国内地并开始逐步在学校中试点推广实践。

随着经济的发展，我国新闻出版、IT通讯产业和新闻传播事业迅猛发展，目前我国的电视用户、手机用户和网民数量都是世界第一。2012年一季度，中国又首次超越美国成为全球最大的智能手机市场，这意味着在移动互联网这一波浪潮中，中国首次与世界同步，并走到了世界前列。在新一波的移动互联网浪潮中，中国的儿童与世界发达国家儿童的新媒介应用几乎保持着同步的发展。然而与世界发达国家相比，我国对于媒介教育的研究和实践还相当薄弱。但是我们相信，随着全社会对媒介的重视和新一代家长观念的提升，中国的媒介研究和媒介素养教育将伴随着媒介的高速发展，一同进入迅速普及与深入发展的快车道。

二、当代中国儿童媒介素养教育的建议

结合国际媒介素养教育的发展轨迹和当代中国的媒介环境及儿童媒介使用状况，作者认为在新媒介时代，作为公民素养的中国儿童媒介素养的主题是，培养儿童基于多媒体读写能力的理性表达和社会参与的素质。

（一）与时俱进的素养概念

在英文中传统“素养”（literacy）的定义是指基于印刷物的读写能力（ability to

read and write）。也就是说，“素养”这个概念与印刷类媒介有关，特别是书籍。文字出现以来，这便是人们参与社会生活必须具备的基本能力，也是教育的基本任务。我国古代把孩子接受教育通俗地概括为“读书识字”即是此意。信息时代之前的教育，是老师在课堂上通过书本教授知识，到了信息时代，无处不在的各种媒介时刻传播着各种信息，对孩子的教育时刻在产生影响。基于文字读写能力的“素养”已经满足不了时代发展要求了。

在新媒体时代，人们对于海量信息的获取、辨别、分析、传播的能力；人们对层出不穷的新技术的运用能力；人们面对无处不在的屏幕，对于图像的获取、制作能力；人们通过社交媒体与人沟通、交往、表达的能力，这些都是传统“素养”概念无法包含的。因此才出现了“媒介素养”“信息素养”“图像素养”“网络素养”等概念进行延展和补充。

可见，随着媒介的发展，“素养”这个词也是一个与时俱进的历史概念。有专家认为信息时代的“素养”应该是“个人与外界能进行合理而有效的沟通或互动所需具备的条件”。

同时，我们可以看到，“媒介”这个概念进入教育本身就意味着教育视野的扩大。教育中“阅读”概念提出，是对课本的扩大，因此广泛的阅读通常指的是课外书的阅读。报纸出现后，出现“图书报刊”概念。电影、广播、电视出现后，有了“大众媒介”这个词，再到网络出现后，只有“媒介”这个词才能涵盖这些新旧媒介了。因此“媒介”进入教育范畴，意味着教育的视野、资源、工具和方法的扩大。

以微博为代表的社交媒体出现后，人人都可以成为记者，媒介素养的内涵也进一步扩大。在新媒介环境下，儿童可以成为传通者，成为小记者，可以创制“自媒体”，每个人都可以通过“自媒体”进入公共空间进行表达，那么从小培养儿童作为一个公民记者的能力又成为微博时代的媒介素养教育的主要内容。

这就像汽车普及后，人人可以成为司机，以前作为司机的专业驾驶知识成为普通人必备的通识一样，现在人人成为记者，那么以前属于专业记者的新闻知识就要成为每个公民的通识了。正如邵飘萍说，新闻知识应成为国民普通知识之一。在微博时代，这句话有着更为现实的意义和可实现的技术基础。

（二）多媒体读写能力

从新世纪儿童全面素质和能力构建的视角来看，基于多媒体读写能力的儿童媒介素养是其核心能力之一。在《21世纪技能——为我们所生存的时代而学习》（美·伯尼·特里林、查尔斯·菲德尔著，天津社会科学院出版社）一书中，作者提出21世纪最亟须的三套技能是：学习与创新的技能，信息、媒介和技术的技能，生活与职业的技能。作者又将第二套技能称为“数字化素养技能”，即理解信息、熟练运用媒介和数字手段的能力。这其中，“信息素养”具体包括（学生应能做到）：

（1）访问和评估信息。

（2）及时（知道访问什么时候的信息）并善于（知道到哪些资源上访问信息）访问信息。

（3）批判性且睿智地评估信息。

（4）利用和管理信息。

（5）准确而创造性地利用信息解决手边的难题或疑问。

（6）通过广泛的渠道管理信息流。

（7）对围绕访问和利用信息产生的道德或法律问题有一个基本认识。

“媒体素养”具体包括（学生应能做到）：

（1）分析媒体。

（2）既懂得媒体资讯形成的方式和原因，也了解媒体资讯的目的。

（3）善于分析不同的人对同一资讯的不同解释，资讯中怎样包容或排斥某种价值观或思想观点，以及媒体如何影响人的信念和行为。

（4）对围绕媒体的访问和使用产生的道德或法律问题有一个基本认识。

（5）创建媒体产品。

（6）了解和利用最恰当的媒体创建工具、特殊产品和最新发明。

（7）在各种多文化环境中了解和有效地利用最有效的媒体表达方式和解释方法。

技术素养包括（学生应能做到）：

（1）高效地运用技术手段，将技术作为一种研究、组织、评估和交流信息的工具。

（2）合理地运用数字技术（计算机、个人数字助理、媒体播放器、全球定位系统等）、网络工具和社交网络访问、管理、集成、评估和创建信息，以便在知识经济中有所作为。

（3）对围绕信息技术的访问和使用产生的道德或法律问题有一个基本认识。

本书作者认为，广义的媒介素养应是媒介、信息和技术素养的统称，核心是指对于书报、广播、电视、电脑、手机、网络等媒介的多媒体读写能力。读写能力就是儿童作为媒介的接受者、使用者和传通者这三种角色并存的情况下，儿童对媒介的全面运用能力。“读”的能力包括了解和使用媒介的各种知识和技能，懂得访问处理信息、辨别信息的能力；“写”的能力包括了利用媒介去创制各种媒介产品传播信息，并进行展示、交往和表达的能力。

（三）新媒介环境下的儿童传播权利

多媒体读写能力只是儿童媒介素养培养的技术保障。媒介不仅是一种将信息传播给儿童的载体，而且是儿童表达自己声音的工具，是一种学习社会参与的工具。这样的媒介素养实践的目的，是通过传播赋权给儿童。

从全世界媒介素养的主流和中国社会转型的大背景来看，媒介素养是公民素养的重要组成部分。儿童媒介素养的核心是赋权，也就是保障和发展儿童的传播权，培养和发展儿童通过媒介表达和参与的能力。

从“00后”儿童的媒介化生存的研究中，我们可以充分看出，媒介已经成为当代儿童生存发展的最重要资源之一。儿童通过媒介娱乐、沟通、学习、表达，特别是媒介使儿童获得了发展对世界的认识，并形成自己意见和见解的机会。由于新媒介的发展，使得当代儿童有了有史以来最强的获取适合自己发展的信息资源的机会和能力，依靠新媒介，儿童有可能比以往任何时候都能够获得更平等、更民主的地位，获得更充分发展的机会。

正因为媒介对儿童发展的重大意义，国际社会一直关注儿童享有媒介资源的权利问题 。1959年11月20日，联合国大会通过了《儿童权利宣言》，并在1989年通过了《儿童权利公约》，我国在1990年8月29日正式签署了联合国《儿童权利公约》。

《儿童权利公约》中关于儿童的媒介使用权利方面有三项重要内容：媒介接近权、有益信息的知晓权和媒介参与权。其中媒介参与权被放到了重要位置。《儿童权利公约》第12条指出，“缔约国应确保能够形成自己看法的儿童有权对影响儿童的一切事项自由发表自己的意见，对儿童的意见应按照其年龄和成熟程度给以适当的重视。”第13条进一步指出：“儿童应有自由发表言论的权利，此项权利应包括通过口头、书面或已印刷、艺术形式或儿童所选择的任何其他媒介，不论国界，寻求、接受和传递各种信息和思想的自由。”当然，此项权利行使要受到某些制约，但仅局限于法律所规定的范围内以及保护公共秩序的范围内。在遵守法律以及在“尊重他人的权利和名誉”，或保护国家安全或公共秩序或道德的基础上，国家应保证儿童有自由发表言论的权利，从媒介尤其是儿童媒介中应该听到儿童的声音。

1996年召开的信息社会世界高峰会议认为：“传播权”指“近用媒介、取得资讯、表达意见、进行传播、免受媒介侵害个人权益，以及接受媒介素养教育”。这里强调了儿童作为媒介主动使用者和传播者的角色，并且把媒介素养教育作为重要内容。

在网络、QQ、微博等出现之前，儿童媒介参与权实现的载体和渠道不多。当时这些渠道主要包括：作为成年人办的报纸、广播、电视等大众传媒的采访对象；在这些大众媒体的青少年或少儿版面专栏中发表习作或言论；参与儿童热线直播活动；参与由少儿专业报刊举办的各种活动、自办广播站，建立小记者站、自办报刊等。

同时，在报纸、广播、电视等传统大众媒体时代，儿童的媒介参与和儿童的自由表达受到较大限制：一是在由成年人办的大众媒体中，儿童相对发言的机会较少，也极易受到大人的“操控”，在大人的导演和把关人的过滤下，较难反映儿童真实的心声；二是由于单向传播为主，儿童较难与媒介形成真正的互动，儿童真正自主参与的意愿也比较低；三是表达的技术和能力门槛较高，由于报刊类对文字的要求较高，广播电视节目对语言表达和形象展示又有一定的要求，因此儿童参与的机会不平等，往往只是所谓少数“精英”在发言。但是网络的出现，特别是QQ、微博等的问世极大地改变了这一局面。由于技术进步，媒介工具的易用性给了儿童前所未有的使用机会和空间，儿童自由表达和媒介参与的热情被大大地唤醒，机会和空间大大地提升，能力被大大地激发。

儿童成为主动积极的传通者，成为媒介信息的产制者这一事实，使得媒介素养教育中的赋权主题发生了重大改变，即从通过媒介教育赋予儿童分析判断媒介信息的能力，到通过媒介教育赋予儿童创制媒介传播信息的能力，让儿童掌握通过媒介表达主张、参与社会、发展自我的能力。这是儿童素养教育在新媒介环境下的一大变化。这种变化，也是顺应新媒介时代的发展，适应新媒介环境下儿童发展自身需要的必然要求。

当然，我们也看到新媒介给人们带来巨大便利的同时，也对传统的社会和政府治理方式造成了剧烈冲击。普通民众如果使用不当或素养不够，就有滥用、误用、错用的风险，危害正常的社会秩序。因此，我们在保护儿童媒介参与权利的同时，又必须培养其理性表达的能力。只有这样，才能使儿童现在和未来的媒介参与取向能和整个社会建设的目标达成一致。

为此，作者又进一步提出将“理性表达和社会参与”作为新媒介时代保障和发展儿童媒介传播权的具体目标，这一提法是基于“公共空间”和“交往理性”两大概念提出的。

public是德文die Offenthihkeit的英译 ，中译为“公共领域”或“公共空间”。与之相关的private sphere、civil society、citizen journalist等词 ，译为“私人空间”“公民社会”和“公民记者”。“公共空间”最早是德国哲学家康德提出的概念，长期鲜为人知，后经德国哲学家尤尔根·哈贝马斯的研究宣扬才重新被学界重视。哈贝马斯认为，“公共空间”是介于公民社会和国家之间的中间场所，它也是不同个人和团体之间不同意见表达及交流的象征性空间。由大众传媒构建的“传播空间”就是这样的“公共空间”，通过大众传媒，公民社会内部以及公民社会与国家体制之间以一种矛盾多于共识的方式相互接触，传媒提议协商共同生活的意义，这个协商虽然不平等也不稳定，但是一直延续，特别是随着社交媒体的出现，使每个公民都有了直接进入“公共空间”表达、讨论、协商、再现或抗议的能力。

在中国内地，从微博出现后种种对社会、政治、生活产生的重大影响，我们看到了新媒介在建立“公共空间”方面发挥的重大而独特的作用。这表现以下三个方面：一是新一代社交媒体促进了信息传播的自由和民主。借助社交媒体，公民对于社会事物的知情能力大大提高，每个人可以更直接介入新闻信息的生产，网络的匿名、迅捷等因素，使得新闻信息的传播更自由，传播广度、效力更大，这大大突破了传统的政府新闻管控体制，加大了对新闻信息监管和控制的难度。二是新一代社交媒体加强了民众之间的联系与网上的结社行为。无论QQ群还是“朋友圈”，从基于兴趣的聚合，到基于某些共同意愿，甚至政治目的的召集，社交媒体越来越显示出其强大的聚集、组织能量。这对传统的政府和社会组织构成了冲击，同时也对既有社会体制提出挑战。三是新一代社交媒体创造了公民对政治和社会问题进行讨论的“公共空间”。由于社交媒体的交互性、可读可写性，各种论坛、微群、QQ群等的建立，公众在网上拥有了对公共事物进行评论、交换意见而不必经过传统大众媒体“把关人”而直接形成公共舆论的能力和场所。通过社交媒体，人际传播与大众传播实现融合，个人表达与公共讨论无缝连接，媒介参与成为现代公民实现政治和社会参与最便捷的途径。随着知情能力和参与能力的提高，民众对社会政治事务的介入程度会提出更高的要求。这种介入程度的提高，一方面对政府治理观念和方式提出新要求，同时也对公民在这方面的素质提出了更高的要求。这是互联网时代，全世界政府都面临的重大课题，这也使得媒介素养教育成为当代世界各国公民素质教育必不可少的重要内容。

媒介素养水平将直接影响媒介参与行为，而媒介参与又是当代世界公民的政治与社会参与行为的最重要手段之一。这方面，哈贝马斯提出的“交往理性”概念显示出特别的时代意义。

在对“公共空间”研究的基础上，哈贝马斯提出了“交往行为理论”。在“交往行为理论”中，他还特别提出了“交往理性”的概念。他认为任何说话者要想保证交往的有效性必须满足四个条件：一是说话者必须选择一个可理解的表达，以便说话者能够与听者从语言结构中获得正确的相互理解；二是说话者提供的陈述必须是真实的，以使听者能够分享说话者的知识；三是说话者选用的语言必须是正确的，也就是说它必须符合公认的言说交流背景从而使听者认同； 四是说话者表达自己的意向必须是真诚的，它必须满足以导致听者对说话者的信任。概括地说，就是可领会性、真实性、真诚性和正确性是“交往理性”得以贯彻的决定性前提。它们集中到一点，便是合乎理性的要求。哈贝马斯认为，只有按照“交往理性”的要求，社会共同体的成员才能达到对客观事物的共同理解，建立大家一致认同的伦理道理规范和社会共识，从而保持和谐的人际和社会关系，并维持生活世界的合理结构。

尽管学界对哈贝马斯的“公共空间”和“交往理性”褒贬不一，但在今天新媒介发展和中国社会转型的特殊时代背景下看，他的理论给我们以下启示：一是一个合理健康的社会，首先需要政府营造一个自由和责任界限清晰的“公共空间”，这一空间在法制保证下创造一个良好的媒介环境，使公众通过传媒与国家和社会形成良性互动，充分保证公民依法享有的知情权和言论自由的权利，维系民主与法制；二是传媒应成为公众的信息平台和公共论坛，明确自身社会公器的作用，一方面防止在不良政治和经济力量的侵蚀下退化，另一方面应汇聚公众中负责任成员的“理性表达”声音，促进社会讨论和形成共识；三是在新媒介时代，公民的相应素质培养，特别是理性交往和表达能力的构建应受到政府和社会的重视，使得公民从小接受相关教育，有能力在日益发展的媒介技术条件下，在“公共空间”中进行理性表达。

中国近百年的历史是一部追求国家和社会现代化的历史，经历30多年改革开放的经济发展之后，社会发展成为中国进一步改革的主题。中国社会正处于巨大的转型之中，现代化国家需要建设健康和谐的现代社会，同时更需要与现代化国家和社会相适应的公民素质，如何从小培养一代人与时俱进的公民素质成为教育的时代命题。

在这样的时代背景下，在构建未来中国现代化，培养现代社会公民素质的宏大主题下，中国的儿童媒介素养教育承担着特殊而重大的历史使命。儿童从小通过媒介素养教育的实践，认识社会，表达自己看法，对其未来进行“公共空间”的表达，进行公民参与必将产生深远的影响。基于此，作者认为，在新媒介环境下，培养儿童基于多媒体读写能力的理性表达和社会参与能力，并为其未来的公民参与奠定良好基础，是当代中国儿童媒介素养教育的主题。

三、当代中国儿童媒介素养教育的目标与内容

为了达成这样的目标，结合近年来我们在广州进行多年儿童媒介素养教育的研究和实践，本书作者将儿童媒介素养教育的目标和内容又具体分为以下四个方面：

（1）通过全面认识学习媒介和传播的知识，树立正确的媒介观和传播观。

（2）通过积极主动地使用媒介，趋利避害，成为媒介合理的使用者，成为媒介信息的主动传播者、创作者和理智的接受者和消费者。

（3）通过学习制作媒介产品，学会理性交流和表达能力，成为理性、负责任的传播者。

（4）通过以“准媒体人”的身份参与社会实践，认识和报道社会，成为有独立思考能力、主动参与社会的信息时代公民。

以上目标可概括为：全面认识、合理使用、理性表达和社会参与。

全面认识：主要是指对儿童进行媒介知识的全面教育，这里包括了媒介知识的传授和媒介产制过程的体验活动。媒介知识包括：媒体常识和操作知识。媒体常识包括报纸、广播、电视、电脑、网络、手机等大众媒体的发展历史和运作模式。比如，电视有多少套节目、如何分类，报社、广播、电视台、网站的各部门是如何工作，记者和编辑等的职能；媒体操作知识包括了电脑、手机、网络等基本的操作知识，常用的硬件、软件的操作技能。同时为了让儿童对媒体运作有直观体验，还可组织儿童到报社、广播电视台、网站等机构进行实地体验。全面认识各种媒体很重要的作用是让儿

童认识各种媒介的功用，再通过引导形成自觉的适合自己身心发展、科学使用媒介的行为习惯。比如，在收看电视节目和上网时，认识到哪些节目和内容对自己学习和生活有帮助；认识到书籍、报刊等平面媒介相对电子媒介的特点，各自的优势与不足，从而调配好各种媒介的使用时间。只有全面认识才能合理使用。如果把媒介比作儿童成长中的精神食粮，那只有全面认识，知道各种“食粮”的功效，才能做到科学均衡地获取营养，不偏食，吃得健康。

合理使用：是指儿童对报刊、广播、电视、电脑、网络、手机等各种媒介合理、有效使用的能力。使用能力除了儿童主动获取信息的能力外，还包括主动应用媒体上各种互动的功能。前者比如看报、听广播、看电视，后者则包括利用网络、手机上的各种互动功能，比如上网聊天、游戏、拍传视频、发微博、微信等。突出“合理”二字，主要是针对现在青少年中比较突出的网瘾、网恋等问题。

理性表达：批判能力在媒介素养教育中占有非常重要的地位。理性是媒介批判能力最重要的体现之一。理性的前提是独立思考，是将现有的知识和经验结合起来，不断地把已经发生和正发生的事情进行反思。一般认为媒介批判能力包括分析能力、自我反思能力和道德意识。这些都是微博时代一个传播者进行理性表达的必要能力。

社会参与：媒介是现代公民表达自己主张，从而实现社会参与的重要途径。儿童利用新媒介可以充分表达自己的主张，通过以小记者的身份体验和观察社会生活，进而通过新闻报道干预社会生活，让儿童从小全面了解和认识社会，从而促进其未来融入社会的各项能力。在“人人皆可成为记者”的新媒介时代，儿童媒介素养教育培养其作为未来合格公民的表达和参与能力，会对儿童全面发展起到无可取代的独特作用。这方面的活动包括小记者采访实践课程、创办儿童报刊、网站、广播、电视台、手机报、微博、微信等综合媒介实践活动。

实现这些目标的儿童媒介素养教育活动主要围绕着懂媒体、用媒体和做媒体三方面来展开，也就是将媒介知识的学习、媒体使用、创作能力的训练和媒介批判精神的培养结合起来。充分发挥儿童的自主性、实践性原则，让儿童在做中学、在玩中学，将知识传授与社会实践有机地结合起来。〔关于本书作者所领导的课题组在广州进行的小学生媒介素养教育的实践总结，参见《媒介素养》丛书：《媒介素养（彩色漫画版）·小学生用书》、《媒介素养（亲子读本）·家庭用书》、《媒介素养（教案）·教师用书》，张海波主编，2013.8〕

四、对我国实施儿童媒介素养教育的建议

儿童媒介素养教育在中国还处于启蒙和起步阶段。从全国来看，媒介素养教育还主要局限在高校传播学院的课堂和个别学校的实验班级中。在中小学教育系统，对许多一线教育工作者来说，“媒介素养”这一概念还是新兴名词。既缺乏对本土青少年媒介素养现状的把握，也缺少适合本土青少年媒介素养教育的活动内容和培训课程。既未上升到政府部门的战略议程，也没有列入学校的教育课程体系，更缺少专业的教育师资队伍。因此，中国媒介素养教育任重道远。

作者认为，儿童媒介素养教育对当代中国教育至少有以下三方面重大意义：

（1）媒介素养教育是儿童适应信息时代媒介化生存的必然要求，是现代人发展自我、认识世界、提升文化素养的核心能力。

（2）媒介素养教育是培养当代儿童基本公民素养的核心内容之一，并将对中国社会转型和未来社会构建产生重大影响。

（3）媒介素养教育为素质教育改革拓展了新视野，注入了新力量，提供了新方法。

基于此，作者对我国实施儿童媒介素养教育提出以下建议：

（1）从提升国民素质和国家民族竞争力的高度看待儿童媒介素养教育，从国家战略层面制定和完善儿童媒介素养教育的制度和政策，成立并扶植专门的媒介素养教育机构。

媒介是儿童的生存环境、生活资源，是人们在信息高速公路行驶必备的工具。一个人拥有媒介资源多，就可以在信息时代中提升个人竞争力，一个国家和民族拥有媒介资源多，就会在全世界的竞争中处于优势。因此，培养和提升国民的媒介素养关系到一个国家和民族的竞争力。建议各级政府部门尤其是教育主管部门，将媒介素养教育列入素质教育、公民教育的重要内容，并将这项教育内容列入学校教育的必修课、通识课。

由政府部门发起并联合社会团体、高等院校或学术机构成立专门的媒介素养教育领导机构，制定近期、中长期的儿童媒介素养教育规划，承担计划实施、教育普及、协调推广等主要工作。由专门机构负责牵头，统筹指挥，保证媒介素养教育沿着科学发展的方向进行。

同时，政府应出台与媒介素养教育相关的政策、法规，对有条件的媒介素养教育机构给予鼓励扶持。积极争取财政经费和社会基金的支持，给儿童媒体素养教育提供后备保障。营造社会氛围和舆论环境，呼吁社会各界给予这项工作以充分重视，以不同形式来关心、支持儿童媒体素养教育。

（2）加强本土“媒介与儿童”的实证研究，建立符合中国国情和适应我国儿童媒介使用习惯和未来社会发展的儿童媒介素养教育的理论架构、教学体系和师资队伍。

任何教育理论的构建都离不开扎实的调查研究，作为有着极强时代性和时效性的媒介素养教育更加如此。由于政治体制、文化历史等因素，我国的媒介体制、教育体制都有着很强的本国特色，因此建设符合中国国情、本土媒体环境和儿童身心发展特点的媒介素养教育，特别要依靠来自本土的“媒介与儿童”的科学研究。照搬国外的方法可能会南辕北辙、事倍功半。

在大量科学的本土研究的基础上，借鉴各国的经验，革新发展儿童媒介素养教育的理论、内容与方法，同时加强媒介素养教育的师资队伍建设，将媒介素养教育全面纳入教育的发展规划和实施路径中。

解决媒介素养教育的师资问题是启动媒介素养教育时许多国家都曾遇到过的问题。例如，教师本身媒介素养不够，缺乏挑选媒介素养教育资料的能力，不能有效实施媒介素养教育课程的教学，不能正确评价学生媒介素养的水平等等。为了提升中小学媒介素养教育的师资水平，可对中小学教师进行专题教育培训，采用在职培训、假期进修等方式，提高他们的媒介素养和教学水平，传授基本的媒介素养教育知识和方式，使他们能够在日常教学中有机地融入必要的媒体知识。在有条件开设专门课程的学校，还要对教师进行专门培训，使他们能够胜任不同阶段媒介素养课程的教育工作。

同时，可发动媒体组织和机构安排一些有经验的记者和编辑为中小学生讲授媒介素养教育课程，也可以在自己的媒体上开辟专门的栏目等，来推广媒介素养教育。

（3）发挥大众媒体特别是新媒体在媒介素养教育中的作用，加强行业自律，营造有利于儿童身心成长的媒介环境。

在商业主义的浪潮下，部分大众媒体从业者专业主义精神迷失，缺乏对社会责任的自觉，但媒体传播内容的好坏直接影响着少年儿童的思想和心理健康。政府应积极倡导大众传媒对儿童媒介素养问题进行长期关注和充分报道，呼吁全社会重视媒介素养教育，形成全民支持的良好氛围。新闻传媒以及图书、电影、电视、网络制作机构等，可以多给研究者和教育者提供资料，以使课堂或课外媒介素养教育变得更加生动、可感。此外，有条件的网站、电视台、广播电台和报纸、期刊等，也可以开设固定的栏目或提供固定的版面，针对少年儿童观众、听众和读者进行媒体知识的普及传播。尤其要充分利用广播电视台的少儿频道和报刊、网络的青少年栏目等，积极开展媒介素养教育。

同时，政府有关部门也要加强对媒体从业者的媒介素养教育，促使他们在日常的传媒工作中注意避免对少年儿童的伤害；倡导媒体行业的自我规范和自我约束，甚至成立专门的促进少年儿童健康成长的媒体自律联盟。

政府应大力发展扶植健康有益的少儿媒体。广大少儿媒体工作者应该根据少年儿童心理特点，创作更多更好的适合当代儿童特点和成长需求的媒体产品，发挥少儿媒体教育传播的作用，向少年儿童进行优质信息的传播。同时，在潜移默化中培养和提升少年儿童的媒介素养。

对大众媒体特别是新媒体运营机构实施有效的监管和政策引导，以营造有利于社会健康发展的媒介环境，并对国民实施媒介素养教育，这也是新媒体时代对政府新闻媒体主管和监管部门提出的新要求，也是政府在新时期实施新型媒体管治的有效手段。

（4）调动全社会的力量，采用多元形式推广和普及国民的媒介素养教育，促进家庭、学校、社会和大众媒介形成合力，共同构建健康文明的媒介社会。

媒介素养教育是全社会的教育，需要调动全社会各种力量的共同努力，媒介素养教育是公民素养的基本内容，是信息时代每个人应掌握的常识和基本技能，是一个人终生学习的内容。媒介素养教育不仅仅是对儿童进行的教育，它还是对家长进行的教育，对教育者本身进行的教育，对全体国民的教育。因此，媒介素养教育不只是学校教育的重要内容，也是家庭、社会组织，以及各种社会教育机构共同推进的事业。

在推广和普及阶段，媒介素养教育可采取多元形式，因地制宜，务求实效。既可以采取授课的形式进行课堂教学，也可以组织参观、游戏等体验活动来进行；既可以作为一门单独的课程在学校中面向不同年级开设，也可以自然地融入到学校日常的教学实践中。应组织相关青少年教育机构和专家，科学编制媒介素养教育教材，在教育过程中避免传统教育模式中以“教授”和“灌输”为主的方法，贯彻“先娱乐，后提升”的教学理念。同时，整合学校教育、校外教育和家庭教育的资源，发挥青少年宫、博物馆、科技馆、图书馆、文化馆等公共教育机构的作用，在教学中结合本土特色，深入开展社会实践体验活动。只有这样，媒介素养教育才能赶上新媒介日新月异的发展步伐，才能尽快在全体国民中普及推广，使之成为构建现代化中国的推动力量。

总 结

一、研究的主要结论

通过广州儿童媒介素养系列调研，我们对广州市的中小学生媒介接触、使用行为和素养状况进行了全面的调查和访谈，通过对小学生家长和老师的调研和访谈，我们了解到小学生在家庭和学校中的媒介环境，以及家长、老师对儿童媒介素养教育的态度和施加的影响。基于这些研究，结合我国的媒介环境、制度环境和未来社会发展目标，我们对当代中国实施儿童媒介素养教育的策略进行了研究。总结这些研究，我们得出以下结论：

（1）当代儿童已处于高度的“媒介化生存”之中，他们是数字时代的原住民。特别是诞生于21世纪的“00后”儿童，受到以苹果手机和平板电脑为代表的移动信息终端的影响,新媒介已经成为他们课余生活最重要的娱乐、交往、生活和学习工具。新媒介成为他们生存和成长的重要环境、资源和工具。他们是区别于电视一代、电脑一代的“苹果世代”，他们是屏幕一族、QQ一族，麦克卢汉关于“媒介是人的延伸”和尼葛洛庞帝“数字化生存”的论述，在“苹果世代”身上表现得特别直观。

（2）“苹果世代”通过新媒介娱乐、学习、参与、创造、展示、沟通、表达。在新媒介环境下，儿童不但是媒介主动的使用者（正如使用与满足理论中所论述的），而且是传通者和创造者，成为主动参与社会的公民（正如利文斯通关于公民学习的“参与之梯”所论述的）。

（3）正如个体差异理论所指出的，不同区域、不同年龄段、不同性别、不同学校和家庭环境的儿童，对新媒介的接触、使用行为和素养状况是有较大差异的。根据广州小学生的调研和访谈，我们将作为媒介用户的儿童分为“初识者”、“普通使用者”、“小专家”和“小网虫”四种类型。将更多的初识者培养为普通使用者和小专家，避免成为小网虫，是儿童媒介素养教育的重要目标。

（4）苹果手机和平板电脑等新一代媒介工具，因为其易用和方便，使“苹果世代”从小就具备了许多令大人惊叹的“不学而能”的技能。对此，家长和老师的态度不一，有担忧，更有期待。正如玛格丽特•米德所言，人类社会的文化传承正进入晚辈和前辈共同学习的“共喻时代”，和前辈要向晚辈学习的“后喻时代”。这对传统的家庭教育和学校教育都构成了冲击，要求教育者不断学习，改变自己。

（5）在“人人皆可为记者”的微博时代，在新媒介、新科技飞速发展，改变世界的今天，儿童媒介素养教育的主题和方法也要与时俱进。在移动信息终端、移动互联网应用、社交媒体成为当今媒介发展主流的大环境下，在中国现代化进程的转型时期，当代中国儿童媒介素养教育的主题应是基于多媒体读写能力的理性表达和社会参与能力的构建与培养。

二、研究不足及展望

由于时间和经验不足等原因，本次系列调研存在以下不足：

（1）广州市小学生媒介接触、使用行为和素养状况的问卷调研由于问卷发放学校数量多，预想设计不够周密，学校内问卷的派发和回收由各校指定的辅导员和老师进行，在学生填写问卷前的说明不够，因此在低年龄段，特别是一年级出现较多的无效问卷（填错选项，漏题过多的，均视为无效问卷）。

受到学校熟悉程度及配合程度等影响，本次调研在选择学校时，白云区、荔湾区、天河区、越秀区、萝岗区的学校数量过大，一、二年级的受访者所占比例过小，五年级的受访者所占比例过大；同时受访者男女比例也不够均衡。抽样的学校大部分为城区学校，对广州郊区和农村的孩子的媒介应用状况相对反映不足。

（2）由于中学生媒介调研问卷设计在前，小学生媒介调研问卷设计在后，由于课题组研究重点的动态调整，导致中小学生问卷在设计上没有保持相对的连贯性和统一性。

（3）关于小学生传通行为的研究，因为是在广州市小学生媒介接触、使用行为和素养状况的问卷调研后发现了儿童对社交媒体使用频率和深度远远超过我们的预期后补充进行的，因此，问卷的调研范围和样本数量相对较少。

这些问题，我们将在今后的调研及时修正完善。

展望“媒介与儿童”的研究，我们深深感叹新媒介、新科技的发展一日千里。特别是21世纪的头十年间，我们切身体会到移动信息终端和社交媒体对社会、对每个人生活带来的巨大改变。

2012到2013年间，平板电脑的普及率大大提高，基于平板电脑的各种儿童应用发展迅猛。儿童在平板电脑上的接触时间有明显增长趋势，值得进一步深入研究。

2012到2013年间，微信的应用后来居上，其活跃度等都超越新浪微博。摇一摇、扫一扫，又成为大人和孩子们新媒介应用的“时尚动作”。“00后”儿童的微信应用值得深入研究。

2013年，我们将继续扩大和深化关于儿童应用社交媒体状况的研究，并将启动全国主要大城市的“媒介与儿童”的调研，希望能在更广泛的数据调研和更深入研究的基础上描绘出一幅中国当代儿童媒介素养状况的全景图。

附 录

附录一 广州市小学生媒介接触、使用行为和素养状况调研问卷

亲爱的同学们：

我们经常接触到的媒介有书籍、报纸、杂志、电视、广播、网络、手机等，我们生活在一个媒介化的社会，每天都要接触到很多媒介传递给我们的信息，关于媒介和自己的话题，你可能有很多想法，通过这份问卷表达一下吧！这份问卷不记姓名和学校，我们真诚地希望你能如实填写各题，不漏答任何题目。我们保证对你的选择严格保密。请在你认为正确的答案选项上打“√”。

（一）基本信息

1. 你的性别：

A. □女

B. □男

2. 你读几年级?

A. □一年级

B. □二年级

C. □三年级

D. □四年级

E. □五年级

F. □六年级

3. 爸爸受教育程度：

A. □高中或以下

B. □大学（含大专及本科）

C. □硕士（研究生）或以上

4. 妈妈受教育程度：

A. □高中或以下

B. □大学（含大专及本科）

C. □硕士（研究生）或以上

5. 爸爸的职业：

A. □党政机关/社会团体/事业单位工作人员

B. □企业高层管理人员

C. □企业普通职员

D. □科教文卫的专业人员

E. □自由职业者

F. □私营企业主、个体商户

G. □无业、失业、待业

H. □农民

I. □ 其他

6. 妈妈的职业：

A. □党政机关/社会团体/事业单位工作人员

B. □企业高层管理人员

C. □企业普通职员

D. □科教文卫的专业人员

E. □自由职业者

F. □私营企业主、个体商户

G. □无业、失业、待业

H. □农民

I. □ 其他

7. 你家有订报纸吗?

A. □有，订了一种报纸杂志

B. □有，订了两份报纸杂志

C. □有，订了三份或以上的报纸杂志

D. □我们家没有订任何报纸杂志

8. 你订阅了哪些少儿报纸杂志?

____

9. 你家有几台下述的电子产品? 请在对应数量的空格上打勾。

媒介名称	0台	1台	2台	2台以上
电视				
电脑（台式电脑及手提电脑）				
收音机				
手机				
iPad（或其他平板电脑）				
游戏机（含PSP、NDS、Wii等）				
DVD机				

（二）媒介接触情况

10. 你平均每天使用下面这些媒介的时间是多久? 请在对应的位置打勾。

媒介名称	从不	30分钟以内	30分钟～1小时	1～2小时	2小时以上
课外书					
报纸					
杂志					
广播					
电视					
电影					
网络					
手机					
iPad					
其他					

11. 你最常用的三种通讯交流方式是：（多选题）

A. □QQ

B. □手机短信

C. □儿童“网游”中的通讯功能（如《摩尔庄园》《奥比岛》《赛尔号》等）

D. □电子邮件

E. □微博

F. □手机

G. □固定电话

H. □其他__________（请注明）

12. 你认为可以从以下哪种媒介中学习到最多的东西?

A. □课外书

B. □报纸

C. □杂志

D. □广播

E. □电视

F. □电影

G. □网络

H. □手机

I. □平板电脑（含iPad等）

13. 你最常用哪三种方式看动漫和卡通：（多选题）

A. □课外书

B. □报纸杂志

C. □电视

D. □网络

E. □手机

F. □平板电脑（含iPad等）

G. □其他__________（请注明）

14. 面对以下情况，你会选择使用哪种媒介？请在对应的位置打勾。

面对情况	课外书	报纸	杂志	广播	电视	电影	网络	手机	iPad
开心的时候									
不开心的时候									
感到无聊的时候									

（续表）

面对情况	课外书	报纸	杂志	广播	电视	电影	网络	手机	iPad
希望摆脱压力的时候									
感到孤独的时候									
希望了解新闻的时候									
希望了解新知识的时候									
需要娱乐的时候									
需要了解怎样解决自己的问题的时候									

（三）网络媒介使用习惯

15. 你平均每天使用下面这些网络产品的时间是多久？请在对应的位置打勾。

网络产品和使用行为		从不	30分钟内	30分钟～1小时	1～2小时	2小时以上
上网浏览新闻						
上网查找资料						
观看视频（如土豆网、优酷网、PPLIVE等）						
儿童网络游戏（儿童网络社区）						
聊天交流	QQ					
	飞信					
	MSN					
微博	腾讯微博					
	新浪微博					
	搜狐微博					
博客	QQ空间					
	新浪博客					
	班级博客					
	其他					
收听或下载音乐						
电子邮箱						
社区网站（如人人网、开心网等）						
网络购物（如淘宝网、当当网等）						
百科（如百度百科、维基百科等）						
其他________						

16. 你最常在哪三个地方上网？（多选题）

A. □家里

B. □学校电脑室

C. □亲戚、朋友家

D. □手机上网

E. □iPad上网

F. □网吧

G. □其他__________（请注明）

17. 你上网的时候，是否有家长在旁边指导？

A. □是

B. □否

C. □看情况而定

18. 你有通过网上认识的网友吗？

A. □有

B. □没有

19. 假如一周内不能使用互联网，你的感受怎样？

A. □烦躁不安，不知该做什么

B. □无精打采，提不起精神

C. □感觉孤独，与世隔绝

D. □无所谓

E. □时间更充裕，可安心做其他事情

F. □感觉安静和身心放松

G. □说不清

20. 你觉得上网方面老师比你懂得多吗？

A. □老师懂得比较多

B. □我懂得比老师多

C. □不知道

21. 你觉得上网方面爸爸妈妈比你懂得多吗?

A. □爸爸妈妈懂得比较多

B. □我懂得比爸爸妈妈多

C. □不知道

22. 家长和老师对你上网是什么态度?

A. □赞成

B. □不赞成也不反对

C. □反对

23. 你希望爸爸妈妈或者老师指导你上网吗?

A. □希望

B. □不希望

C. □无所谓

24. 你认为上网与学习是什么样的关系?

A. □上网不利于学习

B. □上网有利于学习

C. □两者没什么关系

D. □看具体情况而定

E. □不知道

25. 你觉得网络对你最重要的影响是哪三项?（多选题）

A. □开阔了眼界，了解了很多书本看不到的知识

B. □查阅信息方便，给生活、学习带来了便利

C. □让我更加关心国家大事

D. □发展了我的社会交往能力

E. □占用了我的很多时间

F. □让我对游戏很痴迷

G. □其他__________（请注明）

26. 你喜欢玩网络游戏吗?

A. □从来没有接触过

B. □非常喜欢

C. □无所谓

D. □不喜欢

27. 你如何看待网络游戏?（多选题）

A. □好玩而已

B. □可以开发智力

C. □没啥感觉，但父母对游戏有误解

D. □要控制打游戏时间

28. 你了解到网络游戏信息的渠道主要是哪三个?（多选题）

A. □朋友、同学介绍

B. □报纸、杂志

C. □互联网

D. □电视

E. □户外广告

F. □购物商场的专卖店

G. □学校旁边的小商店

H. □街上派发的宣传品

I. □其他__________（请注明）

29. 你最喜欢玩的网络游戏（儿童网络社区）是哪三个？（多选题）

A. □从来不玩

B. □《洛克王国》

C. □《赛尔号》

D. □《弹弹堂》

E. □《奥比岛》

F. □《奥拉星》

G. □《摩尔庄园》

H. □《火影世界》

I. □《卡布西游》

J. □《小花仙》

K. □《龙斗士》

L. □《库库马力》

M. □网页小游戏（如“2144”，“4399”，“7k7k”等）

N. □其他__________（请注明）

30. 你一般什么时候上网玩游戏？

A. □每天

B. □每周2～3次

C. □只在周末玩

D. □不定时

E. □从来不玩

31. 你每月用于网络游戏的费用是多少钱？

A. □0元

B. □1～5元

C. □5～10元

D. □10～20元

E. □20元以上

（四）移动终端使用习惯

32. 你是否有属于自己的手机?

A. □有

B. □没有

33. 你最常用到手机（你自己或父母的手机）功能的哪三项? （多选题）

A. □打电话

B. □发短信

C. □上网（浏览网页，使用QQ、微博等）

D. □听音乐

E. □玩游戏

F. □看电子书

G. □看电影、电视剧、卡通片

H. □其他__________（请注明）

34. 你最喜欢玩的手机游戏有哪三个? 请在答题线上写上游戏的名字

A. ______________________________

B. ______________________________

C. ______________________________

D. □我不喜欢玩手机游戏

35. 你认为小学生是否有必要配备一台自己的手机?

A. □很有必要，不但可以及时联系父母和朋友，还可以上网、玩游戏放松一下

B. □无所谓

C. □没必要，因为容易被抢，而且会影响学习

36. 你认为手机与学习是什么样的关系?

A. □手机不利于学习

B. □手机有利于学习

C. □两者没什么关系

D. □看具体情况而定

E. □不知道

37. 你是否有接触过类似iPad等的平板电脑?

A. □有

B. □没有

38. 你通常会拿平板电脑（含iPad等）来做哪三样事情?（多选题）

A. □玩游戏

B. □看书、报、杂志

C. □玩虚拟乐器（如模拟的钢琴、鼓、琵琶、吉他等）

D. □上网（浏览新闻、聊天等）

E. □看电影、电视剧、卡通片

F. □听音乐

G. □学习

H. □我不喜欢或从来没有使用平板电脑（如iPad）

I. □其他__________（请注明）

39. 你认为平板电脑（含iPad等）与学习是什么样的关系?

A. □不利于学习

B. □有利于学习

C. □两者没什么关系

D. □看具体情况而定

E. □不知道

40. 你最喜欢玩的平板电脑（含iPad等）游戏是哪三个?请在答题线上写下游戏名。

A. ____

B. ____

C. ____

D. □我不喜欢在平板电脑（含iPad等）上玩游戏

（五）媒介认知度调研

41. 对于媒介上的内容，你的态度是：

A. □完全相信

B. □基本相信

C. □半信半疑

D. □基本不信

E. □完全不信

42. 你认为哪三种媒介最值得相信？（多选题）

A. □课外书

B. □杂志

C. □报纸

D. □广播

E. □动漫、卡通

F. □电视

G. □电影

H. □网络

I. □手机

J. □其他__________（请注明）

43. 你认为自己是否能够判断网络信息的真假与好坏？

A. □能

B. □不能

C. □需要请教家长或老师

44. 在电视或者网络上看到暴力、色情等不良情节时，你会怎样做？（多选题）

A. □马上换其他频道，不继续看

B. □无所谓，继续看

C. □请求家长和自己一起看，并希望他们指导

D. □不知所措

45. 当电视出现广告时，你会：

A. □专心看广告

B. □转换一个没有广告的频道

C. □不换台，但离开去做别的事情

D. □边看广告，边做别的事情

46. 你认为广告是真实的吗？

A. □不真实的

B. □一部分是真实的

C. □真实的

D. □不知道

47. 你是否会因为自己喜欢的明星做某种产品广告，而去购买这种产品？

A. □经常

B. □偶尔

C. □从来没有

48. 你经常参加的活动是哪三项？（多选题）

A. □投稿

B. □拨打热线电话

C. □点歌祝福

D. □短信竞猜

E. □网上发帖

F. □写微博、博客等

G. □网上购物

H. □做小记者

I. □其他__________（请注明）

J. □没参加过任何一个

49. 你最希望通过媒介达成哪三项目标？（多选题）

A. □投稿，发表文章

B. □在网上认识新的朋友

C. □获得最新的资讯

D. □了解同学朋友的最新情况

E. □做小记者（小主播）采访名人

F. □发表自己的想法

G. □网上购物

H. □成为游戏高手

I. □其他__________（请注明）

J. □不想达成任何目标

50. 你的学校开展过媒介素养教育活动或课程（教同学们学会正确认识和有效利用媒介）吗？

A. □开设了媒介素养教育课程

B. □经常有此类活动或课程

C. □偶尔有此类活动

D. □没有此类活动

51. 你认为学校开设一门媒介素养课程是否有必要？

A. □有必要

B. □无所谓

C. □没有必要

附录二　广州市小学生媒介接触、使用行为和素养状况的访谈问卷

采访人员须知：

文中下划线部分为主要问题，其他问题都从属于这些主要问题。

除引子、开场白及结语外，其他话题可根据被采访者所谈到的顺序来决定。

电脑和网络的使用是必须要谈到的主要话题，其他媒介根据被采访者情况可取舍。

其他媒介可能会被提起，如果提起就要问相关问题。

1. 引子（略）

2. 开场白

<u>问1. 你昨天的闲暇时间做什么了?</u>

- 平常的一天就是这样过的吗?
- 如果不是，那么平常一天是怎样过的?
- 媒体在你一天中的生活扮演什么角色?

<u>问2. 你周末一般都做什么?</u>

- 你是否使用过媒介呢?
- 你看电视吗? 听广播吗? 上网吗? 看杂志吗?

3. 话题

话题A：电脑

<u>问1. 是否经常使用电脑? 一般在哪里? 使用多长时间? 用电脑主要做什么?</u>

- 你经常使用电脑吗?
- 平均一天用电脑多长时间?
- 用电脑主要做什么?
- 在哪里用电脑?
- 你认为自己目前的电脑水平如何?

问2. 你如何解决电脑问题？

- 如果电脑出了问题，你会如何解决？
- 你的电脑最近有无出过问题？你是如何解决问题的？成功了吗？
- 你是否曾帮你的同学解决过电脑问题？

问3. 哪些因素阻碍了你使用电脑？

话题B：网络

问1. 你经常上网吗？一般在哪里上网？上多长时间？主要做什么？网络最吸引你的地方是什么？

问2. 你上网查找你需要的信息时，一般是如何查找的？你知道网站是如何经营的吗？

问3. 你认为网络的使用中存在什么问题吗？

1. 你在使用网络时遇到过什么问题？
2. 对于网上的“虚假消息”你怎么看？
3. 你是否上网时间过长？你上网有瘾吗？你觉得上网时间过长会有什么问题吗？

问4. 你是否利用网络进行过创作？

- 你是否参与过网上的讨论？
- 你有否在网上发表过文章？
- 你有无自己的网页（博客、微博或QQ空间）？

话题C：手机和平板电脑

问1. 是否经常使用手机和平板电脑？一般在哪里？使用多长时间？用它们主要做什么？

- 你经常使用手机和平板电脑吗？
- 平均一天用手机和平板电脑多长时间？
- 用手机和平板电脑主要做什么？
- 在哪里用手机和平板电脑？
- 你认为自己目前的手机和平板电脑水平如何？

问2. 哪些因素阻碍了你使用手机和平板电脑？

话题D：其他媒介的使用

问1. 你是否经常使用这些媒介？

问2. 你采取什么途径获得这些媒介来使用？

问3. 你觉得这种媒介哪些地方吸引你？

3.1 图书

- 你经常读课外书吗？你喜欢读哪类书？
- 你看的书从哪里来？
- 这些书有哪些地方吸引你？

3.2 杂志

- 你经常读杂志吗？你喜欢读哪类杂志？
- 你看的杂志从哪里来？
- 杂志有哪些地方吸引你？

3.3 报纸

- 你经常读报纸吗？你喜欢读哪类报纸？
- 你看的报纸从哪里来？
- 报纸有哪些地方吸引你？

3.4 电视

- 你经常看电视吗？你喜欢看哪类电视节目？
- 你在哪里看电视？什么时候看电视？
- 电视有哪些地方吸引你？

3.4 广播

- 你经常听广播吗？你喜欢听哪类广播节目？
- 你一般在哪里听广播？什么时候听广播？
- 广播有哪些地方吸引你？

3.4 电影

- 你经常看电影吗？你喜欢看哪些电影？
- 你一般在哪里看电影？你通过哪些媒体看电影（电影院、网上、电视上）？
- 电影有哪些地方吸引你？

话题E

问：你认为电脑、手机和网络将来在我们的生活、工作和学习中将会起什么样的作用？

4. 结语（略）

附录三　广州市小学生及其家长和老师的访谈内容摘要

一、小学生的个人访谈内容摘要

以下内容都是从本次调研针对小学生的深度访谈中摘选整理而来。我们从家长访谈记录中节选了其中的五篇。访谈的核心均围绕本次研究的相关内容进行。全部有录音以及文字记录。考虑到对被访者的隐私保护，本记录节选将不会出现被访者的个人信息，包括但不限于姓名、性别、年龄、联系方式等内容。

问题1：你信不信媒体说的话？相信哪种媒体？为什么相信这种媒体说的话？不相信哪种媒体？为什么不相信这种媒体说的话？

“被访者一”答：我相信报纸上的社会新闻，因为有真实感。不喜欢八卦新闻，觉得很无聊。我不大相信网络上的消息，觉得很多都是假的。

“被访者二”答：我相信媒体说的话。相信新闻。因为新闻都是实事报道。我比较不相信电脑，因为现在有很多网络骗子。

“被访者三”答：对于媒体说的不是全部都相信。由政府办的媒体可信度就较高。因为这些媒体不用赚钱，商业化的媒体以盈利为目标，通常会夸大宣传。

“被访者四”答：信。相信电视新闻联播，因为它比较权威，报道的都是事实。但不相信微博，因为我认为，微博里大多是造谣。

“被访者五”答：我相信大部分媒体说的话，但还是有一部分不是很信。我相信电视上的新闻报道，因为新闻是一个很严肃的问题，媒体不敢乱发表一些虚假的东西上去，那样会误导人们，所以我觉得新闻比较权威。我不相信网络，因为网络上有一些不良的报道和资料，我们不容易分辨对错，而且网络上有一些是谣言。

问题2：你喜欢看卡通、漫画，玩游戏吗？你爸爸妈妈有反对你做这些事的时候吗？他们反对的理由是什么？

“被访者一”答：我喜欢看卡通、漫画，玩游戏。我做完作业看一下爸爸妈妈不会说我，但如果看的时间长了，爸爸妈妈就会反对了，理由是会近视，会影响学习，造成成绩下降。

“被访者二”答：我喜欢。我爸爸妈妈有时候会反对。他们反对的理由是说玩电脑久了容易近视。

“被访者三”答：我喜欢看卡通、漫画，玩游戏。爸爸妈妈有反对我的时候。他们反对的理由是会影响身体健康。

“被访者四”答：喜欢，爸爸妈妈有反对的时候，理由是对眼睛不好，还容易沉迷。

“被访者五”答：我挺喜欢的，爸爸妈妈当然有反对。他们反对的理由是对眼睛的伤害比较大，而且容易沉迷，使学习成绩下降。

问题3：如果要你说服爸爸妈妈让你看卡通漫画和玩游戏，你会怎样和他们说？

“被访者一”答：我会跟他们说不会影响学习，因为我会控制时间，节假日才放松一下。而且看卡通、漫画和玩游戏可以让我心情愉快，头脑灵活，和同学交流时才有更多的话题。

“被访者二”答：如果要我说服爸爸妈妈让我看卡通、漫画和玩游戏，我会跟他们说，在看卡通、漫画和玩游戏的时候，我们小孩子汲取知识会更加容易，只要我们看一些、玩一些有益的就行了。

“被访者三”答：我会和他们说卡通可以影响审美观。

“被访者四”答：我会跟他们讲，看卡通节目能增加想象力。

“被访者五”答：我会对他们说，看卡通、漫画不是没有好处的，它能培养我们的想象力和画画水平，一些好的漫画还能让我们在漫画中学习。玩游戏也有很多好处，比如锻炼反应力、眼力、开发右脑……

问题4：你最喜欢玩的电脑游戏是什么？它有什么吸引你的地方？

“被访者一”答：我最喜欢玩的游戏是《奥比岛》，因为很有真实模拟性。

“被访者二”答：我最喜欢玩那一些益智游戏，因为它不仅能娱乐还能增长我的知识。

“被访者三”答：我最喜欢的电脑游戏是《QQ服装店》，它吸引我的地方在它能让我亲身体验自己当老板来经营服装店。

“被访者四”答：我最喜欢玩的电脑游戏是QQ游戏，因为里面有各种各样新颖好玩的游戏。

“被访者五”答：我最喜欢的是《大家来找茬》，因为它可以锻炼我们的眼力和辨色力。

问题5：你最喜欢玩的手机游戏是什么？它有什么吸引你的地方？

“被访者一”答：我爸爸妈妈的手机里没有游戏，我没玩过手机游戏。

“被访者二”答：我最喜欢的手机游戏是《水果忍者》，因为这游戏很有挑战性。

“被访者三”答：我最喜欢玩的手机游戏是《愤怒的小鸟》，它的游戏内容丰富、够刺激！

“被访者四”答：我最喜欢玩的手机游戏是《连连看》，因为它可以锻炼我们的反应力。

“被访者五”答：我最喜欢的是《连连看》，因为它可以培养我们的反应力。

问题6：你最喜欢玩的iPad游戏是什么？它有什么吸引你的地方？

“被访者一”答：我最喜欢玩《愤怒的小鸟》，我觉得它很有战斗力，很刺激。

“被访者二”答：我最喜欢iPad游戏的《汤姆猫》。它很可爱。

“被访者三”答：我最喜欢玩的iPad游戏是《愤怒的小鸟》，它的游戏内容丰富、够刺激！

“被访者四”答：我没有iPad。

“被访者五”答：我没有iPad。

问题7：你能说出你上网可以做哪些事吗？

“被访者一”答：我上网一般就是上QQ、玩游戏。

“被访者二”答：上网可以查资料、看新闻、看电影、玩游戏。

“被访者三”答：我上网可以搜索不懂的问题。

“被访者四”答：上网可以查资料，发邮件等。

“被访者五”答：可以查找资料、了解新闻、娱乐、交流。

问题8：你觉得网络安全吗，有没有考虑过在网上有些个人隐私等安全问题？

“被访者一”答：我听说过网络不安全，但没考虑过对自己有什么影响和如何防范。

“被访者二”答：我觉得网络不安全。我考虑过网上的个人私隐的安全问题，所以我一般不填真实姓名。

“被访者三”答：不太安全，网络上可能会有骗子骗钱或者通过黑客手法盗取我们电脑上的资料。

“被访者四”答：我觉得网络不安全，特别是个人隐私等问题很不安全。

“被访者五”答：不是很安全，有考虑过。所以尽量不在网上填写个人隐私，填也不公开。

问题9：对于上网，你觉得你和父母或老师有分歧吗，主要是什么？

“被访者一”答：对于上网，我觉得和父母没有分歧。爸爸妈妈只要求我不要长时间上网就行了。

“被访者二”答：好像没有根本性的分歧，只是他们都认为我玩游戏的时间有点长。

“被访者三”答：没有分歧，因为我父母都非常支持老师对我的教育。

“被访者四”答：有，我觉得上网可以开阔我的眼界和丰富我的知识面；我父母觉得网上会有些不良信息，还会影响视力。

“被访者五”答：有，我认为上网可以增长知识，开阔视野。在累时，适当玩一会游戏还能缓解压力。父母认为上网伤眼睛，容易接触不良信息。

二、家长及老师的个人访谈摘要

以下内容都是从本次调研中针对家长及老师的深度访谈中摘选整理而来。我们从家长访谈记录中节选了其中的七篇，从老师访谈中节选了其中的六篇。访谈的核心均围绕本次研究的相关内容进行。全部有录音以及文字记录。考虑到对被访者的隐私保护，本记录节选将不会出现被访者的个人信息，包括但不限于姓名、性别、年龄、联系方式等内容。

（一）家长访谈记录节选

问题一：面对“信息爆炸”的时代，你觉得教导孩子的难度加大了吗？

“被访者一”答：加大了很多，很多时候感觉跟不上孩子的思维，对于教育也有许多盲点。

“被访者二”答：是的。现在的孩子比以前的孩子聪明。

“被访者三”答：的确难度大。网络游戏、不良视频、不雅广告语等会都会误导孩子。

“被访者四”答：难度加大了。如果家长不及时学习，提升自己，确实无法正确引导孩子。

“被访者五”答：“信息爆炸”的时代，对教导孩子有利也有弊，一方面孩子接受的信息量大了，知识面广了，另一方面要让孩子能分辨信息中的真伪。

"被访者六"答：孩子通过各种渠道获得较多的信息，可以丰富自己的认识，虽然教导孩子难度有所增加，但我觉得是好事。

"被访者七"答：面对信息爆炸的时代，我觉得教育孩子的难度加大了，有时自己都觉得很难跟上潮流。

问题二：你有没有为你的孩子挑选电视节目？当孩子在看一些不良情节或者节目时，你是怎做的？

"被访者一"答：有为他挑选节目。当出现不良情节时，我会与她一同探讨，引导她明白什么是好的，什么是应该避开的。

"被访者二"答：我一般不会规定自己的小孩去看什么节目，但我自己平时的言行中会去引导她这个年龄段比较适合看什么电视节目；当孩子在看一些不良情节或者节目时，我会技巧性地告诉她，这些电视节目是不适宜小孩子看的。

"被访者三"答：有，小的时候他对动漫比较感兴趣，稍大就会自主挑选节目，我们家长都要初选后才让他看。例如引导他看地理知识、经典电视剧、动物世界，尤其鼓励他看励志上进类节目。

"被访者四"答：有为孩子挑选电视节目。如果有出现不良情节或节目，以它作为反面教材引导孩子。

"被访者五"答：有。我会告诉孩子哪些节目是该看的，哪些是不该看的。

"被访者六"答：孩子很少看电视，偶尔看电视也是我们觉得可以看的，所以没有故意挑选节目。当孩子看不良节目时，如果是故意的，我们会跟他讲这样的节目会带来什么坏处，如果是无意碰到不良节目，我们会借故把他支开。

"被访者七"答：我会选择性地为孩子挑选电视节目，科教类的或跟大自然有关的节目我都乐意给他看。

问题三：你觉得网络对孩子有哪些正面的影响？

"被访者一"答：网络其实是一个很强大的学习工具，在上面可以查询到很多我们难以回答的问题，而且知识面也开阔了很多，只需要我们正确引导即可。

"被访者二"答：①开拓眼界，增加课外知识；②获取新知识、新方法，提高学习效率；③学会与人沟通，改善交际能力。

“被访者三”答：百科知识查阅、QQ实时通讯同学交流、学英语游戏等。

“被访者四”答：网络其实是一种非常好的学习工具。如果能够正确地利用好，它可以提高自学能力，开阔视野，甚至可以做到“秀才不出门，尽知天下事”。

“被访者五”答：丰富文娱活动、开阔视野、扩大认知。

“被访者六”答：通过网络孩子可以获得更多的信息，增长见识开阔视野。

“被访者七”答：网络可以让孩子学到很多东西，不懂、不知道的都可以从网上找到。

问题四：你觉得网络对孩子有哪些负面影响？你是如何指导他们面对这方面问题的？

“被访者一”答：负面的影响，比如说游戏里会有一些色情的甚至是暴力的东西，对孩子都会有很坏的影响。同样也是需要我们多陪陪孩子，在她的眼睛还不能够分辨这些的时候，用我们的眼睛来帮助她们，并且让她们多学习一些法律知识，多阅读一些书籍，增加了一定的知识面，就可以有一个正确的态度去面对这些问题。

“被访者二”答：我觉得网络对于小孩子来说，毕竟信息量太大，如果控制能力差的话，比较容易沉迷于游戏中。我的小孩如果上网，我会问她是要找资料，还是做其他的事，会限定她的上网时间。

“被访者三”答：网络内容包罗万象，不良的视频、信息均会误导小孩，尤其是沉迷“网游”更是严重地影响身心、学习和生活。适时引导，限时上网，及时纠正，适时教育。

“被访者四”答：所有的事物都有利弊。随着互联网的飞速发展，网络内容包罗万象，同时也出现色情、暴力、欺诈等不良内容。家长多陪孩子一起通过网络学习正面的知识，及时了解孩子的动向。

“被访者五”答：容易沉溺游戏，形成依赖；要让孩子控制上网时间，拒绝访问不良网页。

“被访者六”答：①孩子玩网络游戏会上瘾，影响学习和生活。有的网络内容没有正确的价值取向，孩子在分不清是非的情况下，容易效仿或者接受，影响正确的价值观的树立。②孩子沉迷网络游戏时，可利用一些个别负面的案例教育孩子，使其不能沉迷于网络游戏。或者对一些网络事件跟孩子一起讨论，引导孩子有正确的明辨是非的能力。

“被访者七”答：有时小孩会太依赖网络，一有不懂得的就上网查阅，缺乏动脑思考的过程。

问题五：你觉得iPad对孩子有哪些正面的影响？

“被访者一”答：其实是和电脑一样的。

“被访者二”答：我家的小孩对iPad有了解，但还谈不上有什么影响，它只是一个比较高科技的电子产品而已。

“被访者三”答：他未接触，我理解与电脑一样，也可以上网、玩游戏、看电影。它就是一个工具，用好了是提高生活质量。

“被访者四”答：iPad是一种时尚的电子产品，但它不适合孩子。可以适当让孩子了解它与电脑的区别，增长见识，但不主张孩子使用。

“被访者五”答：感知科技进步，方便学习生活。

“被访者六”答：正面影响与网络的相同，而且iPad便于携带，更容易随时获得信息。

“被访者七”答：跟电脑差不多，携带方便，教育软件比较丰富、新颖。

问题六：你觉得iPad对孩子有哪些负面影响？你是如何指导他们面对这方面问题的？

“被访者一”答：是和电脑一样的。

“被访者二”答：跟我的问题五答案一样。

“被访者三”答：他未接触，无从回答。我看是一件贵重的产品，暂时不买给他。

“被访者四”答：与上题答案相同。

“被访者五”答：与上面网络对孩子的影响相似。

“被访者六”答：iPad同样会引起游戏上瘾或者接收到不良信息。①我们会限定孩子用iPad的场合及时间。②告诉孩子沉迷游戏的坏处，并利用一些个别负面的案例教育孩子，不能沉迷于网络游戏。或对一些网络事件跟孩子一起讨论，引导孩子有正确的明辨是非能力。

“被访者七”答：孩子随时都想着玩游戏。通常陪着他一起玩，或者之前作一些指导，有时候免不了要采取强硬的禁止措施。

问题七：你知道孩子的QQ号码吗？你平时有和他进行QQ聊天吗？

“被访者一”答：知道号码，但没有通过QQ聊天，因为我们每天都会面对面地聊天。

“被访者二”答：我知道，有时也留言给她，经常有上她的QQ空间踩一下。

“被访者三”答：知道，并且是我申请的。有的。

“被访者四”答：知道。大部分时间都跟孩子一起，没有通过QQ聊天。假期外出偶尔会聊天，就当成练习打字。

“被访者五”答：知道；没有。

“被访者六”答：知道孩子的QQ号码，并加为好友。平时直接沟通聊天为主，很少QQ聊天。

“被访者七”答：知道他的QQ号。有时会跟他QQ聊天。

问题八：你知道孩子的微博和博客地址吗？你有留意他的微博和博客吗？

“被访者一”答：知道。

“被访者二”答：我家小孩还未开通微博。

“被访者三”答：知道。并且教他在博客上如何发表文章。他在博客上写了一些文章，挺好的，起码我检查过很少错别字，比平时写文章认真些，我也教过他发上网之前一定要认真，不要误人子弟。

“被访者四”答：没有开通。

“被访者五”答：知道。偶尔。

“被访者六”答：不知道，她爸爸知道。她爸爸留意过。

“被访者七”答：孩子没有开微博。

问题九：你知道孩子最喜欢的一款电脑游戏是什么吗？你知道怎样玩这个游戏吗？

“被访者一”答：知道她喜欢的游戏，也会玩一些，不是很熟练。

“被访者二”答：不好意思，这个你问倒我了，我不知道她喜欢哪一款电脑游戏。

“被访者三”答：《赛尔号》和《洛克王国》。看过他玩，我不会，我也不喜欢玩，大人更要正面引导，我从不玩“网游”。内心挺反感他玩，因为怕他近视、影响身体、影响学习、更怕沉迷其中等。他现在还能自觉控制上网时间。

“被访者四”答：《赛尔号》《洛克王国》。跟孩子一起玩过，也通过游戏的内容引导孩子。

“被访者五”答：不知道。

“被访者六”答：孩子平时不太爱玩游戏，用电脑一般都是查词典、听音乐、聊天、织围脖（发微博）。

“被访者七”答：孩子最喜欢的一款电脑游戏是《奥雅之光》。我知道一点点。

问题十：你知道孩子最喜欢的一款iPad游戏是什么吗？你知道怎玩这个游戏吗？

“被访者一”答：不清楚。

“被访者二”答：不知道。

“被访者三”答：不知道。

“被访者四”答：没给他玩iPad游戏。

“被访者五”答：不知道。

“被访者六”答：似乎是《水果忍者》吧。不知道。

“被访者七”答：最喜欢的一款iPad游戏是《水果忍者》，我也会玩。

问题十一：你有没有为孩子挑选可以上的网站？有没有为孩子挑选过iPad游戏？

“被访者一”答：都有挑选过，但主要是引导，并没有限制她。

“被访者二”答：没有。

“被访者三”答：有为孩子选过网站。没有为孩子选过iPad游戏。

“被访者四”答：有挑选。没有挑选过iPad游戏。

“被访者五”答：都有。

“被访者六”答：都没有。

“被访者七”答：我们一般都没挑选上哪个网站。太暴力的游戏不会让孩子玩。

问题十二：你觉得目前有哪些媒介对你的孩子影响较大？

“被访者一”答：电视和电脑应该暂时是对孩子影响最大的。

“被访者二”答：这个我感觉都不是很明显。

“被访者三”答：没什么感觉

“被访者四”答：网络、电视和学校都对孩子的影响较大。

“被访者五”答：网络。

“被访者六”答：电视、报纸、书籍和网络。

“被访者七”答：现在只是选择性的接触，所以很难说哪些媒介对孩子影响大。

问题十三：你觉得开展媒介素养教育重要吗？你觉得最重要的教育是什么？你想到用什么样的方式来开展媒介素养养教育？

“被访者一”答：开展媒介素养教育当然是很重要的。我觉得开展网络法制教育也很重要的，让她们从小就懂法，在网上也要守法，对自己的行为有一定的约束，这对她们的成长会有着不可估量的意义。

“被访者二”答：开展媒介素养教育很重要，如果媒介素养提高了，就会对接收的信息去伪存真、去粗取精，从而有健康向上的观念和文化。我认为对于学生而言，应使媒介素养教育课堂化、日常化、制度化，把管理和教育结合起来，使媒介素养教育走进家庭和社区，形成家长、社会和学校齐抓共管的合力。

“被访者三”答：开展媒介素养教育很重要。正确引导孩子们参加体育活动、第二课堂活动比赛，或参加兴趣小组，减少不良的行为。

“被访者四”答：开展媒介素养教育非常重要。面对信息的海洋，要教会孩子如何正确理解信息、选择信息、利用信息，让信息为我所用。及时把我们了解到的信息向孩子传递，正确引导孩子多阅读书籍。合理安排课外活动。家长多与孩子一起，少让孩子一个人独处。

“被访者五”答：很重要。引领孩子如何正确利用网络等媒介增长知识，为自己学习、生活服务。

“被访者六”答：①很重要；②最重要的是树立正确的媒介信息是非观，知道如何取舍；③多用讲座、小组讨论等形式。

“被访者七”答：我觉得素养教育很重要，与此同时，道德教育、能力培养和心理健康教育也是必不可少的。

（二）老师访谈节选

问题一：你平时和学生主要是通过什么媒介进行交流？

“被访者一”答：我平时主要是通过学生家庭电话、QQ与学生进行交流。

“被访者二”答：平时和学生主要是面对面交流，有时也会通过电话进行交流。

“被访者三”答：个别谈话、校讯通。

“被访者四”答：我平时主要是通过QQ、手机及家庭电话等媒介与学生进行交流的。

“被访者五”答：一般都是QQ、腾讯微博和新浪微博，有时也会用到飞信。

“被访者六”答：手机、QQ、QQ空间和电子邮箱。

问题二：你平时和家长主要是通过什么媒介进行交流？

“被访者一”答：我平时是通过电话、短信、QQ和家长进行交流。

“被访者二”答：平时与家长电话交流比较多，另外还通过校讯通发布家庭作业，及时向家长反应孩子的学习及思想行为方面的近况。

“被访者三”答：校讯通和电话。

“被访者四”答：我平时主要是通过校讯通和家长手机与家长交流。

“被访者五”答：主要通过家长会等形式面对面交流，有时也通过电话。

“被访者六”答：手机、QQ、飞信和电子邮箱。

问题三：你觉得网络对孩子有哪些正面的影响？

“被访者一”答：我觉得网络对孩子有以下正面、健康的影响：①孩子们可以在网络上阅读大量的有益书籍。有利于孩子增长见识，提高学习效率，同时提升阅读能力、理解能力、写作能力。②孩子们可以通过网络寻求解决问题的方法。有利于培养孩子的思维能力、拓展思路，通过不同解决问题的办法，从各个侧面帮助他们正确地看待周围的人和事，树立正确的是非观、人生观和世界观。③孩子可以通过网络获知世界各地的时事新闻、风土人情。有利于让孩子们获取海量信息。巨大的知识量、最新的信息资料，能够让孩子产生创新灵感，激发孩子的创新火花，也能使孩子们的视野更为开阔，从而有助于他们全球意识的形成。 ④孩子们可以通过网络自由交流。QQ、MSN、微博等为孩子们提供了沟通的平台。孩子可以自由选择交流的对象，与他人的交流不受现实的约束，从而拓展孩子的人际交往空间，改善人际沟通能力，从中体会到无拘无束的沟通给他们所带来的快乐。

“被访者二”答：孩子可以通过互联网查询各种学习资料及有用的资讯信息，了解当代社会的焦点问题与民生大事，培养与人的交际沟通能力等。

“被访者三”答：拓宽视野、扩大知识面、与时俱进等。

“被访者四”答：学生可以通过互联网去了解更多知识和查资料，而且在适度使用电脑游戏的情况下还可以放松身心。

“被访者五”答：网上可以一下子收集很多需要查找的资料，不用像以前那样上图书馆，而且信息是海量的。

“被访者六”答：获取优质信息的渠道更加通畅，信息量更宽更广。

问题四：你觉得网络对孩子有哪些负面的影响?

“被访者一”答：我觉得负面的影响主要有：①长时间持续上网会影响孩子的精神状态。长时间上网，会出现情绪低落、眼花、疲乏无力、食欲不振、焦躁不安等症状，损害青少年的身体健康。②长时间持续上网会让孩子出现对周边的人、事和环境有漠不关心、冷漠对待的情况。长期上网会引发网络孤独症，使之人际情感淡漠，对现实社会产生不认可甚至逃避的心理，会诱发青少年的双重人格障碍。③网络信息泛滥可能会影响孩子正确的人生观、价值观和是非观。互联网上信息接受和传播的隐蔽性，很容易造成青少年信仰的缺失或价值观的多元化，并能引起青少年道德意识弱化、社会责任感下降；网络交流的隐藏性、无约束性，极容易使青少年做出一些违反常规的事情，甚至走上犯罪的道路。④网络聊天会引发孩子的感情纠葛，导致各种情感问题。不正确的沟通聊天，让孩子极容易发展“网恋”。使孩子无心向学，影响正常的学习、生活秩序。在虚拟的网络空间里，长期处于时而兴奋、时而喜悦、时而低落、时而消极的精神状态，极不利于孩子们的心理健康发展。⑤长时间持续上网会影响孩子的视力。长时间上网，会使眼睛感到疲劳、干涩，显示器的强光对眼睛照射会使他们对其他事物的反应变得缓慢，眼睛偶尔会出现幻觉、模糊、晕眩等症状。

“被访者二”答：孩子心智还不成熟，较难分辨及识别网上的不良信息，抵御能力较弱，自我保护意识还不强。

“被访者三”答：遇到不适合他们看的会影响他们的身心健康，有的孩子沉迷游戏，严重的导致无心向学、视力急剧下降等。

“被访者四”答：网络给了孩子们一个疯狂玩游戏的空间，让他们无心学习，这是一个严重的问题。

“被访者五”答：网络虽然说对孩子们有好处，但是其中的弊端也是不可忽视的，有些学生就因为过度沉迷电脑游戏而耽误了学习。不仅如此，网络上也有很多骗子罪犯，所以学生们一不小心就会跌入陷阱。

“被访者六”答：小学生一般都比较贪玩，尤其是男孩子，比较容易沉迷于网络游戏，另外，网络信息质量参差不齐，如果没有有利引导，可能导致学生吸收了负面信息，久而久之会影响孩子的身心健康。

问题五：你是如何指导他们面对这方面问题的？

“被访者一”答：我是这样引导家长和孩子们应对这方面问题的：①对孩子们灌输上网吧的害处；长时间上网对视力的影响；引导孩子尽量同家长一同上网，既可以培养与家人的沟通能力，又可以增添家庭乐趣。②孩子单独上网时，必须先征得家长同意。③引导家长尽可能的规定孩子上网时间，如30分钟，最好能控制在60分钟以内。④引导家长应多留意孩子上网时在做什么，如：与什么人聊天、玩什么游戏、浏览哪类书籍资料等。在这过程中，要多注意与孩子进行良好的沟通，避免引起孩子反感。⑤引导家长对孩子长期沟通聊天的对象，可以适当地加之为好友，甚至加其家长为好友。通过多个侧面去获知孩子们的最新动态。

“被访者二”答：应指导他们浏览健康网站，自觉抵御不健康的信息，在网上不要随便泄露较私人的信息，不要相信网上的陌生人，不要听谣信谣传谣，不要相信那些中奖的骗局等等。

“被访者三”答：这些情况要因人而异，不能一概而论。

“被访者四”答：我会找那个同学谈话，让他学会合理安排时间，并让家长好好监督。

“被访者五”答：关于这方面的问题老师们也会经常教育学生，家长会上告诉家长要一起控制学生上网时间、观察聊天对象等。

“被访者六”答：应该从正面告诫他们远离暴力、色情网站，结合一些青少年不当使用网络引起的负面后果。

问题六：你和学生通过QQ聊天吗？你有关注学生的微博和博客吗？

“被访者一”答：我有与学生通过QQ聊天。暂时没关注学生的微博或博客。

“被访者二”答：有过。没有。

“被访者三”答：有。

“被访者四”答：我有时在家会和同学们在QQ上聊天，也经常关注他们的微博和博客。

“被访者五”答：你所说的都曾有过，但都不是经常，相对起来QQ聊天还是比微博要多一些。

“被访者六”答：有。

问题七：你担心学生因为沉迷iPad造成负面影响吗？你是如何指导他们面对这方面的问题的？

“被访者一”答：我有担心学生因为沉迷iPad会造成一定的负面影响。iPad属于偏高消费的产品，过度追崇会导致孩子们之间相互攀比，造成虚荣、贪婪的负面影响。现在的孩子使用iPad大多是用来玩游戏，长时间看着高速的图像移动，也会使视力急速下降。我是这样引导孩子们对待这方面的问题：①购买平板电脑是有很多选择的，如三星、索尼、纽曼等，大多是价廉物美的高质品牌，并非一定要iPad不可，在购买前应综合考虑系统支持、分辨率、家庭经济条件等因素。②使用平板电脑时，注意控制时间，不应长时间使用。

“被访者二”答：会有这方面的担心，但还没接触过这方面的问题。

“被访者三”答：担心。引导学生选择适合他们看的内容，合理安排时间。

“被访者四”答：我十分担心，这时我会让他们控制自己尽量不要玩，我也会告知家长，让家长们监督孩子，不要让他们越陷越深。

“被访者五”答：一般我比较少关注这个问题，不过也是有一点担心的。我会去了解他们的游戏，然后去指导他们如何分辨好的游戏和不好的游戏。

“被访者六”答：担心。平时应该和家长做好沟通交流工作，了解学生在家使用电脑的情况，帮助家长解决新的问题，利用上课时间和全班或下课时间和个别学生进行谈话，晓之利弊。

问题八：你觉得iPad对学生的成长有什么正面的帮助吗？

“被访者一”答：iPad对学生有一定的帮助，学生可以通过它上网查找资料，还可以在线与名师交流，解决学习上的问题。

“被访者二”答：有，比如一种学会通过网络来了解世界的生活态度，开阔眼界，可以接触到各种最新潮流讯息，生活会丰富多彩。

“被访者三”答：拓宽视野、扩大知识面、与时俱进等。

“被访者四”答：还是有些帮助的，可以让他们接触并了解这种媒介，还能让他们通过这种媒介获取新闻。

“被访者五”答：正面帮助当然有，一些有关智力的逻辑游戏对学生的思维也是有帮助的。

“被访者六”答：有。类似电脑。

问题九：你对用iPad来做教材有什么看法？

“被访者一”答：用iPad来做教材有利也有弊。用iPad可以减轻学生必须拿一大堆书回学校的负担；同时减少了纸张的使用，环保节约。但如果天天看iPad来学习，会引起大量学生视力下降。如果在课堂上发生故障、无电等等必定影响正常的学习秩序。iPad属于贵重物品，并不适合学生在家庭与学校之间带来拿去。如果在校发生遗失、损坏、跌破等，对家庭和学校都是一个沉重的负担。

“被访者二”答：还是不太赞成吧。关键是有些孩子的自制力还是比较差的，容易沉迷。统一来做教材可能还是不太合适。

“被访者三”答：可以适时适地采用。

“被访者四”答：我觉得在小学阶段最好不要，这样做可能会让他们沉迷iPad。

“被访者五”答：赞成，因为是高科技的东西，所以比较人性化。

“被访者六”答：没有必要，也许更方便，但是首先必然影响孩子的视力健康。再者，上课如果不是进行纯粹的书本阅读，肯定影响孩子的专注力。

问题十：你觉得校园里有哪些媒介对学生影响较大？

“被访者一”答：我觉得在校园里报纸对学生的影响会比较大，如少儿报刊、校报、校刊。

“被访者二”答：电子屏、橱窗等，其他还没有发现。

“被访者三”答：电脑和广播。

“被访者四”答：我觉得学校的广播和电脑对学生的影响较大。

“被访者五”答：影响最大的首先当然是QQ，几乎每一个学生都有自己的QQ号。因为互动平台多，功能多的原因，QQ是最受欢迎的。其次，还有贴吧、飞信、微博等。

“被访者六”答：广播和电脑。

问题十一：你觉得开展媒介素养教育重要吗？你想到用什么样的方式来开展媒介素养养教育？

“被访者一”答：我觉得开展媒介素质教育是重要的。我认为可以让老师和学生一起组织“校园小记者团”，通过收集、采访等形式，定期在校刊、校报上报道学校近期发生的新闻趣事。让更多的孩子去了解学校的动态，从而培养孩子爱学校、爱学习的正确观念。

“被访者二”答：我认为开展媒介素养教育重要，因为当代社会就是一个网络相当发达的社会，人们越来越离不开网络。最重要的教育是学会如何合理利用网络资源，找寻到你所要的信息，帮助你提升自己。可以在电脑课上开展媒介素养教育。

“被访者三”答：重要。提高孩子们的综合素质最重要，应该多渠道（电脑、师传身授、广泛阅读、家长引导、参与实践等）地对孩子们进行素养教育。

“被访者四”答：重要。最重要的教育是让学生懂媒介，并好好利用媒介；我们老师也要有专题地开展这项活动，尽量保证每一个学生都做到“懂媒介、用媒介、做媒介”。

“被访者五”答：开展媒介素养固然重要，但最重要的是教导学生如何安全使用媒介，我觉得应该通过家长及老师的监控和管理来使学生健康快乐地使用媒介。

“被访者六”答：重要，也必要。最重要还是要善用网络资源，主要是结合课堂内容引导学生上网查阅、筛选相关信息，制作PPT进行汇报交流。

附录四　广州市小学生家长和老师的访谈统计

以下内容是在对小学生家长和老师个人访谈结果分析的基础上，将部分有代表性的问题进行了分类和量化处理。得出了访谈家长对这些问题的主要观点及其比例。

（一）家长个人访谈统计

1. 面对“信息爆炸”的时代，你觉得教导孩子的难度加大了吗?

A. 难度加大了	75.92%
B. 难度没加大	24.08%

2. 你有没有为你的孩子挑选电视节目?

A. 有	62.50%
B. 没有	37.50%

3. 当孩子在看一些不良情节或者节目时，你是怎做的?

A. 关电视	6.45%

B. 转台 26.92%

C. 耐心讲解 64.06%

D. 没所谓 2.57%

4. 你觉得网络对孩子有哪些正面的影响？（多选）

A. 没有正面帮助 0.00%

B. 开发智力 4.17%

C. 开阔视野、获取新知识等 72.92%

D. 更好地使用网络等新技术 10.42%

E. 有利于学习 18.75%

F. 有利于人际交往 12.50%

G. 其他 2.08%

5. 你觉得网络对孩子有哪些负面的影响？（多选）

A. 影响视力 10.42%

B. 影响学习 10.42%

C. 沉迷网络 37.50%

D. 容易被不良信息影响（色情暴力等） 35.42%

E. 其他 10.42%

6. 你是如何指导他们面对这方面问题的？

A. 无法指导 6.25%

B. 控制其使用时间 64.58%

C. 和孩子一起使用，并从中指导 27.08%

D. 其他 2.09%

7. 你觉得iPad对孩子有哪些正面的影响？（多选）

A. 没有正面帮助 16.67%

B. 开发智力 12.50%

C. 开阔视野、获取新知识等　　33.33%

D. 更好地使用网络等新技术　　22.92%

E. 有利于学习　　12.50%

F. 有利于人际交往　　2.08%

G. 其他　　16.67%

8. 你觉得iPad对孩子有哪些负面的影响？（多选）

A. 影响视力　　29.17%

B. 影响学习　　35.42%

C. 沉迷网络　　27.08%

D. 容易被不良信息影响（色情暴力等）　　0.00%

E. 其他　　29.17%

9. 你是如何指导他们面对这方面问题的？

A. 无法指导　　7.29%

B. 控制其使用时间　　46.08%

C. 和孩子一起使用，并从中指导　　7.29%

D. 其他　　39.34%

10. 你知道孩子的QQ号码吗？

A. 知道　　81.25%

B. 不知道　　18.75%

11. 你平时有和他进行QQ聊天吗？

A. 有　　45.83%

B. 没有　　54.17%

12. 你知道孩子的微博和博客地址吗?

A. 知道	56.25%
B. 不知道	43.75%

13. 你有留意他的微博和博客吗?

A. 有留意	50.42%
B. 没留意	49.58%

14. 你知道你孩子最喜欢的一款电脑游戏是什么吗?

A. 知道	79.17%
B. 不知道	20.83%

15. 你知道怎玩这个游戏吗?

A. 知道	46.62%
B. 不知道	53.38%

16. 你知道你孩子最喜欢的一款iPad游戏是什么吗?

A. 知道	56.02%
B. 不知道	43.98%

17. 你知道怎玩这个游戏吗?

A. 知道	56.75%
B. 不知道	43.25%

18. 你有没有和你的孩子一起玩过游戏?

A. 有	72.92%
B. 没有	27.08%

19. 你有没有为你的孩子挑选上哪些网站?

A. 有	38.54%

B. 没有　　58.33%

20. 你有没有为你的孩子挑选过iPad游戏?

A. 有　　22.68%

B. 没有　　77.32%

21. 你觉得目前有哪些媒介对孩子的影响较大?（多选）

A. 广播　　0.00%

B. 校讯通　　0.00%

C. 网络　　68.75%

D. 电视　　66.67%

E. 报纸　　29.17%

F. 杂志　　6.25%

G. 手机　　8.33%

22. 你觉得开展媒介素养教育重要吗?

A. 一般重要　　8.25%

B. 很重要　　87.47%

C. 不重要　　4.28%

23. 你觉得最重要的教育是什么，你想到用哪些方式来开展媒介素养教育?

A. 讲座　　24.75%

B. 学校课程　　18.58%

C. 校外课程　　10.25%

D. 书籍　　8.17%

E. 教材　　4.02%

F. 网站　　6.08%

G. 其他　　28.15%

（二）老师个人访谈统计

1. 你平时和学生主要是通过什么媒介进行交流的？（多选）

A. 面谈	31.91%
B. 电话、短信	53.19%
C. 邮箱	6.38%
D. QQ	51.06%
E. 校讯通	17.02%
F. 微博/博客	6.38%
G. 其他	8.51%

2. 你平时和家长主要是通过什么媒介进行交流的？（多选）

A. 面谈	23.40%
B. 电话、短信	85.11%
C. 邮箱	8.51%
D. QQ	27.66%
E. 校讯通	29.79%
F. 微博/博客	4.26%
G. 其他	4.26%

3. 你觉得网络对孩子有哪些正面的影响？（多选）

A. 没有正面帮助	0.00%
B. 开发智力	0.00%
C. 开阔视野、获取新知识等	95.74%
D. 更好地使用网络等新技术	0.00%
E. 有利于学习	2.13%
F. 有利于人际交往	8.51%
G. 其他	2.13%

4. 你觉得网络对孩子有哪些负面的影响？（多选）

A. 影响视力 12.77%

B. 影响学习 12.77%

C. 沉迷网络 61.70%

D. 容易被不良信息影响（色情暴力等） 29.79%

E. 其他 2.13%

5. 你是如何指导他们面对这方面问题的?

A. 无法指导 0.00%

B. 建议家长控制其使用时间 50.42%

C. 建议家长和孩子一起使用，并从中指导 26.06%

D. 其他 23.52%

6. 你和学生通过QQ聊天吗?

A. 有 74.68%

B. 没有 25.32%

7. 你有关注学生的微博和博客吗?

A. 有 31.91%

B. 没有 68.09%

8. 你担心学生因为沉迷iPad造成负面的影响吗?

A. 担心 70.92%

B. 不担心 29.08%

9. 你是如何指导他们面对这方面的问题?

A. 无法指导 0.00%

B. 控制其使用时间 51.23%

C. 一起使用，并从中指导 33.15%

D. 其他 15.62%

10. 你觉得iPad对学生的成长有什么正面的帮助吗？（多选）

A. 没有正面帮助	5.26%
B. 开发智力	8.38%
C. 开阔视野、获取新知识等	58.94%
D. 更好地使用网络等新技术	18.89%
E. 有利于学习	10.51%
F. 有利于人际交往	0.00%
G. 其他	12.64%

11. 你对用iPad来做教材有什么看法？

A. 赞成	47.97%
B. 无所谓	20.95%
C. 反对	41.08%

12. 你觉得校园里有哪些媒介对学生的影响较大？（多选）

A. 广播	29.79%
B. 校讯通	4.26%
C. 网络	68.09%
D. 电视	4.26%
E. 橱窗	12.77%
F. 电子屏	4.26%
G. 报纸	12.77%
H. 杂志	10.64%
I. 手机	19.15%

13. 你觉得开展媒介素养教育重要吗？

A. 一般重要	6.38%
B. 很重要	74.47%
C. 不重要	19.15%

14. 你觉得最重要的教育是什么？你想到用哪些方式来开展媒介素养教育？（多选）

A. 讲座 17.33%

B. 学校课程 17.33%

C. 校外课程 6.69%

D. 书籍 8.81%

E. 教材 8.81%

F. 网站 15.20%

G. 其他 21.28%

附录五 广州市小学生传通行为的调研问卷（含数据）

1. 你从什么时候开始进行下列网络行为？

网络行为	幼儿园	1年级	2年级	3年级	4年级	5年级	6年级
上网	12.80%	29.57%	27.13%	22.26%	6.10%	1.52%	0.62%
使用QQ	5.03%	21.38%	27.04%	27.99%	12.89%	4.40%	1.27%
使用QQ群	2.95%	9.59%	17.71%	33.58%	21.40%	12.18%	2.59%
使用QQ空间	3.51%	17.89%	27.02%	28.42%	15.09%	5.26%	2.81%
使用新浪微博	3.79%	12.12%	11.36%	25.00%	21.97%	18.18%	7.58%
使用腾讯微博	1.35%	6.08%	13.51%	27.03%	21.62%	21.62%	8.79%
使用微信	1.85%	11.11%	9.26%	22.22%	27.78%	18.52%	9.26%
玩儿童网游	13.11%	25.68%	17.49%	21.31%	16.39%	4.37%	1.65%

2. 你平时使用哪种设备来进行下列的网络行为？

	台式电脑（手提电脑）	平板电脑（iPad）	手机
上网	86.07%	11.76%	2.17%
使用QQ	83.17%	11.75%	5.08%
使用QQ群	84.27%	10.49%	5.24%
使用QQ空间	87.63%	8.93%	3.44%
使用新浪微博	69.70%	17.42%	12.88%
使用腾讯微博	77.18%	13.42%	9.40%
玩儿童网游	84.24%	13.59%	2.17%
使用微信	63.39%	15.18%	21.43%

3. 你的爸爸妈妈有微博吗?

□有 69.00% □没有 29.52% □不知道 1.48%

4. 你的家人有没有关注你的微博?

□有 24.09% □没有 52.94% □不知道 22.97%

5. 你有没有关注你家人的微博?

□有 31.77% □没有 68.23%

6. 你希望他们关注吗?

□希望 51.67% □不希望 48.33%

7. 是谁教你使用微博?

□父母 33.00% □老师 2.00% □朋友 15.50%

□同学 12.50% □从其他地方看到 37.00%

8. 你知道身边哪些人用微博比较多?(多选)

□父母 35.02% □老师 10.14% □朋友 20.74% □同学 34.10%

9. 你的微博一般用来做什么?

排名	做的事情
1	看新闻
2	了解自己喜欢的动漫的情况
3	认识新朋友
4	了解游戏的最新动态
5	搜集或转发感兴趣的资料
6	抒发自己的感情
7	记录自己的想法
8	了解同学、朋友的情况
9	了解自己喜欢的明星的情况
10	无聊的时候上去看看
11	表达一下自己的压力和不满
12	了解父母的情况

10. 你爸爸和妈妈有QQ号吗?

□有 86.44% □没有 3.67% □不知道 9.89%

11. 是谁教你使用QQ空间?

□父母 42.72% □老师 0.95% □朋友 15.51% □同学 10.44%

□从其他地方看到 30.38%

12. 你的QQ空间一般用来做什么?

排名	做的事情
1	无聊的时候上去看看
2	了解同学、朋友情况
3	了解游戏的最新动态
4	搜集有用的资料
5	了解自己喜欢的动漫的情况
6	了解自己喜欢的明星的情况
7	认识新朋友
8	收集有趣的资料
9	看新闻
10	记录自己的想法
11	发表自己创作的作品
12	了解父母的情况
13	抒发自己的感情
14	表达一下自己的压力和不满

13. 你拥有多少个QQ群?

□1个 20.69% □2个 21.38% □3个 14.14% □4个 5.86%

□5个或以上 37.93%

14. 你的QQ群一般是联系什么人?（多选）

□家人 20.63% □同学 55.56% □朋友 13.49% □网友 5.56% □老师 4.76%

15. 你在QQ群上一般会聊什么话题?

排名	聊的话题
1	学习
2	随便聊一下
3	同学之间的消息
4	游戏
5	兴趣爱好

（续表）

排名	聊的话题
6	运动
7	动漫
8	感情
9	学校的最新消息
10	明星动态
11	新闻
12	抒发自己的压力

16. 你的家人有没有加入你的Q群?

□有 50.14% □没有 38.75% □不知道 11.11%

17. 你希望家人加入你的QQ群吗?

□希望 62.54% □不希望 37.46%

18. 你在儿童网游中认识了多少新朋友?（通过游戏认识，实际生活中不认识的朋友）

□1~5个 38.33% □6~10个 17.78% □11~20个 15.00%

□21个或以上 28.89%

19. 你在儿童网游中加入过多少个虚拟的社团（联盟、工会或组织）?

□1~2个 38.19% □3~5个 24.31% □5~10个 16.67% □11个或以上 20.83%

20. 你的父母有微信吗?

□有 15.25% □没有 33.78% □不知道 50.97%

附录六　广州市中学生媒介素养调研报告（节录）

第一章　调研背景

新媒体革命为我们带来了一个全新的信息化时代，深刻地影响了当代中学生的学习方式、生活方式和交往方式，尤其是伴随着互联网成长起来的“90后”一代。新媒体为中学生的发展提供了新的机遇，也带来了更大的挑战。

为了及时掌握新媒体环境下中学生的思想动向，了解、掌握当代中学生的媒介需求和使用特点，正面引导中学生逐步树立正确的世界观与价值观，广东省社会科学院青少年成长教育研究中心“青少年媒介素养教育研究”课题组，联合广州青年报社相关工作人员，于2011年11月到2012年3月，在广州市40余所中学开展定向问卷调查，进行媒介素养教育情况的调查研究，并于2012年5月撰写完成了相关研究报告。

第二章　调研对象、范围和研究方法

一、调研方法

首先，采用量化研究法（Quantitative Method）在中学生中派发调查问卷。问卷共设42个问题，选择题41个（其中40题设有9个选择题），开放性题目1个。然后，通过双层抽样方式，先以随机方法抽出受访学校及班级，再邀请样本学校及班级的中学生填写问卷。

本次研究的目标之一是希望了解到广州地区中学生在媒介接触和使用习惯方面的状况，为了得到更具体及全面的资料，我们采用了“聚焦小组”（focus group）和个人访谈结合的方式来收集资料。在小组内，我们按照“聚焦小组”的指引进行访谈，并以开放式的问题（open-ended Question）来发问，让被访问者可自由回答及表达，并在参加者同意下进行了录音。

二、研究流程

本研究共经历六个阶段，分别是：

准备阶段：在准备阶段采取了量化研究与质性研究（Qualitative Method）两种研究方

法。为完成问卷的设计，研究者与政府相关部门领导、相关教育专家、学校校长及老师、学生家长、在读学生进行了个人访谈，在访谈的基础上确定了问卷草样，随后根据问卷草样，经过认真研究分析确定了正式问卷。

第一阶段：采取了量化研究，在广州市内各区选定的中学发放标准问卷，目的是对广州地区中学学生使用媒体的情况、对不同媒介的认识度等相关情况进行基本的了解。

第二阶段：研究者采取问题归类和统计分析方法，对问卷调查数据按分年龄段、分性别进行分析，同时参考小学生的媒介素养相关资料，对中学生的媒介素养进行对比研究。

第三阶段：采用质性研究，对部分曾经填写过问卷的同学进行了访谈，以求更准确、更详细地了解中学生对媒介的看法及在日常生活中的应用情况。同时对本次调研的主体受众（在读中学生）的主要相关人（父母及老师）进行访谈。

第四阶段：对质性研究中的访谈资料进行分析和解释。

第五阶段：撰写调研报告。

三、报告的研究方向

调研明确了以下四个重点研究方向：

（1）广州中学生各种媒介的接触情况。

（2）广州中学生的媒介使用状况。

（3）广州中学生的媒介素养基本状况。

（4）对广州中学生实施媒介素养教育的建议。

四、调查对象

本次调研对象为广州市内13~17岁的中学生，在广州市越秀区、荔湾区、海珠区、天河区、白云区、番禺区、黄埔区以及增城市40所中学展开，同时在网上发布调查问卷，由全市中学生自愿填写。本次调研共收回有效问卷17355份（含网上问卷）。

（一）调研学校名单

序号	参与单位
1	广州市87中
2	广州市大石一中
3	广州市第116中
4	广州市第123中
5	广州市第33中
6	广州市第49中

（续表）

序号	参与单位
7	广州市第70中
8	广州市第71中
9	广州市第72中
10	广州市第80中
11	广州市第84中
12	广州市第七十五中学
13	广州市第十三中学
14	广州市电子信息学校
15	广州市东圃中学
16	广州市二中应元学校
17	广州市花地中学
18	广州市华颖中学
19	广州市黄村中英文学校
20	广州市黄埔职中
21	广州市江南中学
22	广州市荔湾区汾水中学
23	广州市贸易职业高级中学
24	广州市南武中学
25	广州市石北中学
26	广州市天河职业高级中学
27	广州市天河中学
28	广州市天秀中学
29	广州市铁二中学
30	广州市铁一中学
31	广州市文伟中学
32	广州市西关培英中学
33	广州市西关外国语学校
34	广州市晓园中学
35	广州市越秀外国语学校
36	广州市增城市荔城一中
37	广州市长堤真光中学
38	广州市真光中学
39	广州市中大附中
40	增城市荔城中学

（二）受访者家庭背景

从受访者的性别来看，男生8731人，女生8624人，男女生人数比例接近，保证了调研的科学性。

表1　受访者的性别比例

性别	百分比
男	50.31%
女	49.69%

参与调研的中学生年龄分布如下：≤13岁的占31.10%；14岁占23.65%；15岁占17.50%；16~17岁占27.75%。

表2 受访者年龄分布

年龄分段	百分比
≤13岁	31.10%
14岁	23.65%
15岁	17.50%
16~17岁	27.75%

参与学校分布为：初中60.58%，高中29.29%，职高8.38%，中专（技校）1.75%。其中，重点学校占25.19%，普通学校占74.81%。

表3 受访者学校分布

学校类型	百分比
初中	60.58%
高中	29.29%
职高	8.38%
中专（技校）	1.75%

表4 受访者学校类型

学校类型	百分比
重点学校	25.19%
普通学校	74.81%

学校位置分布为市中心区38.85%，市区但非中心区21.33%，郊区12.39%，城乡接合部8.82%，农村18.61%。

表5 受访者学校的地区分布

分布地区	百分比
市中心区	38.85%
市区但非中心区	21.33%
郊区	12.39%
城乡接合部	8.82%
农村	18.61%

（三）受访者的成长背景

从学生研究部分受访者来看，研究者按照中学生成长的背景，分为以下5种情况：①寄养，没有与父母、祖父母同住；②没有与父母住，与祖父母同住；③与父亲或母亲其中一个人同住；④与父母同住；⑤与父母还有祖父母同住。

表6　受访者的成长背景

成长背景	百分比
寄养，没有与父母、祖父母同住	1.86%
没有与父母住，与祖父母同住	1.43%
与父亲或母亲其中一个人同住	7.42%
与父母同住	73.78%
与父母还有祖父母同住	15.51%

（四）受访者家庭背景

1. 受访者父母的教育程度

从家长研究部分受访者来看，研究者按照现代社会对于成年人学历的主流认知进行划分，主要分为未接受教育、小学、初中、高中或以下、大学（含大专和本科）、硕士（研究生）或以上，其相关数据如下：

表7　受访者父母教育程度

学历	父亲	母亲
未接受教育	1.22%	2.17%
小学	8.01%	14.10%
初中	29.37%	30.59%
高中或以下	35.63%	33.36%
大学（含大专和本科）	20.31%	15.43%
硕士（研究生）或以上	5.46%	4.35%

2. 受访者父母的职业

从家长研究部分受访者来看，研究者按照现代社会对于父亲职业的主流认知进行划分，主要分为：①城市一般职工/服务人员/工人；②公务员（含公检法工作人员）；③事业单位；④企业管理人员/职业经理/厂长；⑤专业技术人员/医生/教师/记者；⑥外企公司职员；⑦个体工商业者/商人；⑧工商企业股东老板；⑨自由职业者；⑩农民；⑪乡镇村办企业职工；⑫下岗人员；⑬军人；⑭其他。其相关数据如下：

表8　家长研究部分受访者父亲职业

职业	百分比
城市一般职工/服务人员/工人	19.70%
公务员（含公检法工作人员）	5.78%
事业单位	14.74%
企业管理人员/职业经理/厂长	10.02%
专业技术人员/医生/教师/记者	4.19%
外企公司职员	1.54%
个体工商业者/商人	20.23%
工商企业股东老板	2.17%
自由职业者	10.87%

（续表）

职业	百分比
农民	1.48%
乡镇村办企业职工	1.22%
下岗人员	2.49%
军人	1.01%
其他	4.56%

从家长研究部分受访者来看，研究者按照现代社会对于母亲职业的主流认知进行划分，主要分为：①城市一般职工、服务人员/工人；②公务员（含公检法工作人员）；③军人；④事业单位；⑤企业管理人员/职业经理/厂长；⑥专业技术人员/医生/教师/记者；⑦外企公司职员；⑧个体工商业者/商人；⑨工商企业股东老板；⑩自由职业者；⑪农民；⑫乡镇村办企业职工；⑬下岗人员；⑭家庭主妇；⑮其他。其相关数据如下：

表9　家长研究部分受访者母亲职业

职业	百分比
城市一般职工/服务人员/工人	19.38%
公务员（含公检法工作人员）	4.03%
军人	9.49%
事业单位	3.82%
企业管理人员/职业经理/厂长	6.31%
专业技术人员/医生/教师/记者	1.43%
外企公司职员	11.35%
个体工商业者/商人	0.53%
工商企业股东老板	9.07%
自由职业者	0.85%
农民	0.48%
乡镇村办企业职工	1.96%
下岗人员	0.21%
家庭主妇	29.55%
其他	1.54%

第三章　问卷的调查结果分析

一、媒介的接触情况

媒介的接触情况，主要研究受访者个人的媒介接触情况，中学生所接触的媒介类型。（略）

研究者可以归纳出中学生接触的媒介主要分为传统媒介，包括电视、广播、书籍、报刊等，新媒介包括手机、电脑、网络、微博、博客等。

二、新媒介的使用习惯

研究者在这一节中主要研究中学生使用新媒介的习惯。研究内容包括媒介使用的目的、媒介使用的时间、媒介使用的具体情况、各媒介重要程度的对比。因为移动终端的特殊性，因此在这一节中还特别研究了移动终端的使用情况。

（一）新媒介使用的目的

由调研数据可以看到选择QQ交流这一项的有73.33%，也就是说，利用网络来实现社交需求的中学生有73.33%。36.18%的中学生借网络来实现学习知识的需求，有38.52%的中学生上网是为了玩网络游戏。

表10　受访者上网目的（多选）

序号	上网目的	百分比
1	QQ交流	73.33%
2	信息搜索	58.32%
3	娱乐消遣	55.51%
4	玩游戏	38.52%
5	学习各种知识	36.18%
6	玩微博	35.97%
7	浏览新闻	38.23%
8	网上购物	26.62%

（二）新媒介使用情况

1. 新媒介使用的时间

据表11，我们可以看到39.28%的中学生每天上网的时间低于1小时，有33.73%的中学生每天上网的时间在1~2小时之间；表12可以看到，只在周末玩电脑的同学有73.64%。

表11　受访者每天上网的时间

时间长度	百分比
低于1小时	39.28%
1~2小时	33.73%
3~4小时	16.44%
5个小时以上	10.55%

表12　受访者上网玩游戏的频率

频率	百分比
每天	12.88%
两天	7.98%
三天	5.50%
只周末玩	73.64%

2. 新媒介使用的具体情况

从表13可以看出，有25.97%的同学排遣压力的方式是上网，有27.88%的学生选择和同学玩来排遣压力，选择运动的有19.61%。

表13　受访者平时排遣压力的主要方式

序号	排遣压力的方式	百分比
1	和同学玩	27.88%
2	上网	25.97%
3	运动	19.61%
4	睡觉	19.08%
5	和父母或老师聊天	7.46%

从表14可以看到，受访的中学生中，业余生活常做的事排名前三的分别是听音乐76.03%，上网70.03%，看书59.12%，选择玩微博也有36.61%。

表14　受访者业余生活常做的事（多选）

序号	业余生活常做的事	百分比
1	听音乐	76.03%
2	上网	70.03%
3	看书	59.12%
4	运动	53.71%
5	看电影	50.16%
6	玩微博	36.61%
7	玩游戏	36.39%

从表15可见，新媒介已成为中学生获取信息的主要渠道。获取外界信息的渠道有很多，有与人交流、通过实践获得、通过媒介获得等方式。获取信息的方式的调查中，通过网络来获取外界信息的有81.33%，利用电视来获取信息的有75.08%，通过与同学交流来获取信息的有63.37%。

表15　受访者获得外界信息的主要渠道（多选）

序号	信息渠道	百分比
1	网络	81.33%
2	电视	75.08%
3	与同学交流	63.37%
4	报纸	53.98%
5	与父母交流	33.96%
6	广播	17.55%

从表16、17可见，新媒介已成为中学生信息交流最主要的方式。在最常用的交流方式的调查中，使用QQ或MSN交流的以83.23%的绝对优势高居榜首，使用微博进行信息交流的38.92%，同时，我们可以从表17看到，拥有10个以上QQ或MSN 群的中学生最多，有30.97%。通过新媒介交流已是中学生信息交流的最主要的方式。

表16　受访者最常用的信息交流方式（多选）

序号	信息交流方式	百分比
1	QQ或MSN	83.23%
2	手机电话	60.92%
3	手机短信	37.08%
4	微博	38.92%

表17　受访者拥有的QQ群或MSN群的数量

序号	数量	百分比
1	10个以上	30.97%
2	1~2个	26.51%
3	3~5个	22.27%
4	6~10个	20.25%

从表18、19可见，新媒介满足了中学生阅读和社会化的需求。

表18表明新媒介可以满足中学生阅读的需求。利用网络等新媒介进行阅读的同学有五成以上。表19表明，中学生在融入社会的过程中，媒介起着重要作用。

表18　受访者是否经常阅读

是否经常阅读	百分比
是，会下载电子书仔细看	22.20%
经常上网看小说	31.43%
很少仔细阅读，随便浏览下	13.62%
不看，更喜欢看书和报纸	32.75%

表19　受访者日常使用的流行语从哪里学到（多选）

	来源	百分比
1	同学影响	70.73%
2	网络	70.31%
3	电视	38.89%
4	电影	35.58%
5	报纸	23.87%

从表13到表19的数据可以看出，中学生的排遣压力、娱乐、阅读、社交等各项需求都可以在新媒介上得到实现，同时我们也可以看出，中学生对媒介的依赖程度较大，在他们未来的人生路上，随着社会的发展，媒介愈发起着重要的作用。

3. 媒介重要程度对比

调查各种媒介对中学生的重要程度，可以让媒介素养教育在实施时更有侧重点，为媒介素养教育提供参考数据。

由表20的数据可以看到，有73.28%的中学生认为网络是对自己最重要的媒介，其次是电视（63.16%）。课本的重要性所占的比例最小，只有38.55%。在对中学生的媒介素养时，应重点突出对网络和电视的引导和教育。

表20　受访者觉得比较重要的媒介（多选）

序号	重要程度	百分比
1	网络	73.28%
2	电视	63.16%
3	手机	59.17%
4	课外读物	53.23%
5	报纸	35.76%
6	课本	38.55%

4. 移动终端的使用情况

移动终端现今已成为新媒介的重要一类，并对中学生发挥着越来越重要的作用。下面研究者重点以手机为例，分析移动终端在中学生中的使用情况。

表21、22的调查显示，有76.61%的中学生的手机能上网，有60.87%的手机上网是为了挂QQ、方便聊天，还有37.33%的中学生使用手机上网主要是为了玩微博，23.33%的中学生使用手机上网来看新闻，还有23.76%的中学生用手机来上网看小说。由此可见，移动终端对中学生的重要程度。

表21　受访者的手机能否上网

能否上网	百分比
有，可以上	60.59%
无	19.24%
有，不想上	10.77%
有，家里不让上	5.25%
有，不能上	4.15%

表22　受访者的手机上网是在什么时间

手机上网时间	百分比
白天都可以	15.01%
课余可以	24.63%
白天不行，晚上可以	18.36%
很少上	42.00%

表23　受访者手机上网主要目的（多选）

序号	手机上网目的	百分比
1	挂QQ，方便聊天	60.87%
2	其他	35.60%
3	玩微博	37.33%
4	看小说	23.76%
5	随时看新闻	23.33%

5. 中学生对手机报的看法

根据百度百科的定义，手机报（Mobile Newspaper）是依托手机媒介，由报纸、移动通信商和网络运营商联手搭建的信息传播平台，用户可通过手机浏览到当天发生的新闻。在手机上开发发送新闻、图片、广告等功能，手机报可以为企业发送大容量的多媒体信息，包括长达1000字的文章、50KB的图片。手机报开始于2006年8月1日，最近几年虽然有所发展，但是发展缓慢，在学生中手机报的普及程度较低。

表24显示，表示从来没有收到过手机报的中学生有33.61%。有36.20%的中学生表示收到的手机报大多是垃圾信息，收到过手机报但是只是随便浏览一下的中学生有18.12%，这两个数据表明，目前存在的手机报并不能满足中学生的需求。

表24　受访者是否收到免费的手机报

是否收到	百分比
有，大多都是垃圾信息	36.20%
有，随便浏览一下	18.12%
有，还可以	12.07%
从来没有	33.61%

表25、26的调查数据显示，21.88%的中学生认为很有必要开设一份中学生自己的手机报，还有50.64%的同学表示要看内容而定。其中，有76.93%的同学希望在手机报上看到笑话、幽默的相关内容，因此我们可以知道，手机的功能如此之多，但选择笑话、幽默的学生最多。

表25　受访者认为是否需要一个中学生的手机报

是否需要	百分比
很有必要	21.88%
已经很多了，不需要	13.69%
要看什么内容	50.64%
说不好，看父母的意思	13.79%

表26　如果有一份手机报，受访者希望手机报涵盖哪些内容（多选）

序号	希望看到的内容	百分比
1	笑话、幽默	76.93%
2	学习方法	55.83%
3	哲理故事	53.67%
4	国内外大事	51.17%
5	成功故事	37.67%
6	名言警句	32.79%
7	与人沟通	37.39%
8	旅游、博览	36.11%
9	报考动向	35.83%

（续表）

序号	希望看到的内容	百分比
10	名校介绍	33.03%
11	职业规划	27.52%
12	名师对话	26.19%
13	其他	5.13%

表27和表28是调查中学生对家长版手机报的看法，我们可以看到，中学生最希望家长版手机报包含亲子沟通的问题，选择亲子沟通的有68.29%，这表明亲子沟通问题已经成为中学生和家长之间存在的最大问题。

表27　受访者认为是否要开设一个给父母看的手机报

对开设给父母看的手机报的看法	百分比
很有必要	30.33%
已经很多了，不需要13.68%	16.18%
要看有什么内容	33.01%
说不好，看父母的意思	20.48%

表28　如果有一份给家长看的手机报，受访者希望出现的内容（多选）

序号	受访者对于家长版手机报的看法	百分比
1	亲子沟通	68.29%
2	国内外大事	37.61%
3	成功故事	31.78%
4	笑话、幽默	30.67%
5	哲理故事	39.55%
6	学习方法	38.81%
7	报考动向	38.71%
8	名校介绍	38.12%
9	职业规划	36.37%
10	名师对话	35.10%
11	旅游、博览	32.61%
12	名言警句	29.27%
13	其他	2.17%

三、媒介素养现状

（一）媒介的认知能力

我们以比较受社会关注的网络游戏来分析，数据显示，中学生对网络游戏的认识比较理性，但并非所有学生都能清晰地分辨真假。

我们可以从表29的数据看到，中学生对待网络游戏还是比较理智的，有32.30%的中学生表示要控制打游戏的时间。由此可以知道，他们对自己玩网络游戏的行为已经认识到其利弊，并理智地想要减少玩网络游戏的时间。

由表30可见，虽然有大部分中学生都声称能自己辨别网络信息的真假，但是，还有近三成的同学明确表示自己不能判别或需要请教家长或老师来判断信息的真假。

表29　受访者如何看待网络游戏

看待的态度	百分比
好玩而已	30.06%
可以开发智力	25.40%
父母对游戏有误解	12.24%
要控制打游戏时间	32.30%

表30　受访者认为自己是否能独立判断信息的真假

能否判断	百分比
可以	57.98%
不能	9.28%
需要请教家长或老师	9.86%
可以，但要花费很多精力去分析	22.88%

（二）媒介的批判和参与能力

由表31可见，在新媒介等的影响下，中学生对国家自豪感有所增加的有52.39%，对个人是非辨别能力有53.23%的同学表示增加，同时，对个人精神空虚度感到增加的有31.71%。由此可见，媒介对个人的积极影响并不够，因此加强引导教育，增强学生的媒介批判能力很重要。从表32看，62.43%的中学生只是偶尔参与网络热点的讨论，可见目前中学生由于学业等原因，利用媒介进行参与的广泛度还不够。

表31　手机和互联网等新媒介的影响下，受访者对下列各项的评价（多选）

题目/选项	增强或提高	无影响	减弱或降低
对国家的自豪感	52.39%	38.02%	9.60%
对政府的信任感	31.95%	30.27%	27.78%
对社会的信任感	31.57%	39.95%	28.37%
对政策的满意程度	31.18%	36.23%	22.59%
对他人的信任程度	35.95%	37.35%	16.70%
对个人信仰的影响	39.10%	53.37%	7.32%
对个人是非辨别能力的影响	53.23%	39.18%	6.57%
对个人精神空虚度的影响	31.71%	55.30%	12.99%
对学习成绩的影响	33.78%	55.36%	10.87%

表32　受访者是否参与过网络热点事件的讨论

是否曾参与网络热点的讨论	百分比
从来没有	24.21%
偶尔	62.43%
参与较多	9.30%
几乎都参与	4.06%

四、学校开设媒介素养教育课程的必要性

表33显示，有80.02%的同学觉得需要开设媒介素养课程。前面我们也有提到，网络能满足中学生多方面的需求，学生对网络的依赖性越来越大。从这个数据可以看到，中学生已认识到要提高自身的媒介素养。

表33　受访者觉得是否需要开设媒介素养的课程

是否开设	百分比
有必要，现代信息泛滥，需要提高自身媒介素养	36.38%
有必要，最好能定期培训	31.12%
有必要，正确使用各种媒介能给学习和生活带来很大便利	12.52%
没必要，我们自己能把控	19.98%

表34可见，有61.17%的受访者的学校有开设计算机课程，但是并没有教如何使用网络，还有22.47%的受访者的老师口头上告诉他们使用媒体的方法，还让受访者不要轻信媒体，从这两个数据可以看出很多学校和老师都有教中学生掌握基本的媒介使用技能，但是缺少从辨别信息、如何合理使用网络等更深的层面去教导学生，培养学生的媒介素养。开设专门的媒介素养课程已成为现实的需求。

表34　受访者的学校是否有开设关于正确使用媒介的课程

开设媒介素养课程与否	百分比
开设了计算机课程，但没有教如何使用网络	61.17%
老师课堂上口头告诉我使用媒体的方法，还让我不要轻信媒体	22.47%
他们不允许我接触课本以外的东西	3.76%
他们不在乎我是否接触媒体	12.60%

附录七　广州市小学生与中学生媒介调研的相关数据对比

表35　受访者父母受教育程度的差别

学生	父母	受访者父母受教育程度：大学（含大专与本科）学历
小学生	父亲	44.13%
	母亲	41.83%
初中生	父亲	25.22%
	母亲	25.22%
高中生	父亲	14.15%
	母亲	8.09%

表36　排遣压力主要方式的差别

学生	方式	比例
小学生	阅读课外书	22.34%
初中生	和同学玩	30.42%
高中生	上网	31.43%

表37　通过网络排遣压力的方式的差别

学生	比例
小学生	15.59%
初中生	24.51%
高中生	31.43%

表38　一周内不使用网络，觉得孤独和与世隔绝的比例差别

学生	比例
小学生	4.51%
初中生	20.81%
高中生	33.82%

表39　去网吧上网的比例差别

学生	比例
小学生	0.64%
初中生	2.38%
高中生	4.23%

表40　可以自己分辨网络信息的真假差别

学生	比例
小学生	43.82%
初中生	79.63%
高中生	85.73%

表41 平均每天使用网络的时间差别

平均每天使用网络的时间	学生	比例
低于1小时	小学生	76.16%
	初中生	44.80%
	高中生	28.86%
1～2小时内	小学生	14.58%
	初中生	39.15%
	高中生	45.04%
2小时以上	小学生	9.26%
	初中生	16.04%
	高中生	26.10%

表42 认为网络占用自己很多时间的比例差别

学生	比例
小学生	11.08%
初中生	20.46%
高中生	32.35%

表43 在家上网的比例

学生	比例
小学生	92.52%
初中生	89.68%
高中生	86.40%

表44 一周内不使用网络感觉无所谓的比例

学生	比例
小学生	54.36%
初中生	60.32%
高中生	46.88%

表45 如何看待网络游戏的观点

如何看待网络游戏	学生	比例
只是好玩而已	小学生	24.42%
	初中生	25.84%
	高中生	33.09%
可以开发智力	小学生	31.27%
	初中生	26.10%
	高中生	23.35%
认为父母对游戏有误解	小学生	16.13%
	初中生	9.88%
	高中生	11.76%
觉得自己要控制打游戏的时间	小学生	58.78%
	初中生	43.30%
	高中生	36.95%

表46　认为开展媒介素养教育很重要的比例

学生	比例
小学生	55.42%
初中生	93.31%
高中生	79.22%

附录八　《2012年广州市少先队员媒介素养教育调研报告》新闻媒体报道情况

本书第二章的主要内容，课题组以《2012年广州市少先队员媒介素养教育调研报告》于2012年5月在广州发布，引起了强烈的社会反响，国内各大媒体都进行了报道。主要媒体报道情况整理如下：

《人民日报》：2012年6月1日，14版，《近五成的孩子每天“刷微博”》

《中国青年报》：2012年6月2日，01版，《广州近五成孩子开微博》

《中国日报》：2012年5月31日，*New Media Has Hold on Kids*

《光明日报》：2012年6月7日，03版，《<2012广州市少年儿童媒介素养教育调研报告>发布：广州近五成孩子每天“刷微博”》

《中国教育报》：2012年8月5日，03版，《培养信息时代小公民：广州市小学生媒介素养教育调研报告》

新华网：2012年05月30日，地方播报，《广州调查显示：近五成小学生有微博》，http://news.xinhuanet.com/local/2012-05/30/c_112073600.html

《广州日报》：2012年6月1日，A3版，《别靠“电子保姆”陪伴你的宝贝》

《信息时报》：2012年5月31日，A19版，《家有“苹果”初长成》

《南方都市报》：2012年5月31日，A16版，《广州逾四成小学生每天刷微博》

《羊城晚报》：2012年5月31日，A4版，《儿童“网民”有健康隐忧》

《南方日报》：2012年5月31日，A03版，《近五成受访少儿每天刷微博》

《新快报》：2012年6月1日，《做运动变遛超市　“00后”变“苹果后”》

参考文献

[1] 吕巧平. 媒介化生存——中国青年媒体素质研究[M]. 北京：中国传媒大学出版社，2007年.

[2] 乔治·罗德曼. 认识媒体[M]. 第2版. 邓建国译. 北京：世界图书出版公司，2011年.

[3] 阿瑟·阿萨·伯杰. 媒介研究技巧[M]. 第2版. 张晶，易正林译. 北京：中国人民大学出版社，2009年.

[4] 林文刚. 媒介环境学[M]. 何道宽译. 北京：北京大学出版社，2007年.

[5] 索尼娅·利文斯通，莱斯利·哈登. 儿童上网之机会与风险[M]. 李淼译. 北京：中国社会科学出版社，2011年.

[6] 单晓红. 媒介素养引论[M]. 杭州：浙江大学出版社，2008年.

[7] 陈力丹. 传播学是什么[M]. 北京：北京大学出版社，2007年.

[8] 桑德拉·L.卡尔弗特. 信息时代的儿童发展[M]. 张莉，杨帆译. 北京：商务印书馆，2007年.

[9] 陆小华. 新媒介观[M]. 北京：清华大学出版社，2011年.

[10] 王帆. 教育技术学视野中的媒介素养教育研究[M]. 北京：中国社会科学出版社，2011年.

[11] 蒋原伦. 媒介文化十二讲[M]. 北京：北京大学出版社，2010年.

[12] 闫欢. 电视与未成年人心理[M]. 北京：中国传媒大学出版社，2009年.

[13] 张洪生. 广告与儿童发展[M]. 北京：中国传媒大学出版社，2011年.

[14] 段京肃，杜骏飞等. 媒介素养导论[M]. 福州：福建人民出版社，2007年.

[15] 徐沁. 媒介融合论[M]. 北京：中国传媒大学出版社，2009年.

[16] 彭少建. 2010中国媒介素养研究报告[M]. 北京：中国国际广播出版社，2010年.

[17] 李军林. 信息时代的媒介素养[M]. 长沙：湖南人民出版社，2010年.

[18] 白传之，闫欢. 媒介教育论[M]. 北京：中国传媒大学出版社，2010年.

[19] 党静萍. 传媒教给我们什么——青少年传媒素养教育研究[M]. 北京：中国法律出版社，2007年.

[20] 邵瑞．中国媒介教育[M]．北京：中国传媒大学出版社，2006年．

[21] 袁军．媒介素养教育论[M]．北京：中国传媒大学出版社，2010年．

[22] 陆晔等．媒介素养：理念、认知、参与[M]．北京：经济科学出版社，2010年．

[23] 高邦仁，王煜全．流动的世界——奔向移动互联网时代的生活[M]．北京：清华大学出版社，2010年．

[24] 李彬，王君超．媒介二十五讲[M]．北京：清华大学出版社，2004年．

[25] 李明伟．知媒者生存——媒介环境学纵论[M]．北京：北京大学出版社，2010年．

[26] 陆晔．中国传播学评论——第三辑 媒介素养专辑[M]．上海：复旦大学出版社，2008年．

[27] 吴鹏泽．中国与日本学生媒介素养比较研究态度和策略[M]．广州：华南理工大学出版社，2011年．

[28] 卜卫．大众媒介对儿童的影响[M]．北京：新华出版社，2002年．

[29] 孙蕾．视听语言[M]．北京：新华出版社，2008年．

[30] 宫淑红，张洁．媒介素养教育理论与实践[M]．济南：山东人民出版社，2010年．

[31] 刘勇，汪海霞．当代媒介素养教程[M]．合肥：合肥工业大学出版社，2007年．

[32] 约翰·维维安．大众传播媒介[M]．第七版．顾宜凡等译．北京：北京大学出版社，2010年．

[33] 保罗·莱文森．新新媒介[M]．何道宽译．上海：复旦大学出版社，2011年．

[34] 保罗·莱文森．软利器[M]．何道宽译．上海：复旦大学出版社，2011年．

[35] 保罗·莱文森．真实空间——飞天梦解析[M]．何道宽译．北京：中国人民大学出版社，2006年．

[36] 保罗·莱文森．思想无羁——技术时代的认识论[M]．何道宽译．南京：南京大学出版社，2004年．

[37] 保罗·莱文森．数字麦克卢汉——信息化新纪元指南[M]．何道宽译．北京：社会科学文献出版社，2001年．

[38] 保罗·莱文森．手机——挡不住的呼唤[M]．何道宽译．北京：中国人民大学出版社，2004年．

[39] 保罗·莱文森．莱文森精粹[M]．何道宽译．北京：中国人民大学出版社，2007年．

[40] 马歇尔·麦克卢汉．理解媒介——论人的延伸[M]．何道宽译．北京：译林出版

社，2011年.

[41] 马歇尔·麦克卢汉. 麦克卢汉如是说：理解我[M]. 何道宽译. 北京：中国人民大学出版社，2006年.

[42] 马歇尔·麦克卢汉. 机器新娘——工业人的民俗[M]. 何道宽译. 北京：中国人民大学出版社，2004年.

[43] 尼尔·波兹曼. 童年的消逝[M]. 吴燕莛译. 桂林：广西师范大学出版社，2011年.

[44] 尼尔·波兹曼. 娱尔至死[M]. 吴燕莛译. 桂林：广西师范大学出版社，2011年.

[45] 尼尔·波兹曼. 技术垄断[M]. 何道宽译. 北京：北京大学出版社，2007年.

[46] 伊丽莎白·爱森斯坦. 作为变革动因的印刷机[M]. 何道宽译. 北京：北京大学出版社，2010年.

[47] 戴维·克劳利，保罗·海尔. 传播的历史[M]. 第五版. 董璐，何道宽，王树国译. 北京：北京大学出版社，2011年.

[48] 哈罗德·伊尼斯. 传播的偏向[M]. 何道宽译. 北京：中国人民大学出版社，2003年.

[49] 哈罗德·伊尼斯. 帝国与传播[M]. 何道宽译. 北京：中国人民大学出版社，2003年.

[50] 沃尔特·翁. 口语文化与书面文化[M]. 何道宽译. 北京：北京大学出版社，2008年.

[51] 凯文·凯利. 失控——全人类的最终命运和结局[M]. 东西文库译. 北京：新星出版社，2010年.

[52] 凯文·凯利. 科技想要什么[M]. 熊祥译. 北京：中信出版社，2011年.

[53] 约翰·赫伊津哈. 游戏的人：文化中游戏成分的研究[M]. 何道宽译. 广州：花城出版社，2007年.

[54] 加布里埃尔·塔尔德. 模仿律[M]. 何道宽译. 北京：中国人民大学出版社，2008年.

[55] 阿芒·马特拉，米歇尔·马特拉. 传播学简史[M]. 孙五三译. 北京：中国人民大学出版社，2008年.

[56] 多米尼克·吴尔敦. 信息不等于传播[M]. 宋嘉宁译. 北京：中国传媒大学出版社，2012年.

[57] 马克斯韦尔·麦库姆斯. 议程设置——大众媒介与舆论[M]. 郭镇之，徐培喜译. 北京：北京大学出版社，2008年.

[58] 西伯特等. 传媒的四种理论[M] .戴鑫译. 北京：中国人民大学出版社，2008年.

[59] 沃尔特·李普曼. 公众舆论[M]. 阎克文，江红译. 上海：上海世纪出版集团，

2006年.

[60] 威尔伯·施拉姆，威廉·波特. 传播学概论[M]. 第二版. 何道宽译. 北京：中国人民大学出版社，2010年.

[61] 简宁斯·布莱恩特，道尔夫·兹尔曼. 媒介效果——理论与研究前沿[M]. 第二版. 石义彬、彭彪译译. 北京：华夏出版社，2009年.

[62] 丹·吉摩尔. 草根媒体[M]. 陈建勋译. 南京：南京大学出版社，2010年.

[63] 汉诺·哈特. 传播学批判研究——美国的传播、历史和理论[M]. 何道宽译. 北京：北京大学出版社，2008年.

[64] 贝尔纳·米耶热. 传播思想[M]. 陈蕴敏译. 南京：江苏人民出版社，2008年.

[65] E.M.罗杰斯. 传播学史[M]. 殷晓蓉译. 上海：上海译文出版社，2012年.

[66] 安裘琳·邱，马休·J. 霍尔. 家有玩主[M]. 汤斌浩译. 北京：清华大学出版社，2010年.

[67] 马克·鲍尔莱恩. 最愚蠢的一代[M]. 杨蕾译. 天津：天津社会科学院出版社，2011年.

[68] 尼古拉斯·卡尔. 浅薄：互联网如何毒化了我们的大脑[M]. 刘纯毅译. 北京：中信出版社，2010年.

[69] 弗兰克·施尔玛赫. 网络至死[M]. 邱袁炜译. 郑州：龙门书局，2011年.

[70] 埃布尔森，莱丁，刘易斯. 数字迷城：信息爆炸改变你的生活[M]. 李卉、王思敏、张魏译. 北京：人民邮电出版社，2011年.

[71] 格雷姆·特纳. 普通人与媒介：民众化转向[M]. 许静译. 北京：北京大学出版社，2011年.

[72] 谢尔·以色列. 微博力[M]. 任文科译. 北京：中国人民大学出版社，2010年.

[73] 哈罗德·D.拉斯韦尔. 世界大战中的宣传技巧[M]. 张洁，田青译. 北京：中国人民大学出版社，2003年.

[74] 柯蒂斯·J.邦克. 世界是开放的：网络技术如何变革教育[M]. 焦建利译. 上海：华东师范大学出版社，2011年.

[75] 胡泳. 众声喧哗[M]. 桂林：广西师范大学，2008年.

[76] 伊莱休·卡茨. 媒介研究经典文本解读[M]. 常江译. 北京：北京大学出版社，2010年.

[77] [美]艾瑞克·奎尔曼. 颠覆：社会化媒体改变世界[M]. 刘吉熙译. 北京：人民邮电出版社，2010年.

[78] 扎奥丁·萨德尔，博林·梵·隆. 视读传媒研究[M]. 章浩译. 合肥：安徽文艺出版社，2009年.

[79] 张国良. 20世纪传播学经典文本[M]. 上海：复旦大学出版社. 2003年.

[80] 李开复. 微博改变一切[M]. 上海：上海财经大学出版社. 2011年.

[81] 文峰. 多任务时代[M]. 北京：人民邮电出版社. 2011年.

[82] 水越伸. 数字媒介社会[M]. 冉华，于小川译. 武汉：武汉大学出版社，2009年.

[83] 安德鲁·查德威克. 互联网政治学：国家、公民与新传播技术[M]. 任孟山译. 北京：华夏出版社，2010年.

[84] 东方尔. 你在网上吗？蒙面狂欢的网络虚拟世界[M]. 北京：中国青年出版社. 2012年.

[85] 夏德元. 电子媒介人的崛起[M]. 上海：复旦大学出版社. 2011年.

[86] 克莱·舍基. 认识盈余——自由时间的力量[M]. 胡泳，哈丽丝译. 北京：中国人民大学出版社，2011年.

[87] 罗伯特·洛根. 字母表效应：拼音文字与西方文[M]. 何道宽译. 上海：复旦大学出版社，2012年.

[88] 沃尔特·艾萨克森. 史蒂夫·乔布斯传[M]. 管延圻，魏群，余倩等译. 北京：中信出版社. 2011年

[89] 约翰·哈特利. 全民书写运动[M]. 郑百雅译. 台北：漫游者文化，2012年.

[90] 邓肯·J.瓦茨. 六度分隔[M]. 陈禹等译. 北京：中国人民大学出版社，2011年.

[91] 维克托·迈尔-舍恩伯格，肯尼思·库克耶. 大数据时代[M]. 盛杨燕、周涛译. 杭州：浙江人民出版社，2012年.

[92] 张学波. 国际媒体素养教育的课程发展[M]. 广州：暨南大学出版社. 2009年.

[93] 詹姆斯·E.凯茨，罗纳德·E.莱斯. 互联网使用的社会影响[M]. 盛杨燕，周涛译. 北京：商务印书馆，2007年.

[94] 尼古拉斯·克里斯塔基斯，詹姆斯·富勒[M]. 简学译. 北京：商务印书馆，2012年.

[95] 陈龙. 媒介素养通论[M]长沙：中南大学出版社. 2011年.

[96] 张舒予. 视觉文化与媒介素养[M]. 南京：南京师范大学出版社. 2011年.

[97] 凯斯・R.桑斯坦. 信息乌托邦[M]. 毕竟悦译. 北京：法律出版社，2008年.

[98] 张志安，汪凯. 躲不起惹得起：提高你的媒体素质[M]. 广州：南方日报出版社. 2010年.

[99] 安德鲁・基恩. 网民的狂欢[M]. 丁德良译.海口：南海出版公司，2010年.

[100] 罗伯特・洛根. 理解新媒介：延伸麦克卢汉[M]. 何道宽译. 上海：复旦大学出版社，2012年.

后 记

从20世纪20年代著名的美国“佩恩基金会调查”开始，学界关于大众媒介对儿童影响的研究已经走过近百年的历程。从对电影对儿童不良影响的担忧，到对动漫、电视、网络、手机，乃至社交媒体对儿童影响的利弊之辩，学者们研究的主题随着媒介科技的迅速发展而不断深化。

这其中，贯穿着社会学家们的实证主义探寻，也回响着一大批人文学者的忧思与警示。媒介研究一方面提醒世人不断从科学的视角来发现媒介与公民、社会和国家的互动关系，一方面促使人们思索人与媒介、人与科技和人与环境的和谐共处。在这样的不断研究中，媒介素养教育从20世纪二三十年代进入学界视野，并由学者研究发展到学校课程教育，由民间草根行动发展到国家支持、国际联合的社会运动。

新世纪出生的“00后”儿童又站在新一轮媒介革命的起点上。苹果手机和平板电脑使他们成为高度媒介化生存的“数字时代原住民”。QQ、微博、微信等社交媒体让他们从小具备了自由连通他人与世界的能力。研究新一代儿童在新媒体环境下的媒介化生存与成长，并提出相关的媒介素养教育建议，成为新一代传播与教育工作者的历史使命。

2007年，在羊城晚报报业集团工作了十年之后，我调到广州青年报社和广州市少年宫工作。经历过记者、编辑、采访主任、总编等一系列岗位的工作实践后，我开始在新的岗位上思考青少年媒体和青少年教育工作。

这时，媒介素养教育这一主题深深吸引了我。在担任广州青年报社总编辑、社长期间，我将“中学生通讯社”和“成长小记者站”的小记者培训和活动，作为报社的核心业务来推动。2008年，我从香港、台湾等地引进相关教材，整合本地师资力量，开始在广州市少年宫成长空间内开设小记者媒介素养培训课程。六年间，从家长最初不知“媒介素养”为何物，到发展成为少年宫内颇受欢迎的热门课程，2000多名学员在少年宫内接受了系统的小记者媒介素养课程培训，上万名中小学生参加了由少年宫和报社组织的儿童媒介素养教育实践活动。

2010到2011年期间，我担任广州亚组委志愿者部部长助理和宣传策划与研究办主任，利用组织亚运志愿者活动的有利契机，在上级领导的鼓励和支持下，带领同事们一起策划实施了“亚运志愿者通讯社”、“亚运小记者团”和“亚运志愿全媒体”的工作，提出“我志愿，我报道”的亚运新闻志愿者的服务理念，通过讲座、活动、采编实践，在亚运会期间开展了大规模的青少年媒介素养教育实践和自媒体创建活动，产生了很大的社会影响。短短一年多时间里，在广东省50多所高校、200多所高职、中职中技、中小学校，建立了校园志愿者通讯社和小记者站点，动员组织了上万名大中小学生参加“新闻志愿者”队伍，指导学生新闻志愿者自采自编志愿者报、手机报，建立志愿者宣传网站。（相关研究见《亚运小记者 志愿新体验》和《亚运志愿宣传全媒体》两书，广州出版社2011年5月出版）

2011年以来，我担任广州市少先队总辅导员、团市委青教办主任、广州青少年媒介素养教育领导小组办公室主任等职，为了使教育实践进一步提升总结，我牵头组建了由少年宫老师、少儿媒体工作者、少先队辅导员等跨学科人才组成的课题组，相继申报了广东省社会科学院青少年成长教育研究中心重点课题“青少年媒介素养教育研究”和中国少先队工作学会“十二五”课题“少先队媒介素养教育主题活动与课程设计”，聘请了知名教育、媒体专家作为顾问，进一步全面系统开展媒介素养教育研究与实践，将教学实践从少年宫扩展到广州市10余所子课题学校，形成了少年宫、家庭与学校互相衔接，活动与课程相结合，面向家长、学生和辅导员、老师，适合中国国情和特色，相对比较完善和全面的少先队媒介素养教育教学体系。〔相关研究成果参见《媒介素养》丛书：《媒介素养(彩色漫画版)·小学生用书》《媒介素养(亲子读本)·家庭用书》《媒介素养(教案)·教师用书》，张海波主编，2013.8〕

十年的大众媒体从业经历，七年的少儿媒体和少年宫、少先队的教育实践，使我深深认识到，媒介素养教育的实践特别需要基于本地儿童的媒介接触和使用习惯来设计实施。这也促使我在2012年开始了广州中小学生的媒介素养系列调研，并进一步将研究成果结集成书。

在研究中，我越来越清晰地认识到，21世纪头十年新媒介的发展让20世纪中期建立的大众传播学，已无法解释当今的媒介发展实践。特别是关于儿童与媒介的研究，从受众研究的范式中突破，媒介教育从为专业机构和从业者服务回归到公民基本素养的培养，传播学已经站上变革的十字路口，而媒介与儿童的研究可能为传播学变革带来一次良机。

在“人人皆可为记者”的微博时代，在以iPhone、iPad为代表的移动智能信息终端，以QQ、微博、微信等为代表的社交媒体和移动互联网应用的新媒介环境下，儿童媒介素养教育的时代主题和策略都发生了变化。特别在中国改革深入推进和社会转型的历史时期，基于能力和赋权的理念，以理性表达和社会参与为目标的儿童媒介素养承担着独特的历史使命和教育价值。

从更广阔的研究视野看，研究“苹果世代”的媒介化生存，并不只是为研究这一代儿童当下的生存现状，而且还可能揭示出他们今后可能的成长路径和对未来社会产生的影响。我相信，“苹果世代”的相关研究将有助于揭示21世纪三、四十年代以及稍后更长一段时间人们的思维方式、价值观、学习和生活方式的基本特征，并勾画出未来社会发展的样貌。

本次调研是一次集体智慧的成果。感谢广东省社会科学院有关领导和专家顾问团队，感谢中国少先队工作学会、广东省教育厅、共青团广州市委员会、少先队广州市工作委员会、广州市教育局的有关领导对课题组的关心指导，感谢广州市少年宫少先队工作部、《广州青年报》和《都市人·成长》杂志社的同事们的协力合作，感谢广州各区少先队总辅导员和参与调研的各学校的少先队辅导员和老师们的密切配合。

参与本次调研和资料整理工作的成员还包括杨晓红、金光风、郑旖旎、陈启立、凌可仁、陈丽銮、徐玥等，没有他们的共同努力，本次调研不会顺利完成。为了儿童媒介素养教育的研究与实践，我们将继续携手前行。

广东省社会科学院青少年成长教育研究中心执行主任、广州大学张人杰教授，广州大学何薇副教授，香港浸会大学李月莲副教授对本次调研及书稿编写都给予了指导。联合国文明联盟媒介与信息素养部主任乔迪·特伦特自兰州会议上与作者见面后，很关注本课题的研究，并为本书专门致信鼓励（见序），在此一并致谢。

最后要感谢的是我的女儿妮妮。她从小在iPhone和iPad上那些让我惊叹的演示，是促使我这个“小苹果”的老爸开展儿童媒介素养教育最原始的动力。“苹果世代”们已经成为数字时代的弄潮儿和小行家，我们每个家长和教育工作者，没有理由不跟上他们的步伐。

美国媒介研究经典名作《媒介研究技巧》的序言中写道：研究意味着不断学习和发现的美妙（尽管有时是痛苦）历程，意味着来源于新的洞见和创新观点的一种难以形容的愉悦。我的研究持续着这样一种信念，总有一种更有力和更令人信服的方式来解释人的境况。

如果我们的此次研究，可以提供媒介与当代儿童关系的更科学合理的解释方式，如果我们今天的媒介素养研究和教育正是为了推动当代儿童构建明天更美好的世界。那对于一个女儿的爸爸、一个教育工作者，还有什么比这更幸福的事情吗?

张海波

2013年7月于广州